政协委员读书笔记

处处书友
遍地书

叶小文读书笔记

叶小文 / 著

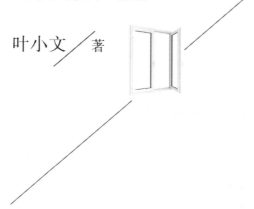

中国文史出版社
CHINA CULTURAL AND HISTORICAL PRESS

图书在版编目（ＣＩＰ）数据

处处书友遍地书：叶小文读书笔记 / 叶小文著 . --
北京：中国文史出版社，2020.11
ISBN 978-7-5205-2704-0

Ⅰ . ①处… Ⅱ . ①叶… Ⅲ . ①读书笔记—中国—现代
Ⅳ . ① G792

中国版本图书馆 CIP 数据核字 (2020) 第 245442 号

责任编辑： 梁玉梅

出版发行： 中国文史出版社

社　　址：北京市海淀区西八里庄路 69 号院　　邮编：100142
电　　话：010-81136606　81136602　81136603（发行部）
传　　真：010-81136655
印　　装：北京新华印刷有限公司
经　　销：全国新华书店
开　　本：16 开
印　　张：22.75　　**字数：** 313 千字
版　　次：2021 年 3 月北京第 1 版
印　　次：2024 年 1 月第 3 次印刷
定　　价：66.00 元

漫谈"委员读书漫谈群"之"漫"

（代序）

汪洋主席倡导在全国政协委员读书活动的 11 个委员读书群之外，由文化文史和学习委员会再设一个"委员读书漫谈群"。开群十余天，吴尚之群主勇担大纲，殚精竭虑，日日操劳；全国政协领导同志连连发问，引导深入讨论；戚建国将军等一批"读书大咖"应呼而至，纵横捭阖，天天畅谈。此群，已是风生水起，渐入佳境。

"漫谈群"这个平台，既可为已参加专题读书群的委员跨群交流，有地方讲一讲从本群里迸发的思想火花，引出的题外之话，生发的弦外之音；也可为未参加相关主题群组的委员，或因工作繁忙跟不上专题群读书节奏、因"不赶趟"不便插话、仍在"潜水"中保持"观察与思考"的委员，以及对各主题读书群书目范围之外进行其他图书阅读的委员，提供一个交流平台。

我想，开办此群，用心良苦，意在尽量动员委员多一起读书，一起交流，要让"书香政协"，"香"得更加芬芳、更为透彻。其用心和意境，使我想起了宋代词人黄载的《隔浦莲·荷花》所言："瑶妃香透袜冷，伫立青铜镜。玉骨清无汗，亭亭碧波千顷。云水摇扇影。炎天永。一国清凉境。晚妆靓。微酣不语，风流幽恨谁省？沙鸥少事，看到睡鸳双醒。兰棹歌遥隔浦应。催暝。藕丝萦断归艇。"从"委员读书漫谈群"里，也仿佛可以看到"碧波千顷"的平湖水面盛开着袅袅婷婷的荷花，如瑶妃刚出浴池，"香透袜冷，伫立青铜镜"，含情脉脉，风姿绰约，幽幽之香浸肤，冰凉之气透骨，令人心旷神怡。但荷花的茎叶以及叶下之水，有如我们读书群中为数不少、尚在浏览而未发声的"潜水"委员，"玉骨清无汗，亭亭碧波千顷"，荷茎如清凉无汗的"玉骨"。好一个"炎天永"的"清凉境"。虽是"沙鸥少事，看到睡鸳双醒"，汀洲上的沙鸥早已栖息，悠闲得没有什么事儿，便偷偷看那睡鸳双双醒来又相互依恋的情景。它们似乎都非常满足。至于人们呢？已是"兰棹歌遥隔浦应"，他们划着船儿逐渐离去，只有相互应和的歌声还不断飘来；"藕丝萦断归艇"，游人远去，而荷花心中的藕丝还在萦绕，仍牵系着归去渐远的船儿。

"漫谈群"之"漫"，从形式到内容都不拘一格，顾名思义，当以"漫"为特色。但这"漫"，不是胸无点墨之辈的信口开河，更不是"小人长戚戚"的唠叨碎语，而是"读万卷书、行万里路"的委员们归来的心系天下之言，是各行翘楚、精英们的"聚会讲切"，自然常常是直抒胸臆而纵横捭阖，厚积薄发又信手拈来。其用心和意境，又使我想起了王阳明在他病中归乡途中，尽管颠沛流离日渐不支，还梦想回乡之后和弟子们一起论学的快乐。他在临终前一个月最后的书信中写道："而余姚、绍兴诸同志又能相聚会讲切，奋发兴起，日勤不懈，吾道之昌，真有火燃泉达之机矣，喜幸当何如哉！"

比如，对中美关系这一人人关注、极为重要和敏感的话题，网上不知利害轻重议论纷纷。我们当然知其利害不可妄谈，但政协委员既然都心忧天下，凡"天真恻怛、感愤人间之不幸、感慨国家之悲运者，是为有情之人"，不可对此视而不见，不能对此缄口不言。于是，群主尚之一再倡导，战略大家戚建国日日带领，我们到这里来"漫谈"了！我们当然不是这方面的专家，但真也是用心上心揪心的。而且，在这样重大的问题上"漫谈"，将军要求，"对美战略问题研究，要有理性的态度，要长期跟踪研究，要始终把握对美大战略的本质特征。尤其是要防止'五个误导'：要防止被美国政要别有用心的言论误导，要防止被一些所谓的专家信口开河误导，要防止被民粹主义误导，要防止陷入美国鹰派人物的冷战言论误导，要防止被美选举政治误导"（引戚建国语）。这样来"漫谈"，"漫"中处处防"误导"，"谈"中自有定盘星。

我们不是研究中美问题的专家，在这方面的见解可能达不到专业水平，就不必来"漫谈"了吗？未必如此！

最近我正好读到唐德刚的《胡适英文口述自传》，我们当然是批评和反对胡适先生的实用主义哲学的，但对此公的治学精神和方法以及一度达到的高超水准，不能不肃然起敬。他毕生治学的特点正是一个"漫"字。他涉猎广泛，多至十余个学科，每个学科都达到二流专家水平。可是若论某个专门学科的一流专家对中国文化的贡献，却远不能望其项背。他所下的"漫"的功夫，是对浩如烟海的史料的无尽的校勘、训诂和贯通，"漫"得如此透彻心骨！胡适先生毕生致力于文化启蒙和中国文化的现代化，将新文化运动称为"中国文艺复兴"，在中国文化史上的贡献是功不可没的。再读他的这段话，至今还能感到言约旨远，见道深弘。他说："缓慢地、平静地、然而明白无误地，中国的文艺复兴正在变成一种现实。这一复兴的结晶看起来似乎使人觉得带着西方色彩。但剥开它的表层，你就可以看出，构成这个结晶的材料，在本质上正是那个饱经风雨侵蚀而可以看得更为明白透彻的中国根底——正是那个因为接触新世界的科学、民主、文明而复活起来的人文主义与理智主义的中国。"

我们"委员读书漫谈群"，是建在"书香政协"之中的，其"漫"也要"香"得透彻；是立于"人文主义与理智主义的中国"之上的，其"谈"也是"聚会讲切，奋发兴起，日勤不懈"。

从"委员读书漫谈群"之"漫"，也可以看到："吾道之昌，真有火燃泉达之机矣，喜幸当何如哉！"

叶小文

2021 年 1 月

目录

第一辑

神交化外

忆南老：生命的安立

南怀瑾先生是著名的文化大家、国学大师，他的著述涵盖儒、佛、道及诸子百家。他能立足时代科学精神，将古老的中国传统文化推进到一个新的文化层面，开拓新的学术视野。

但说实话，在这个忙碌的快餐文化流行的年代，我还真没来得及安静地坐下来，认真地读完他的一本书。就像南老所感叹的，"当年我读'四书五经'，都是要背的。小朋友们要放学了，心里高兴，一边嘴里唱着一边你推我一下，我推你一把的。这样读书，心里会记住，一辈子忘不了。想起来的时候心里默念一下，其中的道理就又琢磨了一回"。哲人其萎，其言犹存，在南老面前，我其实不如当年的"小朋友"啊。

大概由于我长期从事宗教工作，南老托人带话，盼与我一见。

于是，2005年底，我专程去太湖大学堂拜访他。初次见面，却也似曾相识，并无老幼尊卑的分隔，直言不讳，相谈甚欢。

他开门见山就问，你当了十多年宗教局长，对宗教有何心得？

我说，宗教其实也是一种生命观，基督教讲"永生天堂"，伊斯兰教讲"再生天园"，佛教讲"无生涅槃"，道教讲"长生自然"，在在离不开一个"生"字。

他一笑，未置可否。我便心里打鼓，是否班门弄斧、失之浅薄啊？

次年，我收到他的来信。信中说，他立志"以传统书院之传习为基础，配合现代前沿科技研究方法，希望综合同志者之力，发掘固有传统文化之精华，在认知科学、生命科学主流方向上有所贡献，以冀为人类文化之前行，探寻一条正途"。原来他的思虑与抱负，并不限于宗教的生命观，而是志在"为生民立命，为往圣继绝学，为万世开太平"！

以后我再去看他，就更亲热了。他带我去看他的药房，讲解他亲自配置的大概可以医多种病症的奇妙的药丸；摆一桌家常菜，看着我大吃大嚼；甚至和我嬉笑，开心得像一个孩子。

后来才知道，先生也不是对我偏爱，而是"友天下士，读世间书"，颇具侠义之风。常是"座上客常满，樽中酒不空"，凡来访宾客，无论男女老幼，地位高低，均留下就餐。凡好酒好菜统统用来招待客人，常常席开四五桌，先生自己则几十年如一日，午、晚两餐各吃一碗红薯稀饭，各色菜肴仅浅尝而已，酒几乎是点滴不沾。

我知他儒释道皆通，"佛为心，道为骨，儒为表，大度看世界；技在手，能在身，思在脑，从容过生活"，便以"儒释道相通之要义何在"为题，向他请教。

他却反问，你考我啊？你怎么看呢？

在这个平易近人、不端架子的大学问家面前，我也就"童言无忌"，"抛砖引玉"了。我说：

现代化使人们的物质生活水平普遍提高，精神世界却缺少了观照。现代的人们拥挤在高节奏、充满诱惑的现代生活中，人心浮动，缺乏安宁。欲望在吞噬理想，多变在动摇信念，心灵、精神、信仰在被物化、被抛弃。大家好像得了一种"迷心逐物"的现代病。如果失落了对自身存在意义的终极关切，人，靠什么安身立命？

安身立命即"生命的安立"，作为中国文化的传统话题，不仅是儒家的追求，也是儒释道的通义。这一话题可演绎为关于生命的三条约定：热爱生命，追求幸福——这是安身立命的基本约定，也是今天现代化的动力；尊重生命，道德约束——这是追求幸福的集体约定；敬畏生命，终极关切——这是追求幸福的未来约定。现代化和市场经济不断放大，满足着安身立命的基本约定，但也难免刺激、放任个体对物质享受的过度追求，不断洗刷甚至消解追求幸福的集体约定和未来约定。于是，"天下熙熙皆为利来，天下攘攘皆为利往"，近利远亲、见利忘义、唯利是图、损人利己，甚至"要钱不要命"的道德失范现象，反而在促进生活提高、人类进步的现代化浪潮中沉渣泛起。

人，在发觉诊治身体的药石业已无效时，才急着找出诊治心灵的药方。例如，儒释道都赞成"孝道"。继承和弘扬孝文化之合理内核，有助于找回尊重生命、敬畏生命这两条约定，治疗迷心逐物的现代病。孝的本质之一是"生命的互相尊重"。孝文化所倡导的"善事双亲""敬养父母"，"老吾老以及人之老"，不仅要求我们尊重自己父母的生命，也要尊重、关爱他人的生命，从而扩展为对上孝敬、对下孝慈、对亲友孝悌、对国家孝忠，将"亲其亲、长其长"的家人之孝升华为"助天下人爱其所爱"的大爱。孝的本质之二是"敬畏"。人不应敬畏鬼神，但不能没有敬畏之心。宗教的原理是敬畏神，孝文化的原理是敬畏人——敬畏父母、敬畏长辈、敬畏祖先，"家有近祖，族有宗祖，慎终追远，直至始祖"。如果说金钱、利益可以洗刷和消解人伦道德，诱使民德"变薄"，那么，"慎终追远则民德归厚矣"。

亚当·斯密写过《国富论》，也写过《道德情操论》，意在市场经济必须有道德约束。但如何在市场经济条件下克服迷心逐物的现代病、唤回人们对生命的尊重和敬畏，始终是一道未解的难题。今天，我们正多方努力，树立和践行社会主义核心价值体系。不妨打开视野，有容乃大，包括回首孝文化，肃清其附着的污泥浊水，找出其相通之普遍价值，发掘其适应社会主义市场经济发展和和谐社会建设需要的可用功能。爱乡方爱国，尽孝常尽忠，"身修而后家齐，家齐而后国治，国治而后天下平"。

我讲了这许多，先生都耐心地听着，还不时点头称许。等我说完，他画龙点睛了：

我们今天所处的时代，是最好的时代，也是最坏的时代。说好，西方文化的贡献，促进了物质文明的发达，这在表面上来看，可以说是幸福；说坏，是指人们为了生存的竞争而忙碌，为了战争的毁灭而惶恐，为了欲海的难填而烦恼。在精神上，是最痛苦的。在这物质文明发达和精神生活贫乏的尖锐对比下，人类正面临着一个新的危机。今天的世界唯科技马首是瞻，人格养成没有了，都是乱得不成器的，教育只是贩卖知识，这是根本乱源，是苦恼之源。只有科学、科技、哲学、宗教、文艺、人格养成教育回归一体，回归本位，均衡发展，才有希望。

我常回想先生这些透彻精辟之语。我们讨论的"生命的安立"问题，其实也就是一个民族现代化过程中"精神的安顿"问题。

在一个信仰、信念的荒漠上，立不起一个伟大的民族。文化是民族的根。一个民族的崛起或复兴，常常以民族文化的复兴和民族精神的崛起为先导。一个民族的衰落或覆灭，则往往以民族文化的颓废或民族精神的萎靡为先兆。精神是民族的魂。中华民族的伟大复兴，要在现代化的艰难进程中实现，现代化则要靠民族精神的坚实支撑和强力推动。文化的力量，深深熔铸在民族的生命力、创造力和凝聚力之中。传统是民族的本。时代精神强调时代的理性认同，而民族精神却立足于民族的情感认同。民族认同不是逻辑推理或理性构造的结果，而是民族传统中长期的历史和文化积淀的产物。

现代化呼唤时代精神，民族复兴呼唤民族精神。时代精神要在全民族中张扬，民族精神就要从传统文化的深厚积淀中重铸。正如习近平总书记最近在全国宣传思想工作会议上所强调的，中华文化积淀着中华民族最深沉的精神追求，是中华民族生生不息、发展壮大的丰厚滋养。中华优秀传统文化是中华民族的突出优势，是我们最深厚的文化软实力。中国特色社会主义植根于中华文化沃土、反映中国人民意愿、适应中国和时代发展进步要求，有着深厚历史渊源和广泛现实基础。中华民族创造了源远流长的中华文化，中华民族也一定能够创造出中华文化新的辉煌。

我们的生命，在此中安立。

叹季老：心灯依旧

季老走了。

听到这个消息，泪眼蒙眬，脑海空空，只有一句话在闪烁：有你在，灯亮着。

据说，20 世纪 80 年代至 90 年代间，季羡林先生清晨 4 点即起，季家的灯光经常是北大清晨的第一盏明灯。而今，哲人已萎，一灯如豆。走过未名湖畔，走过燕园那个素朴的小院，人们是否记得：此间曾亮着星星之火？

相识宇内，季老关注我所关注的

我们这代人进大学求学的时间应与季老那代人重返大学执教的时间基本相同。两代人历尽劫波，相逢在历史重新出发时，对社会、对世界、对人生的看法，便常有不谋而合之处。加之季老是历史学家、东方学家、思想家、佛学家，各种宗教之间的关系，特别是佛教和儒家、道教之间的激荡互动，历来就是季老关注的焦点，作为国家宗教局局长、中华宗教文化交流协会会长，我希望有机会造访季老。

在季老的弟子——北京大学湛如老师的协助下，我们怀着崇敬的心情，终于在三〇一医院见到了季老。记得那天下午，阳光透过宽敞的玻璃窗洒进房间里，照在这位安详、智慧的长者身上。季老倚在沙发上，身后是一些可爱的小猫、小狗的玩具与照片，季老喜欢小动物是出了名的。已经从事十几年宗教工作的我，有许多话想向季老说，向他老人家请益。季老醉心于中国传统文化，这其中自然离不开对宗教问题，特别是对儒释道的关切。见到我这个宗教局长，他也似有许多话想询问我。于是，我们国内国外、天南海北，从佛教说到儒家，从印度讲到德国。

当谈到宗教的长期性问题时，季老非常郑重地说："据我研究，说实话，国家和政党都消亡了，宗教也消亡不了。什么时候宗教可以彻底消亡呢？大概只有人的主观和客观世界完全统一的时候，但这又是不可能的。因此不管怎么说，对信和不信宗教的人，我们都要尊重。"

我向季老报告，中华宗教文化交流协会正在与中国佛教协会共同筹备首届世界佛教论坛。季老非常高兴，说这是中国佛教史上的一件划时代的大事，也是快速发展中的中国在社会生活领域中的一个重要的事件。后来，季老专门向大会发来贺词："合作、和谐、和平——祝世界佛教论坛圆满成功！"这个世界佛教论坛的主题是"和谐世界，从心开始"，我为此准备出版一本新书《从心开始的脚步》，请季老题词，季老仔细阅读了书稿的主要文章后欣然赠言："礼之用，和为贵，先王之道斯为美。张载：民，吾同胞，物，吾与也。贺小文同志业精于勤的成果。"获此赠言，欢喜之余，也有几分诚惶诚恐，虽都是古圣先贤之言，但这其间蕴含着多少期许，是要我温故知新、见贤思齐啊。

2006 年 4 月，首届世界佛教论坛隆重召开，37 个国家和地区的 1000 多名佛教界、学术界、商界、政界等人士竞相参加，取得了空前的成功。

论坛结束，我想见季老的心情迫切。通过湛如老师的安排，约定在 2006 年 6 月 6 日去医院看望季老。那天下午，我详细向季老介绍了论坛召开的盛况和境内外的反响。听了我的介绍，季老感慨地说："我今年 95 岁了，经历了一个世纪，中国现在是空前的大好局面，国内各民族团结，在国际事务上取得了一个又一个成功。佛教是中国传统文化的重要载体，应该发挥作用。首届世界佛教论坛就是个良好的开端，你们做了一件好事，但还只是开头，要继续保持下去。你们任重而道远啊。""要对佛教理论进行认真研究。此次论坛以'和谐世界，从心开始'为主题非常好，我们国家各宗教之间是和谐的，你信你的，我信我的。大家都要为国家的发展、社会的和谐做贡献。"

当听说中国道教界正在筹备明年在西安和香港举办以"和谐世界，以道相通"为主题的"国际《道德经》论坛"时，季老也表示出了浓厚的兴趣。他说：《道德经》是中国文化中很重要的一部经典，应该引起重视。道教是中国自己产生的宗教，佛教是后来传进来的。但我们好像一直对道教不是太重视，记得40年代末第一届全国政协刚成立时，大家讨论要不要选一个道士当政协委员，结果没有通过，过了很长时间才选上了一个。"他表示愿意为《道德经》论坛写几句话，并且希望《道德经》论坛在世界佛教论坛的经验基础上，办得更好。

跟随季老多年的李玉洁老师说，季老如此赞扬世界佛教论坛，赞扬"小文同志业精于勤"，并非随口而说，更非违心之论。因为了解季老的人都知道，季老一贯的脾气是"假话全不说，真话不全说"。如1998年，在一次中央领导同志听取知识分子意见的会上，大家都谈了意见，都有掌声。季老本不想讲话，但中央领导同志点名请他讲，他一开口就提了三条意见，坦诚尖锐。一是说你们领导重工轻理更轻文，这样怎么提高人民的基本素质？不要忘记中华民族最大的特点就是富有人文气息。二是要注意改善知识分子的工作条件。条件太差，怎么留得住人才？但也要注意另一种倾向。过去讲"大学"主要是要有好的"大教授"；现在讲"大学"却变成了讲"大楼"，大楼越多，成绩越大，完全错了。许多老教授的办公室只有8平方米，在斗室中做了30年的学问。现在有些学者仅一张办公桌就有两三米长，却没见做出什么学问。三是要讲和谐。不和谐，什么都发展不了。季老讲完后，大家都愣住了，会场一片沉静。还是中央领导同志讲话，首先肯定了季老的三条意见，说要引起高度重视，要重视中国的人文传统，还说自己的孙子都在背古文，于是全场掌声如雷。

听到李老师向客人介绍这些往事，季老点头微笑。那天，我们的谈话远远超出了医生允许的时长，但想说的要说的还有太多太多，真是相见恨晚。

我向季老倾诉，作为国家宗教事务局的局长，白天总有忙不完的"宗教事务"，需要马不停蹄地"走、干、讲"；但"宗教无小事"，哪一件重要的"事务"不需要理论思维、不需要政治考量、不渗透文化内涵？于是，晚上还得挤时间"读、写、想"。"白天走干讲，晚上读写想"，夜以继日的所思所虑、所言所行，无非就是两件事：宗教问题"怎么看"？"怎么办"？但是"走干讲"难免走的有弯路，干的有错事，讲的有废话；"读写想"也难免读而不通其理，写而不得其要，想而不得其解。热心于"怎么看"，却经常因"看"不清"吃糊涂亏"；努力于"怎么办"，有时倒不经意间"办"好了，"占糊涂便宜"。这位一生都在做学问的国学泰斗点头一笑，挥笔写下八字赠我："良好开端，任重道远——赠叶小文同志，时年九十有五。"

在这位"时年九十有五"的智慧老人面前，我那点"白天走干讲，晚上读写想"的坚持和苦衷，不过是"良好开端"啊。季老分明是在鼓励我，任重道远，必须坚持不懈。只要孜孜以求于"怎么看"，锲而不舍于"怎么办"，津津乐道于"走、干、讲"，念兹在兹于"读、写、想"；只要心无旁骛，意无杂念，就能以勤补拙，日有所进。毕竟天道酬勤、业精于勤，这是通理、是常数、是规律。

神交化外，我推崇季老所推崇的

相识之后，我与季老之间便多了一份关注。我随时关注着季老又出了什么书说了什么话，季老则不着痕迹地关注着我做些什么想些什么。这一时期，我们见面不多，神交甚深。

我曾有鲁莽之想：国际《道德经》论坛如季老能与会，那就太完美了。但虑及季老身体，未敢造次，于是提出给季老录像，在论坛上播放。季老欣然应允。

论坛召开时，季老的录像在会上"热播"，反响甚好。季老说："中国文化的精髓是什么？据我的看法，就是我们现在讲的'和谐'。自古以来，中国就主张'和谐'，'礼之用，和为贵，先王之道斯为美'。时至今天，我们又提出和谐这一伟大的概念，这是我们中华民族送给世界的一个伟大的礼物，希望全世界能够接受我们这个'和谐'的概念，那么，我们这个地球村就可以安静许多。"

道家和道教的精神是什么呢？季老说："我很喜欢陶渊明的四句诗，实际上这也是我人生的座右铭，即：'纵浪大化中，不喜亦不惧。应尽便须尽，无复独多虑！'我觉得这首诗中就充分展现了道家和道教的精神，这就是顺其自然的思想。依我的看法，陶渊明骨子里更像是道家的。我觉得'顺其自然'最有道理，不能去征服自然，自然不能征服，只能天人合一。要跟自然讲交情、讲平等，讲互相尊重，不要讲征服，谁征服谁，都是不对的。"

我经常回味季老的这番话。前不久，给《人民日报》(海外版)的"望海楼"专栏写了篇《全球变暖，我们咋办》："有道是'天变不足畏'，可今日之'天变'——全球气候变化，已在广泛深刻地影响和危害人类的根本利益。人无远虑，必有近忧；今无善举，后患无穷。"

记得我在接受新华社记者采访时曾有过一番关于"双重紧张导致双重焦虑，如何用双和模式化解"的谈话。我认为，当今社会，"双重紧张"表现在快速发展引起人与自然关系的紧张，以及人与人关系的紧张。"双重紧张"必将导致社会失范的焦虑和文明冲突的焦虑。化解"双重紧张"和"双重焦虑"，需要"双和模式"——对内致力于构建"和谐社会"，对外呼吁共建"和谐世界"。内和而必求外顺，内和而必致外和，"和为贵"不仅是中国，也应是世界的追求。这一"双和模式"由中国提出，乃是基于中国经济崛起的同时，正在萌动中的中国文化崛起的端倪初露；基于实现中华民族伟大复兴的历史逻辑。中国应该对人类有较大的贡献。

季老看到了这篇稿子，颇为赞同。我们再次见面时，他谈到这点，并提升为"人与人和谐，人与自然和谐，人内心和谐"这"三大和谐"。2006 年 8 月 6 日，在温家宝总理为他祝贺 95 岁生日时，季老谈起了他这"三大和谐"理念。温总理倾听并赞赏。人们发现，当年召开的中共十六届六中全会明确提出构建社会主义和谐社会，并鲜明地提出要"发挥宗教在促进社会和谐方面的积极作用"。

吸纳季老滋养，我对"文化的回归与超越"这一命题做了一系列的探索。我认为，传统是民族的本，每一个辉煌的文明，都有深厚的历史文化积淀做支撑，都离不开先人的智慧与哲理的学习传承。中华民族的伟大复兴，也离不开对优秀文化传统的继承发展。现代化呼唤时代精神，民族复兴呼唤民族精神。时代精神要在全民族中张扬，民族精神就要从传统文化的深厚积淀中重铸。我们继承历史，面向未来，立足中国，面向世界；不会食古不化、抱残守缺。对传统文化的继承，是为着创新和超越。对我的一管浅见，季老予以肯定。

我在《人民日报》(海外版）的"望海楼"专栏发表过一篇题为《迎接新时代的文艺复兴》的文章，进一步探究这一课题，文中加入我与季老沟通后形成的一些理念：如果说文艺复兴使"人"从神的束缚中被解放出来，解放了的"人"又过度膨胀了，那么今天我们看到的是，"人"对自然过度开发，环境污染破坏；"人"对社会为所欲为，单边主义和恐怖主义的争斗愈演愈烈；"人"对"人"损人利己、尔虞我诈，次贷危机引爆席卷全球的金融危机，造成全球范围的经济衰退和恐慌。时代呼唤着一场新的文艺复兴，必须把过度膨胀的人还原为一个"和谐"的人，必须建设一个人与自然和谐、人与社会和谐、人与人和谐的新的"和谐世界"。

文章发表后，我想约一个季老合适我也合适的时间去看他，再次与他从容交谈。

也许是现代人脚步太匆忙，也许是现代社会节奏太匆迫，坐下来，静下来，执手相谈，竟成奢望！

季老走了，他要我"坚持不懈"的叮嘱，竟成绝响！

可怜流年夺季老，我失知己，国失大师！神伤之际，我泪潸然。

对于季老一生的评价，2006 年感动中国的颁奖词或许能囊括一二：智者乐，仁者寿，长者随心所欲。一介布衣，言有物，行有格，贫贱不移，宠辱不惊。学问铸成大地的风景，他把心汇入传统，把心留在东方——季羡林，最难时也不丢掉良知。

重思这段话，默默吟诵季老的《泰山颂》，心底最深处有种力量缓缓升起：

> 巍巍岱宗，众山之巅。雄踞神州，上接九天。吞吐日月，呼吸云烟。阴阳变幻，气象万千。兴云化雨，泽被禹甸。齐青未了，养育黎元。鲁青未了，春满人间。星换斗移，河清海晏。人和政通，上下相安。风起水涌，处处新颜。暮春三月，杂花满山。十月深秋，层林红染。伊甸桃源，谁堪比肩。登高望岳，壮思绵绵。国之魂魄，民之肝胆。屹立东方，亿万斯年！

国之魂魄，民之肝胆。屹立东方，亿万斯年——在我心目中，这就是季老的真实写照。我愿意相信，在迎接新中国 60 华诞之际，这位东方老人将在泰山之巅，面对朝阳，朗声吟诵：齐青未了，养育黎元。鲁青未了，春满人间……

季老走了，他此生，四季经历 98 次荣枯，他的心，燃烧了 98 年。

季老，有您在，灯亮着。您走了，心灯依旧。

赞饶老：万古不磨意　中流自在心

　　百岁老人、学术泰斗饶宗颐先生走了。海内外学界黯然失色，一片唏嘘。我对饶先生一向高山仰止，但人分两地，直接请益的机会难得。中国学界向有"北季南饶"之说，"北季"季羡林先生在世时，我可以常去向他请教；但要见"南饶"饶宗颐先生一面，还真是难啊。14年仅见过一面，竟成永别。

　　"北季南饶"，一前一后相继走了。

　　记得在季羡林先生走的当天夜里，我泪眼蒙眬，脑海空空，只有一句话在回响：有您在，灯亮着。为什么是这句话呢？据说，20世纪80年代至90年代间，季羡林先生清晨4点即起，季家的灯光经常是北大清晨的第一盏明灯。而今，哲人已萎，一灯如豆。走过未名湖畔，走过燕园那个素朴的小院，人们是否记得：此间曾亮着星星之火。当时，我夜不能寐，就写了一篇文章《你走了，心灯依旧》，当天发给《人民日报》，第二天便见报了。

　　此刻，饶先生又走了，我又一次泪眼蒙眬，脑海空空，同样只有一句话在闪烁：有他在，灯亮着。他走了，又一盏心灯依旧……

　　饶宗颐先生是当代绝无仅有的百科全书式的国学大师，其皇皇巨著《饶宗颐二十世纪学术文集》全套共十四卷二十大册。学术界尊他为"整个亚洲文化的骄傲""国际瞩目的汉学泰斗"。我想，远在东方明珠——香港的饶先生书斋里那一盏明灯，怕是通宵达旦都亮着的吧？而今，又是哲人已萎，一灯如豆。人们一片唏嘘之后却不断点赞，此间曾亮着的星星之火，早已汇成当代中华文化的皇皇巨著、滚滚潮流。

　　说"他走了，又一盏心灯依旧"，因为饶先生给世人留有一句诗："万古不磨意，中流自在心。"

　　饶先生说："我是弹古琴的。有一次，我和学生在海上弹琴，作了这两句诗。万古不磨，就是中国人讲的'不朽'，中国人讲'三不朽'，即立德、立功、立言。而这个'自在'，是佛教的话。我写《心经》简介，第一句就是'观自在菩萨'，自在，就要像观世音一样。中流，在水的中央，说明有定力、有智慧、有忍耐，有六个波罗蜜，即布施、持戒、忍辱、精进、禅定、智慧，这是佛教认为行者到达彼岸的无上法门，就是要保持一种自在的心，这是一种境界。"香港大屿山上，饶先生手书的巨幅《心经》至今还在。他说："《心经》中的'心无罣碍，究竟涅槃'，罣碍，是指自己造出来的障碍。现在的人太困于物欲，其实是他们自己造出来的。"

　　的确，现代化使人们的物质生活水平普遍提高，可精神世界却缺少了观照。现代的人们拥挤在高节奏、充满诱惑的现代生活中，人心浮动，缺乏安宁。欲望在吞噬理想，多变在动摇信念，心灵、精神、信仰在被物化、被抛弃。大家好像得了一种"迷心逐物"的现代病。人，如果比比皆是为钱，就会搞得心烦意乱不知所从，心浮气躁不思进取，心为物役只知道钱，心高气盛欲壑难填。哀，莫大于心已死；死，莫悲于钻钱眼。所以，今天，习近平总书记特别告诫全党："发展仍然是我们党执政兴国的第一要务。""经济发展了，但精神失落了，那国家能够称为强大吗？"我们中华民族在快速发展的同时，需要"心无罣碍，究竟涅槃"的境界，需要全民族精神的安定、充实、高尚与振奋，需要"万古不磨意，中流自在心"！

　　说"他走了，又一盏心灯依旧"，也因饶先生给世人提起一个观念："21世纪将是中国踏上一个'文艺复兴'的时代。"

饶先生说:"一百多年来,出土的东西非常多,这些出土的东西,很多是汉代的竹简、帛书,使我们可以接触到汉代当时的思想精华。欧洲的文艺复兴,就是因为很多老写本、希腊的思想精华,保留在阿拉伯的写本里。这些写本,我在法国看了很多,古希腊的很多东西本来存在的,从那些阿拉伯老写本里找回来。欧洲的文艺复兴就起于这些老的写本。也就是说,欧洲的文艺复兴运动是对古典的新发掘与认识,对古代文明的研究,为人类知识带来极大的启迪。现在我们情况也一样。所以我们要趁这个机会,把'经'做一个新的整理。当然,我们对古代文献不是一字不加地不予批判,而是要推陈出新,与现代接轨,把保留在历史记忆中的前人生命点滴宝贵经历的膏腴,给以新的诠释。"

我常想,为什么讲新的"文艺复兴"将从中国发生? 什么是"保留在历史记忆中的前人生命点滴宝贵经历的膏腴"? 中国这样一个泱泱大国、文明古国,在实现中华民族伟大复兴的进程中,能否对人类做出较大的贡献?

众所周知,数百年前西欧历史上发生了一场持续 200 余年的文艺复兴,带领西欧走出中世纪的蒙昧和黑暗,迎来了现代文明的曙光。文艺复兴把"人"从"神"的束缚中解放出来,把生产力从封建社会的束缚中解放出来。"人"的作用空前放大了,可以上天入地,呼风唤雨,转化基因,试管造人……但其后却发生了异变,解放了的"人"过度膨胀了。今天我们看到的是,"人"对自然过度开发,环境污染破坏;"人"对社会为所欲为,单边主义和恐怖主义的争斗愈演愈烈;"人"对"人"损人利己、尔虞我诈。

如果说文艺复兴使"人"从神的束缚中被解放出来,之后人又被神化、异化,走向自身的反动,甚至成为"病毒",时代就呼唤着一场新的文艺复兴,必须把过度膨胀的"人"还原为一个"和谐"的"人",必须建设一个人与自然和谐、人与社会和谐、人与人和谐的新的"和谐世界"。中华民族的文化传统,因应着这个时代要求。英国的历史学家汤因比说过,"避免人类自杀之路,在这点上现在各民族中具有最充分准备的,是两千年来培育了独特思维方法的中华民族"。什么"独特思维方法"？是天人合一，允执厥中，仁者爱人，以和为贵，和而不同，众缘和合。

饶先生说："我们今天世界上的麻烦，就是'天人互害'。我们做了很多事情，可以说是'伤天害理'，你把整个环境都改变了，破坏了，以致现在需要'环保'，这是人做出来的一个恶果，很坏的结果。我们对不住宇宙，这就是因为我们不懂'天人互益'，所以就'互害'了。所以我提倡'天人互益'，天同人互相补足，要从益人而不损人的原则出发，并以此为归宿。这是从古本上得到的启示，也可见古本的可贵。"中华民族实现民族复兴的伟大进程，肩负着新的时代使命。迎接这场并不逊色于历史上文艺复兴的新时代的"文艺复兴"，中国应该有所作为。"周虽旧邦，其命维新。"

说"他走了，又一盏心灯依旧"，还因我与饶先生见过一次面，畅谈的正是"心"，是"和谐世界，从心开始"。

2004年8月，为广泛发动香港佛教界及学术界积极参与创办首届"世界佛教论坛"，时任中华宗教文化交流协会会长的我，专程到香港理工大学与饶宗颐以及觉光、杨钊、潘宗光、刘长乐、王国华等香港高僧、企业家、学者专家、媒体负责人茶叙。在讨论中饶先生提出，"和谐世界"是人类共同努力的方向，需要各种文明、各种宗教都来发挥积极作用。对佛教而言，"从心开始"就是途径、方法。佛教认为，实现"和谐世界"需要内外兼修，内有不和之因，外结不和之果。问题在于人们的心灵被无明所遮蔽，不能看清自我和世界的本质。而心灵是转换自我与外界关系的枢纽。心净则国土净，心安则众生安，心平则天下平。从个体到众生再到世界，人们只有从心开始，心净、心安、心平，以平常心、欢喜心、无量心去沉思，去祈盼，心无罣碍，才能无有恐怖，远离颠倒妄想，才能以内心的和平与安宁来带动外界的和谐与安定。

首届"世界佛教论坛"，正是以"和谐世界，从心开始"为主题，借由"心净则国土净，心安则众生安，心平则天下平"，进而实现"新六和"的愿景：一愿培植善心，发乎善行，则人心和善。二愿亲情稳固，爱心充满，则家庭和乐。三愿真诚沟通，平等互助，则人际和顺。四愿各得其所，相安无事，则社会和睦。五愿彼此欣赏，尊重包容，则文明和谐。六愿将心比心，化怨为友，则世界和平。这个"新六和"的愿景，继承和弘扬着佛教"众生无边誓愿度，烦恼无尽誓愿断，法门无量誓愿学，佛道无上誓愿成"的慈心悲愿。

说"他走了，又一盏心灯依旧"，是因为哲人其萎，灭不了的是"心灯"，说不完的心里话。

在我们中华民族创造新的文化繁荣，推动新的"文艺复兴"、实现民族伟大复兴的历史进程中，有"北季南饶"两颗巨星照耀过我们，至今还闪闪发光。虽然他们一前一后，相继走了，但一盏一盏，心灯依旧。

看朴老：君有"无尽意"

　　我作为连续五届在人民政协工作过的老政协委员，回顾直接接触、亲见亲历的那些在人民政协里做出突出贡献的杰出人物和他们的事迹，真是"日月之行，若出其中；星汉灿烂，若出其里"。跟他们读书，向他们学习，意无尽，益无穷。

　　赵朴初就是其中一位。

　　赵朴初是中国民主促进会的创始人之一。1945 年 12 月 30 日，赵朴初与马叙伦、王绍鏊、林汉达、周建人、雷洁琼等在上海成立以"发扬民主精神，推进中国民主政治之实践"为宗旨的政党——中国民主促进会。此后，赵朴初历任民进上海分会副主任，民进上海市主委，民进中央委员、常委、副主席，民进中央参议委员会主任，第四、五届全国政协常委，第六、七、八、九届全国政协副主席。他始终热爱中国共产党，一以贯之地拥护中国共产党的领导。他同周恩来、邓小平等中共中央领导人有着亲密的友谊。他长期担任民进中央和全国政协的领导职务，积极建言献策，发挥参政议政和民主监督的作用，为发扬同中国共产党团结合作的优良传统，为巩固与发展爱国统一战线，为坚持中国共产党领导的多党合作和政治协商制度，为建设有中国特色的社会主义事业，付出了心血和汗水，做出了重要贡献。

　　赵朴初又是一位杰出的爱国宗教领袖，长期担任中国佛教协会会长。我当了近十五年的国家宗教事务局（前身为国务院宗教事务局）局长，在工作中自

然要多次向他请教，与他商量，和他讨论，听他高见，称他"朴老"，结下了
"忘年交"的深厚友谊。

其一，山也回头，海也回头

1994 年初春，我国宗教界的领袖们云集海南岛三亚市，共同研讨"宗教
与社会主义社会相适应"问题。会余，1 月 21 日清晨，我们陪同赵朴初先生
游览亚龙湾。晴空万里，碧海连天，鸟语花香，春风扑面。更奇的是脚下沙滩
雪白，头上鸿雁翻飞。大家都轮着要跟朴老合影留念。我笑道："朴老，大家
想要您像这大海，像这鸿雁，做个背景，不要动。"朴老笑答："踏沙晨作亚龙
游，鸿爪倘能留？"入夜，朴老谈起黎族美丽的民间传说故事：有一少年，自
五指山追逐一鹿至海边，张弓欲射，鹿回头，化为美女，少年爱之，遂为夫
妻。朴老兴致很高，又连夜登至山顶看"鹿回头"石雕并观夜景。我看朴老
若有所思，就说，三亚的群众都希望您留下几首词，给这里的美景增添文化内
涵。朴老点头不语。第二天，一首《诉衷情》已跃然纸上，还特别提了一句
"小文同志雅正"：

> 踏沙晨作亚龙游，鸿爪倘能留？
> 登高夜望奇甸，美景不胜收。
> 灯万点，相辉映，似川流。
> 不须逐鹿，山也回头，海也回头。

词中"奇甸"，是古人对海南岛的称谓。我问朴老，这首词情深意切，内
涵丰富，似有禅意，妙不可言。朴老沉思片刻说，鉴真大师东渡日本，曾在三
亚躲避台风，他把一生都奉献给日本人民了。但后来日本侵略中国，侵略者以
鉴真为例，礼请弘一大师赴日。弘一大师愤言："当年海水是蓝的，现在被你

们染红了！"是啊，那时是山在流泪，海在流血啊。今天，血雨腥风虽然早已过去，我们要忆念先德，不忘历史，开辟未来。佛教可以为中日人民世代友好多做贡献，可以叫"山也回头，海也回头"！

话犹在耳，光阴荏苒。朴老已到弥留的时刻，江总书记来了，中央领导一个接一个来了。我一直守候在朴老身边。医生在紧张地抢救，仪器在不停地作响。我插不上手，只能避到一旁，这首曾令我"雅正"的《诉衷情》便一遍一遍地在我脑海里回响。我默默地一遍一遍祈愿"山也回头，海也回头"，祈望朴老苏醒过来，再给我们讲鹿回头的故事。

朴老走了。我怀着沉痛的心情，在病榻前深深鞠躬作最后告别，陪着朴老夫人一直送他到太平间。因为我第二天重任在身，不得不含泪惜别。

朴老走了。海内外信众、友人同声震悼，互联网上悼念朴老的文章骤然增多。当其时也，哲人其萎，是真的"山也回头，海也回头"……

其二，以史为鉴，薪火相传

1998 年 5 月，我在中央党校省部级干部培训班学习期间，应我的倡议，全班近百名学员专门去看望朴老，向这位宗教界的老前辈学习、请益。当时，朴老讲到，党的宗教政策好，一定要认真贯彻好。做好宗教工作，不仅有利于国内的民族团结和社会稳定，而且对做好国际的事情也有很大的帮助。听了这话，大家一时没有完全领会过来。这时，朴老就慢慢地介绍了一些情况。他最后说，日本侵略者当年杀害了那么多无辜的中国人，日本军国主义犯下了滔天的罪行，这是血海深仇，那么，战后中日关系怎么办？新中国成立后，在党和政府的领导下，我们从民间友好交往入手，反对日本军国主义复活，促进中日人民友好，推动中日邦交正常化。这中间，中日佛教友好交流就发挥过不可替代的特殊作用，这件事应该持续不断地做下去。

是什么特殊作用呢？我虽然点头称是，还写了篇通讯，记下朴老的话，发表在中央党校校报上，说实在的，心里并不甚明了。但我的脑海里很快就浮现出另一个场景，那是 1995 年 10 月，我到宗教局工作不久，中国佛教协会在朴老的亲自部署下，邀请日本佛教界老一辈对我国友好的代表人物的后代组团来华访问。宗教局给予佛教协会应有的支持，活动开展得很圆满。我对这项活动也就是一般的过问安排，事后才知道，朴老不顾年迈体弱，亲自去首都机场迎接客人。从辈分上说，这些日本客人是他的晚辈，比他要年轻几十岁。朴老作为他们的长辈，完全不必亲自迎到机场的。他当时为什么要坚持亲迎？直到此时，我才体会到朴老的苦心，这位在五六十年代和日本佛教界老一辈人士共同开创了中日佛教友好和平事业的老人，是要利用一切机会做工作，是要身体力行，昭示后人，使中日友好事业后继有人，薪火相传啊。

朴老希望我们在政府宗教事务部门工作的同志，加深对包括日本佛教界在内的国际宗教界的了解和认识，多次提出要我亲自去日本走一走，看一看。1999 年春天，我们正拿出相当的精力，驳斥美国反华势力借口宗教问题对我国的恶意攻击和污蔑，做美国宗教界人士的工作，尚未顾及安排对日本佛教界的活动。赵朴老特地找了我，郑重地谈了他对中日佛教友好交往意义的认识，对中日佛教友好交往面临断代的现状十分忧虑，希望本着"忆念先德，勿忘历史，世代友好"的精神，继续推动老一辈建立起来的中日友好事业，使之薪火相传。在朴老的敦促下，我遂应日本"日中宗教者恳话会"和"日中韩国际交流协议会"的邀请，于是年 4 月率团对日本进行了友好访问。

我们在日本考察了十余座佛教寺院，会见了近百位日本佛教主要宗派知名人士，与净土宗、天台宗、日莲宗、真言宗、临济宗、黄檗宗、曹洞宗及新兴教团立正佼成会进行了广泛接触。在访问中，代表团一言一行都以中日友好的大局为重，既坚持原则又坦诚相待，收到了很好的效果。日本佛教界的朋友把我当作朴老的使者，另眼相看，他们说："我们最崇敬的赵朴初先生选派了一位好使者，来看望我们，你是我们完全可以信赖的朋友。"我们所到之处，有关寺庙和宗派的主要负责人亲自出面接待，破例地鸣钟，醒目地挂出中国国旗。言谈中，常常表示对侵华战争沉痛的忏悔，时时流露出对朴老的崇敬。

4月9日，我在东京拜会了日本文部大臣有马郎人先生。会见中，这位曾任东京大学校长的文部大臣表示对俳句很有兴趣，并且表达了对李白、杜甫、芭蕉等中日诗人和俳人的缅怀之情。文部大臣对俳句的兴趣引发了我的感受。正好在来文部省的途中，我们停车驻足，观赏日本樱花，那种"纷纷开且落"的幽美令我浮想联翩，回到车上忍不住诌过一首汉俳：

> 樱绽江户川，
>
> 法脉传承两千年，
>
> 佛缘一线牵。

我当即口诵拙作，并说明这种"汉俳"的创造者是赵朴老，又背诵了1980年朴老在中日共同迎送鉴真和尚像回归中国的活动中写下的汉俳。文部大臣听了，颇表钦敬。谈起朴老，谈起汉俳，官式会见的客套与沉闷一扫而去，时间比预定的超出了一倍，宾主仍谈兴正浓，兴致盎然。

当然，如果把赵朴老仅仅看作一位诗人词家，那就无法完全理解他在日本人民心目中的崇高形象了。事实上，那次访日之行，无论身在关东，还是行至关西，整个过程中，始终有一个奇特的感觉，好像赵朴老一直都和我们这个代表团在一起。在著名的奈良唐招提寺，我们遇到大批的日本观光客在寺内参访，而此时此刻，寺内却回荡着一个中国老人沉着徐缓的话音——原来寺院正在播放赵朴老在唐招提寺访问时的讲话录音，以此纪念"鉴真和尚像荣归故里二十周年"。我看见普通的日本参观者一边听取导游介绍，一边驻足谛听他们并不能听懂的中国话广播录音，一时间给人的幻觉，不知是鉴真和尚复活了，还是赵朴老再来此寺中了。不只在唐招提寺，一路上，我们都深深感受到日本佛教界对中国人民的友好情意，感受到赵朴老在中日两国佛教界、文化界享有的崇高威望。最后，在出席奈良佛教界的欢迎宴会时，我干脆就直接借用朴老的两句名诗"珍重两邦兄弟谊，扬州明月奈良天"（鉴真和尚的籍贯为扬州），续上"关东关西总关情，花落花开新芽绽"两句，表达我们此行对促进中日"世代友好"这一事业的真切体会。

后来，我应邀专程去日本做了场报告，题目就是《毕竟一衣带水，总有鉴真精神》。

朴老在日本佛教界的威望和地位，是他长期致力于中日佛教界友好交往，绽放的最美丽的花朵。赵朴老早在 20 世纪 50 年代初就致力于中日佛教界友好的事业。1951 年，他代表中国佛教界将一尊象征慈悲和平的佛像，通过与会的日本佛教代表赠送给日本佛教界，在日本佛教界引起强烈反响。不久，日本佛教界友好人士大谷莹润、菅原惠庆等领导的"中国在日殉难烈士慰灵实行委员会"派代表团漂洋过海，送还中国在日殉难烈士遗骨。这两件事开始了新中国佛教界与日本佛教界的友好交往，打开了中日民间友好交流的大门，受到周恩来总理的高度赞扬。1955 年朴老赴日参加禁止原子弹、氢弹世界大会，受到了日本佛教界热情友好的接待，这是新中国佛教徒第一次访问日本。到了 60 年代，朴老精心构思，寻找课题，将中日两国佛教界的友好关系发展到了一个新的阶段。1962 年到 1963 年，中日佛教界冲破重重阻力，共同发起纪念鉴真逝世 1200 周年的活动，在日本掀起了加强中日友好、促进两国邦交正常化的群众性热潮，日本佛教界举行了声势浩大的纪念活动，广泛宣传中日友好传统，为中日邦交正常化奠定了群众基础。我国佛教界、文化界、医药界也在北京隆重举行纪念活动，出版纪念文集，在扬州大明寺修建了鉴真和尚纪念堂，在广东肇庆鼎湖山修建了伴随鉴真东渡、圆寂在途中的日僧荣睿纪念碑。1964 年中国佛教协会同中国人民保卫世界和平委员会、中国人民对外文化协会、中国文学艺术界联合会等六个单位共同举办了玄奘法师逝世 1300 周年纪念大会，有 10 个国家和地区的佛教界人士应邀与会。应中国佛教协会邀请，由日本各主要宗派领导人组成的"日本佛教访华亲善使节团"来我国访问。在邓小平、邓颖超的关怀、支持下，1980 年，日本唐招提寺保存 1300 多年的鉴真大师像回国巡行，掀起了中日友好新的热潮。日本佛教传道协会对隆莲法师和朴老授予传道功劳奖，日本庭野和平财团、佛教大学、龙谷大学以及韩国东国大学对朴老赠予奖金、授予名誉学位，体现了他们对中国佛教界的友好情谊和对朴老的尊敬之情，同时推动了中国佛教界同日本佛教各宗派的关系从一般友好往来发展到祖庭庄严、文化交流、人才培养等多领域的合作。这些活动的开展，极大地促进了中国佛教界同日本佛教界之间的友好关系。朴老的功绩，不仅为国内广大佛教界人士所称赞，而且为日本佛教界所景仰。在日本佛教人士心目中，朴老不仅是中国佛教的一面旗帜，也是日本佛教界、中日两国佛教友好交往的一面旗帜。日本佛教界知名人士、时任日本佛教净土宗宗务总长、日本中国友好协会副会长、日中友好净土宗协会会长水谷幸正先生说，日本佛教界将在赵朴初先生的旗帜下，继续发展两国佛教界之间的友好交往。

赵朴老对国际宗教友好的特殊贡献，最后还体现在他的"黄金纽带"的构想上。这是他在晚年总结中日韩佛教友好交流历史的基础上，经过认真思考所提炼出来的思想。他认为中日韩三国佛教友好交流的关系，在历史上曾如"黄金纽带"一样熠熠生辉，他希望未来继续像"黄金纽带"那样牢固缔结下去，为东南亚乃至整个亚太地区的和平发展做出贡献。这个构想，得到了我国领导人的肯定和支持，也得到了中日韩三国佛教界以及日韩两国政府的理解。1995年在北京召开了首届三国佛教友好交流大会，江总书记亲切会见了三国佛教界代表。从那以后，在汉城和京都轮流召开了第二届与第三届大会，赵朴老的这个构想，正在成为三国佛教界热爱和平的共识。

朴老走了，日本佛教著名宗派专门派代表参加悼念活动。正如朴老在遗嘱中写的，"花落还开，水流不断，明月清风，不劳寻觅"。他开创的中日佛教界友好交往的历史不可磨灭，明月清风遍扶桑，花落花开新芽绽。

朴老走了，他的事业和精神，他的人格和风范，他的音容和笑貌，不劳寻觅，就在广大佛教徒心中。灯万点，相辉映，似川流，说不尽的赵朴初，说不尽的思与念……

我不是佛教徒，但是我尊重和理解佛教信仰者"乘愿再来"的信念。我想，中日两国乃至国际社会都需要殚精竭虑致力于宗教和平事业的奉献者，山也回头，海也回头，我祈愿敬爱的赵朴老"乘愿再来"。

后来，我担任中日友好21世纪委员会中方委员。中方的主任委员是唐家璇同志。一次到日本访问，唐家璇同志向日本朋友介绍我时，特别提到：叶小文先生是赵朴初的学生，常跟朴老一起读书，得到朴老真传，我们叫他"叶朴初"吧。在场的日本朋友竟一起起立，热烈鼓掌。

其三，星星相耀，人天之师

我作为国家宗教事务局局长，与台湾的星云大师从交往甚多到结为忘年交的挚友，不仅是推动两岸佛教交流的职责所系，更是受朴老对星云大师的一往情深所感。

还记得，我刚当国家宗教事务局局长不久，朴老就特地给我看过两幅他的诗词墨宝。一是《一九九三年一月二十九日赠星云大师》，缘起是"星云大师来金陵省母，余借缘南下与师相见，共叙昔年'千载一时，一时千载'之语，相视而笑。得诗两首，奉乞印可"，诗云：

> 大孝终身慕父母，深悲历劫利群生；
> 西来祖意云何是？无尽天涯赤子心。
> 一时千载莫非缘，法炬同擎照海天；
> 自勉与公坚此愿，庄严国土万年安。

另一幅是《调寄忆江南词——一九九四年三月二十日至南京赋赠星云大师》：

　　经年别，重到柳依依，烟雨楼台寻古寺，庄严誓愿历僧只，三界法云垂。

　　金陵会，花雨满秦堤，登岸何须分彼此？好从当下证菩提，精进共相期。

　　朴老是在以诗示我，尽管海峡两岸还处于分离状态，但毕竟是一家，迟早要统一。有佛法就有办法，可以"法炬同擎照海天"；有高僧就有努力，"好从当下证菩提，精进共相期"。

　　还记得，2004年，当时已久病不起的朴老不顾医生劝阻，坚持亲自到香港为佛指舍利赴港主礼，那是朴老最后一次参加公众活动，回来一年竟然就与世长辞了。当时我陪着朴老，会见专程从台湾赶到香港的星云大师。只见二老紧握双手，互相凝视，百般感慨，尽在不言中。良久，朴老才深情地说："医生们都不许我远行。其实我哪里是只为送佛舍利过来，我是要和你见一面啊！"闻此言，我感动不已，朴老这是在言传身教开示我，作为大陆主管宗教事务的官员，一定要和台湾高僧以诚相待、深交朋友啊。尽管回到北京后，朴老就再没有从病床上起来，但我每次去看他，他都十分欢喜，谆谆教导我："佛牙何所言，佛指何所指？有了佛陀慈悲、智慧的加持，能庄严国土，利乐有情，祖国统一，民族复兴，世界和平，皆大欢喜。"

　　朴老91岁时，曾手书一幅大字赠送"星云大师印可"，上面写着"富有恒沙界，贵为人天师"。而星云大师回忆，"当赵朴初居士九十几岁逝世的时候，我不能前去奔丧，只有亲自题写一幅'人天眼灭'，托人带去北京，表示哀悼。多年后，我到大陆去访问，在他的灵堂前，看到我写的'人天眼灭'还挂在中间，他的夫人陈邦织女士接待我，带我参观他的故址家园，让我怀念不已。赵朴初居士，这也是现代的菩萨"。

　　一个"贵为人天师"，一个"人天眼灭"。这岂止是"惺惺相惜"感人深，实乃"星星相耀"满目辉！

其四，花落还开，水流不断

赵朴初虽已远去，却音容笑貌宛在，哲人风范长存。记得他给人题字时常盖"无尽意"章，书斋取名"无尽意斋"，自称"无尽意居士"。

大家习称赵朴初为"朴老"。朴老不老，其意无尽。朴老说，"无尽意"出自《无尽意菩萨经》的"行愿，意无尽"，乃悲愿无尽，智慧无尽。朴老是借以表明对祖国无限热爱，为人民、为佛教报恩无尽、奉献无尽的赤子情怀。朴老又说，苏东坡有"短篱寻丈间，寄我无穷境"的佳句，诗人已顿悟宇宙无穷尽而人生有限的道理，所以面对艰难困苦也能豁达乐观、随遇而安，"无穷境"是孜孜以求、不改抱负，无私、无我、无执的境界。这大概是朴老关于"无尽意"出处的又一注解。朴老还说："我们都是一滴水，只要尽力而为，滴水可奔入大海，永不干涸。唯有身归大海，滴水方得功德圆满。"这应是"无尽意"内涵的说明。滴水的"无尽意"来自大海、归于大海，朴老的"圆满功德"也来自和归于他衷心热爱、终生奉献的祖国、人民和佛教事业。朴老诗云："信知此土有深缘，圣教三车独得全。誓续慧灯无尽际，时轮再转两千年。"将佛教的"慧灯"无尽际地延续下去，这应是"无尽意"外延的扩展。为此，朴老一生提倡和践行"人间佛教"——知恩报恩、护国利民，以戒为师、师表人天，慈悲济世、甘于奉献，以和为尚、"六和"为敬。

当此朴老百年、人们对他思忆无尽之时，他留下的遗嘱，似乎还在向人们倾诉所执着的"无尽意"之意："生固欣然，死亦无憾。花落还开，水流不断。我兮何有，谁欤安息？明月清风，不劳寻觅。"朴老大概是要告诉我们，他已经走了，谁还在那里感叹"安息"、思念不已呢？明月清风意无尽，不劳寻觅事无穷啊。虽已到"了脱生死"的境界，但他毕生无限热爱祖国的志愿，为人民、为佛教奋斗不息、奉献不止的事业，定会后继有人，薪火相传，好比是"花落还开，水流不断"，无穷无尽，继往开来。

中国佛教界没有辜负朴老的遗愿，成就了一件件护国利民的大事。从佛指舍利 2002 年赴台供奉和 2004 年赴港供奉、两岸佛乐世界展演，"非典"之后在厦门举行两岸佛教共同祈祷国泰民安大法会，2005 年海峡两岸暨港澳佛教圆桌会，2006 年百寺千僧一天内为救助印尼海啸捐款上千万元，直到 2007 年"神州和乐"东南亚巡演、"和平钟声到台湾"、北京召开中韩日三国佛教友好交流会议，在海内外都产生了广泛影响，真的是"花落还开，水流不断"。特别是以"和谐世界，从心开始"为主题的世界佛教论坛，更呈现了中国佛教的大气象，展示了人间佛教的"无尽意"……

我们要全面贯彻党的宗教工作基本方针，发挥宗教界人士和信教群众在促进经济社会发展中的积极作用。我国的宗教界人士和信教群众，当数佛教最多。我国五大宗教，除了土生土长的道教外，当数佛教历史最长。发挥积极作用，佛教理应一马当先。因此"无尽意"又有新意：因应时代呼唤，站在时代前列，再创新的业绩。

望主教：正义的冠冕 ①

　　一位中国天主教的主教与世长辞。连日来，从医院到教堂，从国家领导人到成千上万普通群众，都赶来为他送行。他，就是一生爱国爱教的傅铁山主教。

　　送别现场，回荡着低沉的哀乐，天主教的神长教友们在默诵一段《圣经》："因为我已被祭奠，我离世的时期已经近了。这场好仗，我已打完；这场赛跑，我已跑到终点；这信仰，我已保持。从今以后，正义的冠冕已为我预备下了。"

　　傅铁山主教的一生，是爱国爱教的一生。作为一名天主教神职人员，他始终把个人的命运与祖国的发展紧紧联系在一起，把捍卫祖国的荣誉和利益作为自己应尽的责任。哲人其萎，其言犹存。记得傅铁山主教说过："中国天主教在信仰上是纯正的，我们强调独立自主自办教会，并不是要在宗教上标新立异，我们同世界各国天主教会一样同属基督奥体的一部分。中国天主教尊重世界各国天主教会对本国社会制度、政治体制和文化传统自由选择的权利；同时，广大神长教友也同全国人民一样，坚信只有社会主义制度才能使中国走向富强。中国天主教不为外国势力所左右，坚定地选择了社会主义制度，这是中国天主教在政治上独立自主的最集中的体现。"

　　中国宪法明确规定，宗教团体和宗教事务不受外国势力支配。这是基于我国曾经长期遭受帝国主义侵略和掠夺、有的宗教被帝国主义控制和利用的历史

---

① 原载于《人民日报》(海外版) 2007 年 4 月 28 日第 1 版。

事实，是基于我国信教群众做出的自主选择。服从国家利益和人民的根本利益，与社会主义祖国同呼吸共命运；适应中国社会的基本国情，做光做盐，荣主益人；融入中国的文化传统，使天主教成为中国文化所接纳、中国人民所欢迎的宗教，乃是中国天主教健康发展的康庄大道。五十多年来，独立自主自办教会原则已经融入中国天主教的血脉之中，成为中国天主教安身立命之本。傅铁山主教正是始终不渝地坚守着这一原则。作为中国天主教独立自主自办事业的一位杰出领袖、一位旗手，受到社会各界的欢迎，得到中国天主教广大神长教友的热爱，也得到世界许多国家宗教组织和人士的理解和尊重。连去年因病去世的罗马教皇约翰·保罗二世，生前也明确表示，罗马教廷与中国天主教徒之间"具有宗教性质的纽带，不能损害中华民族的团结，哪怕损害只是微乎其微；也不能以任何形式削弱中国的独立和主权"。

傅铁山主教在最后的时刻所思考的问题是，中央提出和谐社会要共享共建，希望"发挥宗教在促进社会和谐方面的积极作用"，那么，首先宗教自身、宗教内部就要和谐。一个"和谐的宗教"而不是一个"冲突的宗教"，才是宗教发挥积极作用而不是释放消极作用的基础。今年春节，在他生命的最后日子里，他向全国宗教界发出了"发挥优势，共建中国和谐宗教；五教同光，共建和谐寺观教堂"的倡议。中国五大宗教的领袖纷纷签名响应。他把坚持独立自主、自办的中国天主教，进一步融入了中国人民共同建设和谐社会的伟业。

我理解了，天主教的神长教友们为什么深情地默诵那一段《圣经》，为傅铁山主教送行。这里寄托着他们对傅主教爱国爱教、一身浩然正气的无限敬仰，也寄托着他们必将继续高举中国天主教独立自主、自办这"正义的冠冕"的坚强决心。

第二辑

鸿雁飞来

我的楷模

读书，不仅在书斋里读，也可在生活中读；不仅跟前面的学术泰斗读，也可跟身边的领导同事、亲朋好友、普通人物读。

"对上以敬，对下以慈，对人以诚，对事以真。"这是我的一位挚友、台湾高僧惟觉法师的"四句箴言"。其实，真善美总是相通的。在我的另一位挚友、一位共产党的领导干部——曾经是我的"上司"丁廷模的身上，就体现着这"四句箴言"。

对上以敬。丁廷模 20 世纪 80 年代即任中共贵州省委副书记。他对他的"班长"、时任贵州省委书记的胡锦涛，十分敬重。记得 1988 年 12 月，胡锦涛从贵州调任西藏自治区党委书记，丁廷模满怀深情地写下短诗三首《送别絮语》：

《白发添几许》："为兴黔富民而来，为西藏安康而去。来时，年轻英俊；去时，鱼尾纹深。两鬓白发添几许？"

《深深的足迹》："甘肃、贵州、西藏，一程又一程，在辽阔的西部土地上，留下你深深的足迹。妻子，儿女，老人，从远方捎来问候多么温馨，你深感内疚，欠亲人几多情。重任，事业，理想，毕竟位居第一，你告别亲人，走得更远，继续向西……"

《闪着泪花，向你挥手》："向老同志辞行，与地委书记话别，看望警卫员、炊事员，向办公厅工作人员，表示深深的谢意。省委书记的行期，很少有人知晓。来，静悄悄；去，静悄悄。我们的'班长'啊，原谅我不听你的劝阻，来到机场，闪着泪花，向你挥手……"

对下以慈。作为省委副书记的丁廷模，分管的领域很多，包括省工会、妇联、共青团。当时我是共青团贵州省委书记，廷模自然是我的"顶头上司"。工作上、政治上，他对我严格要求、一丝不苟。几年后我调北京工作了，他照样关怀着我的成长进步。每到北京开会，都要约我去谈一谈，工作上的困难、思想上的疑惑、生活上的苦恼，特别是最近读了什么书，有何读书心得……什么都谈。他的点拨，有时让你茅塞顿开、如沐春风；有时又让你沉思良久，回味无穷。他鼓励我要多读书，还要多动笔。总问我最近发表了什么文章，拿来看看。在他的督促下，我经常给《人民日报》《齐鲁晚报》《中国青年报》等报刊写点文章，也出过几本书。廷模看了很高兴，特地写一条幅，嘱其子来北京时带给我，上面是遒劲秀美的八个大字："书传浩气　笔带雄风"。其中，"笔"是繁体字的行书，写作"筆"，我一时没认出来，就给他去一短信："廷模书法，堪称上品。悬于中堂，众赞楷模。小文一丁，竟获墨宝。书传浩气，★（此字像是'笔'）带雄风。"他回信："正是：书传浩气，笔带雄风。赞你写的书和你那支笔。"我说："果然是'笔'，似笔非笔。'笔'字如'象'，万般气象。'笔'又似'军'，胸怀千军。"他回："行草也，并非乱来，吾师指点。"我答："廷模老师，小文师祖。一字传旨，嘱练内功。"他回："在实践中，去寻找自己的精气神。此乃吾习书法之体验也。"

对人以诚，对事以真。诚，才有精气神。真，更要靠精气神。丁廷模正是不断"在实践中，去寻找自己的精气神"。他历任贵州、广西两省区委副书记，后又任广西壮族自治区人大常委会副主任。操劳一辈子，年事渐高，终于从领导岗位上退下来了。我安慰他："早退晚退早晚都得退，晚死早死早晚都得死——早退晚死。"他微微一笑说："虽然人都有一死，退下来，也不是等死啊，更要蓄养精气神，迈向人生新高地。"

很快，他果然迈向了"新高地"——任广西老年大学校长。从此，把全部热情投入办好这所尚只有"处级待遇"的老年大学。无论安排讲座，组织活动，聘请教师，扩大招生，筹建新楼……他都一一操劳，事必躬亲。还总结出老年大学三目标："一是健康快乐；二是老有所学，老有所为；三是与时俱进，思想常新。"在老年大学的校刊上，我读到他的一篇题为《迈向人生新高地》充满文化内涵的美文：

老年大学，这里是人生旅途的新起点，她引领你迈向人生新高地。

你学书法，楷、行、草、隶、篆；中锋、侧锋、逆锋；轻重、缓急、粗细、黑白。啊！博大精深，你勤学苦练，寻找精气神，你终于达到一个新高度，展现出自己的精气神……

你学绘画，工笔、写意、水彩；花、草、鱼、松、竹、梅；你写生，你素描，你观察大自然的美，你发现生活的美，你的审美能力得到升华，你泼墨调色，进入美的境界……

你学声乐，练声、吊嗓、科学发音；合唱、独唱、重唱；中外古典名曲、革命传统歌曲、现代流行歌曲。你唱呀唱，唱出老年风采，唱出民众心声，唱出时代强音……

你学文学，唐诗宋词，散文小说；你读人生，你读社会。你进入创作，吟诗填词，写自己、写亲人、写友人，表达自己的爱憎，反映时代的风貌，你圆了"当作家"的梦……

你学舞蹈，蹬腿、弹跳、摆手、扭肩，一招一式，都是美。舞蹈的形象，焕发人的青春；舞蹈的情感，拨动人的心弦；舞蹈的语言，净化人的心灵。你或许六十多岁，七十多岁，但人们说，你是二十岁的舞姿，二十岁的心脏，你永远年轻，富有朝气……

你学摄影、电脑、英语、编织、烹调……无论学哪项，都会给你带来新知识，为你洞开一片新天地……

　　"文化是民族的血脉，是人民的精神家园"，"物质贫乏，不是社会主义；精神空虚也不是社会主义"。来吧，老年朋友，到广西老年大学来学习，这里是人生旅途的新起点，她引领你提高文化自觉，增强文化自信，激发创造活力，迈向人生新高地。

　　啊，这就是"对上以敬，对下以慈，对人以诚，对事以真"的，我的"上司"丁廷模。

　　丁廷模现在不准我叫他"上司"。他说，你现在都是正部级干部，官比我大了，应该我叫你"上司"才对呢。

　　我说，总可以叫您老领导、老朋友、老同志、老大哥吧？

　　每当我在北京向着遥远的广西眺望，心里便会涌出对这位"上司"的声声呼唤：

　　廷模廷模，我的楷模。

东凡不凡 [①]

"三人行，必有我师焉。"读书，可跟身边的领导同事、亲朋好友、普通人物读。上篇说了与我的"上司"丁廷模同读书，这篇就说与我的"下属"也是老友，再平凡不过的一个人——廖东凡同读书。

2008年6月21日早上一到办公室，就收到一摞书，一看，是"廖东凡西藏民间文化丛书"。我翻开扉页，习惯性地想借"雅正"之机，瞻仰一下作者的手笔，但却发现扉页上干干净净不着一字，再一想，可不是嘛，这就是我所熟悉的、被我称作"廖公"的、被藏家儿女唤作"格小廖啦"的廖东凡啊。

对西藏这块土地爱得专注爱得痴情爱得深沉

我与廖公的交往始于1991年。那年，我从团中央统战部调中央统战部民族宗教局（又称二局）任局长，当时，廖公任主编的《中国西藏》由二局分管。因为他比我大12岁，于是我就称他为廖公。

应该说，见到廖公之前，我对他已是有所耳闻：廖东凡，1961年毕业于北京大学，自愿要求进藏工作，一去就是24年，写了近百万字弘扬西藏文化的书籍；1985年调回北京，从此他家成了"西藏民间招待所"……

[①] 原载于《人民日报》(海外版) 2008年8月15日第7版。

由于工作之故，我与廖公的接触渐渐多了起来。说起来颇为不幸，廖公与妻子陈闰梅结婚后长期分居两地，儿子在一岁多时不幸夭折，当时廖公还在西藏，只留下妻子一个人独自承受无边的痛苦。几年后，他们有了宝贝女儿廖星蓓，却又自小多病多灾，廖公无法照应，全靠妻子一人支撑。直到 1985 年廖公调到北京，他们三个人才算有了一个家。

但我发现，不知是不愿提起还是故意回避，廖公看上去对自己的际遇似乎颇不放在心上，至少在我们认识的前些年里他很少谈到自己家庭生活方面的困难。多年之后，我才明白，并非廖公情感粗糙、承受能力超强，只是因为他经受过太多的不如意，在离家千里万里的雪域高原，面对挫折、困苦，他只能默默承受。

廖公是 20 世纪 60 年代的北大毕业生，到西藏后本应分配到党政机关或其他重要单位，但他却因为家庭出身问题被分配到处于草创时期的拉萨市歌舞队工作。歌舞队由拉萨的一群青年组成，队员中许多人文化很低，也没受过专业文艺训练，国家给每人每月发的补贴连吃饭都不够。许多人替他抱屈，说是一粒金豆子，扔进了荒山沟！他也曾努力申辩，但丝毫不能改变现实。于是，他抛下委屈，立下誓言：世界上没有卑微的工作，只有卑微的思想境界。"离开湖南老家进藏时，我曾俯身亲吻湘江边上的土地，从现在开始，我要全心全意拥抱西藏这块高天厚土。西藏的路，我要从零公里开始走起。"

廖公与歌舞队的队员们相互搀扶着上路，他向他们学藏语，同时教他们说汉语。收入太低，他带着队员去藏医院帮着搓药丸以增加收入维持生计；水平不高，他带着队员翻山越岭去为藏民表演，向藏民学艺。那几年，他用双脚抚遍拉萨的山山水水……这支队伍终于带出来了，还被挑选到北京汇报演出！消息传来，廖公激动得难以入眠，他盘算着，这次回去可以回学校看看老师和同学，然后顺便回趟老家，看看当年离别时哭得肝肠寸断的老母亲……计划做了一遍又一遍，美梦做了一个又一个，进京演出人员名单宣布了：他与十几个被认为家庭和社会关系有问题的人一起，被排除在进京名单之外。

廖公蒙了，那个黄昏，他躺在拉萨河边石砌的堤坝上，听着浩浩江流阵阵涛声，什么也不愿想。直到暮色四合，他才用最快速度做出结论：酥油碰石头，是酥油吃亏；石头碰酥油，还是酥油吃亏。决不能与领导顶牛，更不能破罐子破摔。为了自己和歌舞队的前途，我要比以前更振作更努力！三个月后，廖公带着队伍重返拉萨汇报演出，引起轰动。

这一过程中，廖公开始与藏文化亲密接触。作为北大中文系毕业的高才生，廖公当然明白，藏文化既是藏族人民宝贵的财富，也是中华文化之瑰宝，在1000多年的文化融合过程中，藏文化与大中华文化源流水乳交融。但这些都只是理论上的认识。不知从何时起，廖公开始对藏文化爱入骨髓。

也许是从那个清晨开始。那天清晨，从睡梦中苏醒的廖公隐隐听到外面传来阵阵歌声，推窗一看，他惊呆了，他发现拉萨城家家户户的屋顶都成了歌舞的海洋，每间房子的房顶上都站着一队队打啊嘎（每年为房顶夯一层新土，称为打啊嘎）的人，他们穿着艳丽的服装踏着欢快的舞步唱着奔放的歌曲：

> 请看我的左手多强壮，
> 请看我的右手多强壮，
> 我要用我强壮的左手和右手，
> 把拉萨打扮得像待嫁的新娘一样。

多好啊，这如歌如诗的民族！那一刻，廖公在歌声中醉倒，在欢呼声中动容。

经多了见广了，廖公真正体会到了什么是"文化瑰宝"，他开始对足下的这片土地爱得专注，爱得痴情，爱得深沉。他以真情为锄，以生命铸犁，开采起藏族民间文学这一金矿来，他和他的同事们共搜集整理出藏族、门巴族、珞巴族民间故事约60多万字，民歌3000余首，而今，他又用一颗能压得住岁月抵得上黄金的心，捧出了这沉甸甸的七本书！

对于廖公，雪域高原上的藏家儿女爱得也是那么专注，那么痴情，那么深沉。1997 年，"格小廖啦"再次重返高原，他的老朋友们把他的到来当成节日，他们在罗布林卡整日欢聚，他们给他献哈达、敬青稞酒、敬酥油茶，碰额头，贴双颊，用尽西藏古往今来的礼仪表达感情。那以后，廖公因身体之故难以再返西藏，十余年间，一拨一拨的西藏人来到他家，他们有的是来北京看病，住不起宾馆，就住在他家；有的是来内地开会，绕多远的路也要"顺便"来看看他；逢年过节，家里的电话基本都是 0891 的区号……

这一切，都只缘于他曾像高原上的蓝天一样透明澄澈地与他们共度了八千七百多个日日夜夜。

这就是廖公，一个无心表达苦难的人，一个对足下的土地爱入骨髓的人。

我敬重这样的人。

2008 年 3 月 25 日，当达赖喇嘛对着美国《新闻周刊》说，尽管他遇到"富裕的藏人，他们经济富足，有好的房子"，但"感受到汉人某种难以形容的歧视"，"所有藏族干部无一例外地受到地方干部的不平等对待和欺负，并被剥夺工作机会"时，我很想请他见见廖公，请他见见廖公的那些西藏朋友。

廖东凡是个平凡的人，但绝不是一个平庸之人，因为他酷爱读书。我们在一起讨论过，怎么做一个摆脱平庸的人？要读书。阅读的最大理由是想摆脱平庸。平庸是一种被动而又功利的谋生态度。平庸者什么也不缺少，只是无感于外部世界的精彩、人生历史的厚重、终极道义的神圣、生命含义的丰富。而他们失去的这一切，光凭一个人有限的人生经历是无法获得的。正如余秋雨所说："只有书籍，能把辽阔的空间和漫长的时间浇灌给你，能把一切高贵生命早已飘散的信号传递给你，能把无数的智慧和美好对比着愚昧和丑陋一起呈现给你。区区五尺之躯，短短几十年光阴，居然能驰骋古今，经天纬地，这种奇迹的产生，至少有一半要归功于阅读。"

东凡不凡，因为他拒绝平庸。

与死神擦肩让我们珍惜生命更珍惜友情

我与廖公虽只共事四年，但却有着一段同生共死的经历。那是在 1992 年 6 月，我带队去四川藏区调研，廖公一路同行。6 月 9 日，调研队伍从德格出发，我和廖公等人分乘两辆小轿车从四川德格县翻越雀儿山到甘孜县去。据当地同志介绍，雀儿山藏语称卓拉山，意思是雄鹰都飞不过的山峰，主峰海拔6168 米，平均海拔在 5000 米左右。翻山的道路既窄且陡，一面紧临万仞峭壁，许多地方根本无法错开两辆车，另一面就是万丈深渊，偶有碎石滚落，半天都听不到回声。

看到这样的路况，我们不由得都提着一颗心。真是怕什么来什么，车行至半山腰一个急拐弯处，一辆东风卡车从上至下迎面驶来，因为是下坡，东风车车速较快，当司机转过来发现我们乘坐的小轿车时，已经避让不及。万幸的是，给我们开车的司机经验十分丰富，他没有采取一般人遇此情况时急打轮错开车的做法（这样极有可能使车滚下悬崖），而是死死地踩住刹车，与同样在拼命踩刹车的大卡车缓慢而有力地挤在一起，我们眼看着车头一点点地瘪进来，再瘪进一点司机和副驾驶座上的人就有性命之虞了。千钧一发之时，车竟然真的停住了！大难不死，众人庆幸不已。

经过近一个月的奔波辗转，回京后，我们写了一篇名为《安康三策》的调研报告。我至今记得，时任四川省委书记的杨汝岱同志曾作过批示：这个考察报告值得一阅。它对我省藏区情况作了较为深入的剖析，并总结提出了一些符合实际的建设性意见。看着这个批示，我玩笑着对廖公说："这可是一篇差点以我们生命为代价的报告啊！"廖公依然是但笑不语。

多年之后，我知道廖公曾数次与死神擦肩而过。

1964 年，廖公带队去当雄为"当吉令"赛马大会演出，晚上住在帐篷里，半夜一声巨响，把他从梦中惊醒，好像有巨大的岩石压上他的胸脯，他喘不过气来。好不容易穿着内衣钻出去，才发现昨夜露宿的草原已变成了茫茫雪原，近半米厚的大雪压垮了帐篷。眼看着熟睡在帐篷里的几个队员行将惨遭不测，廖公凄厉的呼救声令雪域惊魂。

1982年夏，廖公去墨脱县采风，墨脱是西藏也是全国唯一一个不通公路的县，廖公足蹬手爬，跌跌撞撞前行，一个跟头栽进雅鲁藏布江崖岸，在陡崖上翻滚而下时幸被一盘老树根挡住，才未被激流卷走。手抚伤口，他百感交集，想起那些在大城市、大讲坛一展风采的同学、朋友，再看看为了记录那些淡出世人视野的神话史诗而摔得浑身是伤的自己，他的眼泪夺眶而出。但是，当卡布寨的村民用珞巴话、门巴话、藏话唱着笑着迎上来，把他围在中间，这个拉手那个贴脸时，他在心中对自己说：值！那一刻，眼泪再次夺眶而出。在西藏生活的24年中，相似的遭遇还有过多次。

时至2002年初，廖公突发脑出血入院抢救。我当时正在台湾，于是赶紧打电话回局里，请我的秘书代我前往医院探病，直到听说他的病情已稳定之后，我才松了一口气。

后来就听说，大病初愈的廖公全力以赴，投入到10部书稿的创作当中，我们都有些替他的身体担心，但他说要趁自己记忆力没有消退，头脑还算清醒之时，把自己在西藏二十余年中的亲眼所见、亲耳所闻、亲身所历的民间文化和民俗掌故，逐一进行回忆梳理。我知道，这些都是他这辈子用情最多的东西，也是他这一生最重的一个心结，于是不再劝阻他。因为我明白，这就是廖公，一个能用自己一生岁月去实践此生信念的人。

我敬重这样的人。

而今，"廖东凡西藏民间文化丛书"终于问世，这套丛书以近200万字的篇幅，介绍了西藏优秀的传统文化和民间习俗，藏人的神灵崇拜、宗教信仰、宗教节日和宗教活动。

七卷在手，似有千钧！面对那些成天打着"保存民族特点""保护宗教文化"旗号，罔顾事实，颠倒黑白地指斥"西藏没有宗教信仰自由"的人，我很想对他们说，请看看廖公用心血、用生命、用人格凝结而成的这七本书。

掐指算来，我和廖公已几年不见，但看着办公桌上这沉甸甸却又无声息的一摞书，当年我们一同去康区调研的日子便恍如昨日，当年我们一起与死神擦肩而过才写出的调研报告《安康三策》便浮现在眼前，当年这个报告满怀深情的结束语还回响在耳边："结束调查，我们来到康定城中巍然壁立的跑马山上，山顶一副对联赫然在目：'一首情歌扬天下，万仞雪山鉴古今。'一首《康定情歌》，寄寓着康区人民热爱家乡、热爱生活的一片深情。皑皑万仞雪山，则象征着康区人民吃苦耐劳、勇敢剽悍的民族性格……"这副对联，不正是"廖东凡西藏民间文化丛书"的写照吗？

虽几次与死神擦肩而过，廖公终于在留下一部沉甸甸的心血之作后，还是累得倒下走了。他平凡而高贵的灵魂，他一生的追求和挚爱，早融入了藏区的雪山之中。"一首情歌扬天下，万仞雪山鉴古今。"——谨借此联，献给我的老友、书友、平凡之友：廖东凡。

记住干事

我写过一篇《我亲见的赵朴初》①，好多朋友看了说感动，能否再写一位政协中的共产党员干部呢？好，就再写一篇《我亲见的龙志毅》。

龙志毅，1993—1998 年任贵州省政协主席，此前曾任贵州省委组织部部长、省委副书记等职。

1985 年，我从贵州省社会科学院社会学所副所长调任共青团贵州省委书记（连升三级），就是时任省委组织部部长的龙志毅代表省委找我谈话。谆谆教诲，言犹在耳。

我离开贵州近 30 年，每次回去，都要去看望这位老领导。他不许我叫他老领导。说：你还在全国政协干事，我曾在地方政协干事，就叫我"同事"吧。看望的次数多了，有时也就是问一声好，道一声平安，然后默默无语地相视而坐，挥手而别。

2019 年是龙志毅九十寿辰。他发话，不做寿，大家各忙各的事，都不要去看他，连自己在外地的儿孙都不必回来。我只好请一位画家朋友，画了一幅捧着寿桃的老寿星图，从北京托人送去，略表心意。

他在外地学习的孙子，小名游游，用手机给爷爷发去一则短信：

---

① 原载于《中国政协》2019 年第 11 期。

祝爷爷九十岁生日快乐！我们大家最敬佩爷爷的莫过于三件事，也是古往今来大成者们都做的三件事。第一件是立德，爷爷廉洁正直，通过言传身教，给龙家做了榜样，让我们大家不管在哪里，做什么，都首先做到堂堂正正；第二件是立功，爷爷不管是主政贵州还是在政协期间，都给地方经济和文化发展做出了贡献，可谓是政通人和；第三件立言更不必说，一篇篇从大格局着眼，从细节着笔的小说与散文，影响深远持久，其中《政界》与《王国末日》尤为著名。祝爷爷身体永远健康！游游

游游的父亲、龙志毅的儿子龙隆（任深圳综合开发研究院研究员）事后告诉我，当时爷爷看了短信说，把"主政"改一个字，"辅政"就可以了。龙隆想了想说，"主政"也通，看主什么。你老人家主持过的所在、国防工办、组织部、政协，还有一段分管文化新闻和党群，都被行内誉为有新气象。龙志毅听后，默然了。

还是这一家祖孙三代的对话，比我送的寿星图更贴切啊，我颇以为然。

立德。龙志毅的廉洁正直，通过言传身教，不仅给龙家，也给他工作过的许多同志、朋友，都做了榜样，我就受益不浅。

龙志毅在1949年前就参加了革命，是那个时代的"愤青"呵！以后是一条长长的革命之路，曲折、隐忍、坚守，一路走来，官至正省，官声不错。终了，乌云散，彩云散，离休了。我对他说："诸葛一生唯谨慎，吕端大事不糊涂，这可能是你一生从政的总结。"他微微点头，补充道："难说，有些事，留给历史去说吧。"

龙志毅的夫人叶慎真，1950年与他同是在重庆西南团校第一期的学员，两人1952年又一起被派到贵州贫困山区的"互助合作试点工作组"，遂相爱结婚，是一对典型的革命夫妻。夫人晚年长期患重病，卧床不起，以致与家人由少讲、少动、少交流的"三少"逐渐成为"三不"。龙志毅和保姆一起照顾她的起居生活，直至最终。龙志毅在《甘苦与共六十年——我与慎真》的回忆录

中写道："这一段时间想得很多，有时见了慎真，竟情不自禁地伸手与之相握，一般都得到了她的热烈回应。"相濡以沫的深情，令人感动。

记得35年前我"走马上任"当共青团贵州省委书记时，龙志毅给我的赠言是记住"三个好，三勿贪"，无论当了什么"官"，都要有"三个好"：读书好，好读书，读好书，不断学习，不断读书。无论面对什么诱惑，都要做到"三勿贪"：一不贪财，钱嘛，组织上给多少就多少，个人给的一概不要；二不贪色，"君子终日乾乾，夕惕若厉"；三不贪官，组织上叫干啥就干啥，千万不能伸手要官。30年前我从贵州调北京工作，龙志毅对我的临别赠言是："到哪里都要干好，干什么都不能碌碌无为、虚度年华。大山里长出的一根小草，给它一片阳光，也会灿烂。"我真没想到，后来当了国家宗教事务局局长，一干就是14年半。

立言。1947年，龙志毅还是中学生的时候，就开始发表作品。文学跟随他一生，一生笔耕不辍。他是中国作协会员，著名作家，他的作品有《省城轶事》《龙志毅散文选》《龙志毅小说集》《冷暖人生》《王国末日》《政界》等，都很好看。《政界》一出就引起轰动，百花文艺出版社也大喜过望，居然再版13次，发行10余万册。盗版蜂起，难以遏止。文学评论家李国文评他的作品，"作家是史家，龙志毅把镜头对准时代的变迁，构成他作品的经；但文学是人学，在他笔下描写的一个个对象，则是他作品的纬。尤其是那些卷入社会利害、现实冲突、生活矛盾和政治旋涡中去的人物，则更是龙志毅着力刻画的主体"。我特别喜欢看龙志毅忆旧事、怀故友的散文、随笔。他90岁写的《读熊庆来传笔记》，我读后的感受是"看似白描，笔蕴惊雷。忆皆往事，令人唏嘘"。前不久他的一位老部下也是我的老朋友病逝，年已91岁且曾患过脑梗死住医院一月有余、还未完全恢复的龙志毅，马上写了篇《往事已如烟》的怀念文章，在《贵州政协报》上发表，我看后不禁潸然泪下，感叹"真诚得坦然，平凡得伟大，这样一代人，淡出已如烟"。

立功。龙志毅无论"辅政"还是"主政"，确是走到哪里都"政通人和"。

果然"政声人去后"啊！我因作为全国政协委员履职多年，有一次去看他，就戏言我也"垂垂老矣"，但"老干部，不要怕，还有人大和政协"，我还在政协干着呢。曾经光华内敛，游刃有余，从容、稳健、遒劲，而今却也老态龙钟的龙志毅，拄了拐杖，一身棉睡衣，送我出门时，却突然自言自语地说，到政协可不是老了来混日子的，我要你叫我"同事"，就是记住你还在政协"干事"，还应该多"干事"。政协委员中共产党员的修养，也是一种党性修养，是终身的修养。干事干事，干过政协工作后回首往事，也不能因碌碌无为而羞耻，因虚度年华而悔恨。这话耳熟能详，是我们年轻时就常读的《钢铁是怎样炼成的》一书中主人公的话啊。

受此启发，我后来写了一篇《一种特殊的党性修养》，发表在《人民政协报》上，政协主要领导看了，批曰"挺好"。

记得那天龙志毅还随手给了我一篇他写的有关政协的文章，请我"指正"。我回去细读发现，我们现在强调的"在新时代推动人民政协制度更加成熟更加定型，需要从理论和实践的结合上，进一步明确地方政协的职能定位和主要任务，探索地方政协作为专门协商机构的制度机制"①这样一个大题目、一篇大文章，当年作为省政协主席的龙志毅，就已开始了有益的探索啊。虽然是写政协工作的文章，一口气读下来，仍然是文如其人，朴实厚重，一样的"看似白描，笔蕴惊雷。忆皆往事，令人唏嘘"，一样的"真诚得坦然，平凡得伟大，这样一代人，淡出已如烟"。

不，往事并非如烟，青史可资存鉴。

谨将曾任贵州省政协主席的龙志毅的这篇《我在省政协五年的探索之路》，附在本文之后，留此存照，也请读者共赏自鉴。当然，从中给我"一定要站好最后一班岗"的激励和鞭策，自不在话下。那天这位老政协"同事"说的"干过政协工作后回首往事，也不能因碌碌无为而羞耻，因虚度年华而悔恨"，似

---

① 参见叶小文《新时代地方政协的新使命》一文，原载于《人民政协报》2019年5月22日。

还在我耳边回响。

人民政协70年，"日月之行，若出其中；星汉灿烂，若出其里"，数不完的杰出人物，说不尽的龙志毅。

附

我在省政协五年的探索之路①
龙志毅

1992年底和1993年初，又到了换届之年。此时我已经年满六十三奔六十四，要离开党政领导岗位了。去哪里？我的首选是省政协，这同中央的安排不谋而合。之所以首选政协：一是看重它的历史功劳。中华人民共和国和曾代行宪法的共同纲领，以及国旗、国徽、国歌等都产生于第一届政协；二是这里可以甩开膀子干，那时虽然只有政治协商和民主监督两个职能，但党中央一再重申：人民代表大会制度是我国的根本政治制度；中国共产党领导的多党合作和政治协商制度是我国的基本政治制度。加起来，这两个就是根基，是灵魂。当然，那时社会上对于人大和政协缺乏了解，有时候难免观点偏颇。我不在乎这些，当然需要发挥主动性干得更多更好一些。"人必自侮，然后人侮之"，遂下了决心，在五年间改变人们对政协的理解。

那时党委还没换届，我的副书记职务还没变，办公室也依然还在南明堂广顺路17号。这时政协的办公楼已改造完成，给我的办公室已安排好了，有时也到那边看看。我很快发现了几件事。第一件事，一天下午，我刚坐在办公

---

① 原载于《人民政协报》。

室，整理一些带过来的书籍，蒙素芬副主席便来我的办公室往外打电话。我问她，办公室的电话还没装？她说："家里已安装电话，只能占一头，办公室就不能安了。"我等蒙素芬走后便叫来行政负责人，我问："这只能占一头是哪个的规定？"回答是"没有规定"。我说："限一个星期内把所有副主席办公室和家里的电话都装上。"第二件事，办公楼虽已改建，招待所却很简陋，像一个乡招待所。外面来了人都要有求于隔一条马路的人大招待所或八角岩饭店交际处。本来前面一幢楼房改造了，后面还有三层楼房一幢，同作计划，一幢像样的招待所就有了。但是我觉得这样还不够，就找来了一位国企负责人，他很快便拿出了一个在原地加盖九层的规划。报市规划部门后，很久未批。我问市政协主席廖海波，他当即向市委汇报，很快便批了，但九层砍掉了三层。第三件事是：开预备会时，时间已到，大会秘书处的同志却建议是否晚几分钟。原来是接电视台的车还没回来。后来我才知道，每次开会，事先通知了，到时必须派车去接，否则不来。这不成老爷了？后来作出规定，政协开会事先通知是必要的，来不来是他的事，有采访车嘛，到时间就开，不等！慢慢地，开会媒体提前到也就成为常态了。

凡此种种令我深思，遂在第一次常委会议上提出"解放思想，适应形势，继承传统，开拓创新"的工作思路，获得常委们一致赞同。有的副主席说："这样政协就有搞头了！"

换届初期，所办的实事有两件：一是由我操办，组织一批专家学者为黄果树、天星桥两景区修改导游词。目的是第一流景区，要有第一流导游词；二是为各民主党派申请了若干办公用车，改善了他们的用车情况。与此同时，启动了"两山"调查。由副主席蒙素芬与省民委配合，去了麻山。副主席兼秘书长王思明带队去了瑶山。特别是麻山调查，当时蒙素芬已经六十岁出头，她不辞劳苦，与较年轻的同志们深入麻山腹地，卷起裤管、挽起袖子地走村串寨，访贫问苦。历经数月，写下了大量材料，摄制了丰富的记录影像。两个组回来后，在政协内部先看，还邀请了新中国成立初期就在黔南任过主要领导的金凤等老同志一起看。大量具体材料和图片触动了大家。"想不到解放已经45年，还有这么多同胞处在这样的极端贫困之中！"当时省委正在开农村工作会，我还是省委副书记，便在常委会议上提出听取"两山"调查的建议，得到了大家的赞同。省委常委们和有关地县书记，利用晚上时间到政协听汇报，看录像。有同志当场感动得掉了眼泪。后来，省委采取了特殊措施，一是以省委文件的方式，发了加强"两山"扶贫的通知；二是在省级机关开展了一次庞大的向"两山"献爱心活动。捐献了许多钱和物（衣服之类）。"两山"调查不仅震动了贵州，而且震动了北京。蒙素芬被请去向全国政协和有关部门作了专题汇报。应当承认："两山"调查是贵州扶贫历史上的一件大事，使政协的社会形象迈上了一个台阶。

在那一段时间中，除了开大会时的提案，我们每年都要向省委、省政府送上两三件重点"建议案"，都得到了有效的回应，如加强民营经济发展和加强精神文明建设等。值得一提的，是关于贵州历史文物现状和发展的建议案。由副主席常征牵头，组织有关专家，历时两年，走遍了贵州的山山水水，我有空也参加。例如普定穿洞等旧石器时代遗址、关岭红岩天书等。特别是上红岩观"天书"那一次，雨后路滑，我在警卫处一个年轻同志的帮助下，休息三次才到山顶。经过两年多的调查后，向省委写出了《贵州历史文物现状及保护和发展》的建议案，得到了省委省政府的认同和支持，在向来紧张的省级财政中尽可能地安排了专项资金予以改善。

那一届全国政协第一次会议便启动修改章程。除已有两项职能，又正式加上"参政议政"职能，使政协之路更宽了。我们在前面所说的那些事，都可以列在"参政议政"的范围里。政协章程里规定：大事协商于决策之前。什么是大事？我看，在省里莫过于每年年初省长向人大全体会议所作的工作报告。除党的建设外，经济、文化以及其他社会事业都有。那几年已开始提倡"民主决策"。初稿出来后，便送一些单位征求意见。自然少不了政协一份，如有必要还可请政府副秘书长等负责同志来加以解释。我看这不是"大事协商于决策之前"的做法。关键是，没有将它纳入一个非完成不可的程序。例如，正式召开政协常委会议，省长出面作说明，然后听取委员们的意见和建议。当时全国政协主席李瑞环在各省市区政协主席座谈会上强调，地方可以探索，可以试点。我听说，他在天津主持工作时，就经常不定期地举行各界人士对话会，听取各种意见甚至批评，因而受到启发：何不一年开次省长与委员座谈会呢？当时省党代会还未召开（推迟到 11 月），我还是副书记，经常在会内会外和时任省长陈士能交换上述意见，用政协的常用语言，就是开始了个别协商。经过反复研究，遂决定：人大开会前半个月，省长带报告稿子到政协常委会议作说明，然后面对面听取委员们的意见，完成协商于决策之前的程序；每年年中（7月）召开一次省长与委员座谈会，省长到会（有关部门列席）报告上半年工作，认真听取正面建议或批评意见。叫什么呢？我们叫它寓监督于协商之中。经过两三年实践，很有成效。同时还提高了委员们对政协大有作为的意识。到了那届中期，陈士能调走了，新来的省长是吴亦侠。我们那两件履职办法，并没有立法，属经验范畴。又快到决策于协商之前的时候了，政协办公厅来问我怎么办？我说你们按照往年一样写报告，我给吴亦侠打了电话（此时早已开过党代会，我已只能列席常委会议了），亦侠在电话里回答得很干脆："很好呀，省委不是发过纪要吗？那就是在贵州党内'立了法'，我一定按时到会！"开会的那天早上，我提前 15 分钟到会场，亦侠却早已到了。他对我说："之所以提前来，是想请个假。我先讲几句，让负责起草的副秘书长接着讲。"谁知道他一讲就是一个多钟头，把要讲的话全说了，才在掌声中离去。年中座谈时，他不仅带来了秘书长，还带来了 10 多个厅局长。亦侠边听边记，最后作了认真的表态。最令人感动的是换届前一年，他已得了不治之症，第二天便要去上海开刀，仍然坚持到会，作了长篇发言。这两项履职的举措一直延续至今，20 多年没变。

政协的三项职能：政治协商、民主监督和参政议政中，最敏感的是民主监督。不是不能办而是难办。不言而喻，政协的监督，属于民主监督，也就是代表社会各界人士对各级官员工作的监督，是我国社会主义监督体系的重要组成部分。谁都知道，官员是人民的公仆，理应全心全意为人民服务，这是党的宗旨。这是不讲自明的简单的道理，但由于当时的种种原因，执行起来就不那么好办。轻了不起作用，重了往往起副作用。每次在全国政协的省级政协主席座谈会上，民主监督都是热门话题。根据我的了解，两年过去了，还没有一个省探索出成熟的经验。经过反复琢磨，我们试行了省长与委员座谈的方式。即每年中期（一般在 7 月中旬）由省长带领省政府秘书长和计委、经委、财政等有关厅局"一把手"到政协开座谈会。先由省长通报上半年经济建设和改革情况，然后面对面听取委员们的意见、建议。政协方面参加的人，除常委外，吸收部分相关委员专家参加。故不叫常委会议而叫省长和政协委员座谈会。那时陈士能还在，执行的效果很好。例如第一次座谈。委员们联系实际，集中地谈了投资环境存在各种问题，例如不管外商内商，只要他想来贵州投资或签了意向合同，有关部门便急不可耐地采取各种名目"雁过拔毛"，弄得别人不敢再来，结果是意向成果多，实际引资到位少。也有从正面提出建设性意见的，贵州工学院教授、政协委员葛真，根据贵州资源丰富特别是能源丰富，但资金紧缺（财政收入不到百亿元）的情况，提出可以用资源资金化的办法加以解决。这次会议之后，改善"投资环境""资源变资金"成了当时的口号。

这分明是一种监督形式，但那时大家都还不敢理直气壮地触及此一敏感问题，因此给它定性为："融监督于协商之中！"全国政协看中了这种监督方式，指定贵州在全国经验交流会上发言。

探索无止境，在那五年中，全国两会之后，我们都要去一个省参观学习两三天，如去过山东、湖南、江西、福建等省。去湖南时，听时任省政协主席刘正同志介绍：每年全会期间，都要举行一次全面汇报会，请省委书记和省长参加并听取委员们的意见（一般在会议后期举行），我们觉得很好，便将它学过来了。至今还在执行。

自从中央多次发出了加强人民政协工作的有关文件后，为政协履职指明了方向、提供了依据，各省逐渐呈现出一个一届干给一届看、一届接着一届干的局面。据我所知，许多省已制定了三项职能的完整规范在本地试行，全国政协更是出现了双周协商、网络议政等制度，可以想象协商民主将成为中国特色社会主义民主的一大亮点。

一只彩蝶

梁衡先生是我国当代的散文大家，他的一些作品被中小学课本选为课文，足见其功夫了得。

我有幸和他住在一个大院，但各忙各的，很少相见。今年（2020 年）非同往年，大家好长一段时间都只能关在院里出不去。散步溜达时就会偶遇梁衡。

我向他请教读书，向这位曾经的全国人大代表，介绍正在热火朝天的"书香政协"。

有一天，他突然问我，刚去过你的老家——贵州，那里有个叫石门坎的地方，有个传教士的事迹很感人，我能为他写一篇散文吗？

我默然了。写传教士？我当过近十五年国家宗教局局长，知道一部中国近代史，满篇可都记载着西方各国的传教士，如何跟着各大小帝国列强进来，名为"传教"，实搞文化侵略。林语堂的《信仰之旅：论西方的哲学与宗教》就这样说："传教士进入中国……正是在中国人被鸦片恶臭熏醒的时候。……传教士及鸦片在战舰的荫庇之下得宜，使这情形变得不但可叹，而且十分滑稽可笑。……传教士曾关心拯救我们的灵魂，所以当战舰把我们的身体轰成碎片的时候，我们当然是笃定可上天堂，这样便互相抵消，两不相欠。"所以，我们一直坚持中国的宗教必须"独立自主自办"，一贯强调中国的宗教不受外国势力支配。

可是，的确也有例外。我从小在贵州长大，当然也去过石门坎，实事求是地说，我也曾被那个叫柏格理的传教士的事迹感动不已。

我在贵州工作时，常听人说起过柏格理。于是回去翻箱倒柜，查找有关资料。查到了，见于冷智的《坎上石门》一文①，又见 2009 年 8 月 19 日《南方都市报》的一篇报道，这样写道："1985 年，刚任贵州省委书记的胡锦涛就和当地干部谈起一个外国人和石门坎的故事：'公元 1904 年，一个名叫柏格理的英国人来到了贵州毕节地区威宁县的一个名叫石门坎的小村，那是一个非常贫穷、荒凉的地方。他带来投资，就在这块土地上盖起了学校，修起了足球场，还建起了男女分泳的游泳池。他用英文字母仿拼当地的老苗文，自编了'我是中国人，我爱中国'这样的教材，免费招收贫困的学生。后来，一场瘟疫，当地的百姓都逃走了，他却留下来呵护他可爱的中国学生。最后，瘟疫夺走了他的生命。柏格理去了，在中国一个荒凉的小村里，留下了他的一个坟墓，留下了他培育出来的一代中华精英……柏格理用实践告诉人们：进步的科学文化和艰苦创业，可以在贫困的落后地区，实现教育的超常规发展。""2005 年 9 月，中共中央总书记胡锦涛亲自打电话给即将离任的贵州省委书记钱运录，要他'一定要去石门看一看，给石门一些帮助'。钱运录来到石门之后，在高志华和柏格理墓地待了 20 分钟；众人下山时，他又一人返回，在墓前双手合十行了一个礼，才缓缓离去。这位拜谒柏格理墓地的最高级别官员，给石门乡带来 3000 万元拨款，用于改善道路、学校和政府办公条件，以及卫生院、贫困村和历史文物保护。"

可是，一个共产党的大作家，曾经是《人民日报》副总编辑的梁衡先生，要专门为传教士写一篇，这个是为之"立传"。且梁衡先生的文章，历来是传之久远、广为传诵的。我作为一个长期担任国家宗教事务局局长的专业宗教工作干部，能否明确表态支持？

我想了几天，不敢轻言写否，只是从微信上，给梁衡先生发了这样一段话：

①见 2006 年 11 月 7 日新华网。

信仰宗教的人们，往往会执着地追求和向往天堂的幸福，其实他们的追求和向往，与不去信仰宗教的人们的追求和实现现实的幸福，并不矛盾。都是追求幸福，不论以宗教的方式还是世俗的方式，不论按东方的价值观念衡量还是西方的价值观念衡量。一个心胸狭窄的灵魂，总是把不同视为对立，将差异变成仇敌；而对于一个襟怀博大的精神来说，不同意味着多姿多彩，差异包含着统一与和谐。

梁衡先生马上回了一段话：

爱是一条底线，在道德上叫人道，在哲学上叫共性，在品格上叫纯粹。这是超阶级、超种族、超时空的。只不过一般的爱心总要有一个躯壳，如男女之爱，如亲情之爱，如阶级之爱，如同病相怜，等等。宗教也是众多躯壳之一，柏格理就是顶着这个躯壳来推行爱心的。事实上他已超越了宗教。因为并不是所有的宗教和宗教徒都能做到这一点。相反，以宗教名义进行的战争、残杀，从来也没有休止过。柏格理是从宗教的蛹壳中化飞出来的一只彩蝶。他体现的是最彻底的人道精神。而当一个人修炼得超出这个躯壳后，就是一个纯粹的人，有道德的人，他会超时空地受到所有人的尊敬。

过了几天，他又接着给我发来一段话：

人总是要死的，把身体埋入地下，把精神寄托在天上。宗教称之为天国。在各国的神话中都有一整套天国世界的人和物。中国的古典名著《西游记》就是一个天国世界，那里还有一棵蟠桃树。毛泽东还写过一首浪漫的天国题材的《蝶恋花》。柏格理也早就是天上的人了。但是，他在人间留下了一棵树：柏格理树。一年又一年，这棵树挺立在石门坎上，舞动着青枝绿叶，呼吸着乌蒙山里的八面来风，现在它已经超过主人生命的一倍，将来还会超十倍、几十倍地活下去，向后人讲述爱的故事。

我说，的确如此。人类能构建命运共同体，就因为无论什么民族、什么文化、什么肤色，无论到了哪个时代，总要也总会延续"爱的故事"。既然我们要构建人类命运共同体，为什么不去在人道主义之"爱"中寻求"共同"？真善美在人类总是相通的，总是应该大力弘扬的。盼望您的这篇特殊题材的散文早日问世。虽然写的是一个传教士，却早已是"从宗教的蛹壳中化飞出来的一只彩蝶"。

现在，彩蝶已经飞来，散文发表了，我推荐给"政协委员读书漫谈群"。我也推荐给《新华文摘》，希望能够转载，让更多的人看到彩蝶，让人间充满大爱。

附

来自天国的枫杨树[①]

梁 衡

一次在贵州谈树，座中有一位干部说，他多年前在云贵边境的大山里下乡，见到一棵大树，不知名，还拿回一枝到省林业部门求证，也无结果，后来大家就都称这树为无名树。我听后大奇，世上哪有没名字的树？第二年就专程到大山里去访这棵树，想不到引出一段传奇。

---

① 载于《新华文摘》2020 年第 24 期，原载于《散文》（海外版）2020 年第 10 期。

树在贵州省威宁县的石门坎乡。这里是云、贵、川交会的鸡鸣三省之地，属乌蒙山区的最深处。那天，一转过山梁我就看见了那棵树，非常高大，长在半山腰上，都快要与山顶齐平了。等走到树下，真的立有一块小石碑，上面用中英文刻着"无名树"。原来，这是清末民初，一名叫柏格理的英国传教士从家乡带来的树苗，竟在异国他乡生长得这般硕壮高大。因为树身太高，手机取景很困难，也看不清枝叶。一棵古树就是一本活着的史书。在我采写的人文古树系列中，有记录了战争、天灾、经济活动等各种事件和人物的古树，唯独没有一棵记录传教士文化的古树。约十年前，我到福建三明考察过一片栳树林。这是一种珍稀树种，全世界只有两片成林，一片在巴西，但面积很小，约六百亩；我们这一片有两万多亩。这树种有一个奇怪的名字：格氏栳。是一个叫格瑞米的英国传教士在中国发现后回国写成论文公布的。但是我遍查资料，也没有发现格瑞米这个人，只好存疑。今天在这里终于第一次见到一棵实实在在的附载有西方传教士文化的大树。

一、树无名，人不再

来前我稍微做了一点功课。

柏格理（1864—1915）生于英国一个牧师家庭，23岁那年被教会招募到中国传教。他先在上海经过半年的汉语培训，然后溯长江而上到云南。中途在三峡的急流中还翻船落水，险丢性命。以后从云南进入贵州，他的一生就全部贡献给这座乌蒙大山了。中央电视台曾播过他的三集纪录片，国内也出版过有关他的几本书。

乌蒙山深处生活着这样一个族群：苗民（当时的政府还没有承认"苗族"这个称号，苗族之确定是1949年之后的事）。他们原住中原，同为华夏后裔。在经年的战乱中被逼得一逃再逃，直落入这边陲大山的夹缝之中。没有了自己的土地、财产、文字，没有尊严。被汉族地主和彝族奴隶主欺侮、歧视。他们算是世界上最苦难的族群之一了，急需同情，需要改变现状。这时柏格理出现了，好像是上天导演的一出活剧，一个来自世界上最先进国家的年轻人，突然降落在一个最落后的族群中，剧情由此展开。

当时的苗民几乎是没有什么房屋可言，草棚、洞穴，人畜共居。就是直到在2000年左右我第一次去苗寨时，有的人家仍然是下养牛上住人，围火塘而食，黑烟熏人。陪同者说他一般下乡都不进苗屋的。可是一百多年前的柏格理，大大方方地住进了苗屋。他在日记里说，有一次他抱着一捆干草，与一头猪睡在一起过了一夜。他学着说苗语，吃荞面、土豆。他去救济那些在生存线上挣扎的苗民。请看他的日记：

12月15日。由于寒冷和饥饿，人们每天都在死亡线上挣扎。

12月18日。晚饭后我和老杨带着一些苞谷和几百文钱，去寻访穷人。整天都在下雪。在我们的第一个去处，房子已经倒塌，他们用苞谷秸秆搭了一个巢穴。里面有父亲、母亲、一个儿子和一个小姑娘。除了一塘火，一无所有。每到夜晚，成群的狼就在周围大声地嚎叫。我们给了他们一些粮食和钱。

12月20日。和老杨一起出去，救济了四个家庭。

无疑，苗族正在遭受最沉重的苦难，问题是谁来拯救他们。他们中间没有工人阶级，不可能产生阶级觉悟，也没有先进文化的输入。这是一片最适合外来宗教植入的土壤。马克思说："宗教里的苦难既是现实苦难的表现，又是对这种现实苦难的抗议。宗教是被压迫者生灵的叹息，是无情世界的心境……宗教是人民的鸦片。"柏格理就是这样一位来自八千公里之外的，以宗教的身份闯入苦难世界的使者，他和苗族兄弟一起对现实抗议、同情、叹息，用宗教鸦片来安抚被压迫者的心灵。

这好像不可理解，一个英国人过着衣食无忧的日子，为什么要千里迢迢，来东方过这地狱式的生活？那时在英国的教会有一股"救世"热，招募青年到最苦最远的地方去拯救穷人。对于一个渴望有成就、愿牺牲的年轻人来说，这也是机遇。世上总有一些愿以生命之血汗去培植理想之花的人，而不必计较以什么名义。就像我国在 20 世纪五六十年代毕业的大学生，一句口号"到祖国最需要的地方去"，就让人能立即热血沸腾，甚至付出生命。我就是当时从北京去到内蒙古的，22 岁，比柏格理还小一岁。我们那一批人到达后又还嫌不苦，不愿留在城镇，我的一个福建籍的同学提出到更远的阿拉善去，他终日在茫茫的戈壁滩上与一个孤身老牧民一起放牧骆驼，好像这样才是心目中的壮丽人生。大约青年人在他青春期的那几年，一颗不安分的心总在做着异常的跳动，不知道哪一次就会跳出轨道，做出想不到的事情。

柏格理当然不是以革命的名义，不是来领导穷人打土豪、分田地的。他是以宗教的名义，来施舍主的爱，教人自爱、互爱，做上帝的羔羊。他要在乌蒙深处开辟一片桃花源。而这里确实也是一个川、云、贵三不管的世外之地。他在这里安了家，只花了五个英镑在山坳坳里盖起一座被称为"五镑小屋"的简陋小屋，要用愚公移山的耐力，撬开这个石门坎，干一番事业。

那天，我是先绕行云南昭通而后进入贵州威宁的石门坎的。山崖上一扇巨大的石门半开，横断云贵，石门坎由此得名。石壁旁用中英文刻着一行字：栅子门的石梯路。1905 年，为方便从昭通运送砖瓦到石门坎修建学校，柏格理先生安排打通的岩路。学校建成后，由负责建筑工程的王玉洁老师取名"基督循道公会石门坎小学"。1912 年更名为"中华基督循道公会石门坎光华小学"。

一过石坎就可以看到那棵高大的"无名树"，它浓绿一团，像是这个石灰岩大山中的圆心一点；直立着朝向太阳，又像是一个测量时间的日晷。它就这样每日推动着太阳的影子，已经一百多年。我们那一天的采访，无论走到哪个方位都能回望到它的身影。

石门下面是陡峭的石梯小路，满地碎石。我小心地下到寨子里，最想看的当然是主人的故居，那个"五镑小屋"。那间房子与其说是主人的卧室还不如说是这大山里唯一的一间诊所。苗民处深山之中远离现代文明，终年潮湿阴冷，瘴疠横行。天花、霍乱、伤寒、麻风等多种传染病轮番发生，民众完全处在一种痛苦无告的自生自灭之中。虽然柏格理举着唯心的宗教旗帜，但首先得面对唯物的残酷现实。他在传播上帝之爱前，先得抚平苗民正在流血的伤口。

柏格理行走在崎岖小路上，穿行于寨子间，总是药箱不离身，在集市上碰到有人倒地就灌药施救。他娶了一个护士妻子，又有几个专业医生做同道。他屋内那张白木小桌上，各种药瓶就占了大半个桌面。不相识的苗民经常老远赶来求他治病。那些原本必死无疑的伤寒、疟疾等，几片西药就起死回生。在苗民眼里柏格理就是神仙。这是科学的力量，但柏格理把功劳记在神的账上，劝说那些受苦的人：归来吧，耶稣的孩子。于是从者如流。柏格理真心把苗民当亲人，施医喂药，不嫌其脏，不怕染病。而事实上他也多次被传染，病愈后又照样救人。在病危时他宁可把稀缺的盘尼西林让给苗民。但最后一次他没能逃脱病魔之手。1915 年石门坎流行伤寒，许多人逃走躲避瘟疫，他却留下来照顾他的学生。他终于倒在了"五镑小屋"里，时年只有 51 岁。我一进入石门坎，就在这个山坳里上上下下地搜寻那个"五镑小屋"，但是百年风雨，早已荡然无存。唯有当年在屋后栽的那棵"无名树"已长得特别高大，要三人才能合抱。它一离地即分为两股，像一个倒立的"人"字，写向蔚蓝的天空。

二、人虽去，石留痕

石门坎，是一部用石头书写的历史。

苗族无自己的文字，也不识汉字，好像处在石器时代，与外部世界完全无法沟通，因此，受尽汉官、彝族土司的欺骗、捉弄。他们常拿一张有字的纸，说是上面的公文，任意勒索。苗族本来与华夏同源，曾是楚人先祖。但是由于不断地被驱赶、逃亡，到被赶到西南边陲时，不但丢失了土地，也丢失了自己的文字。柏格理下决心创造苗文。他选用苗族衣服上的图案做声母，从拉丁文中找韵母，模仿汉语的单音节词，终于制定出了第一批苗文，这是一个奇迹，苗人可以读书上学了。

这就回到了文章开头说的石门坎小学。石门坎，一道石头的门槛，这边是贵州那边是云南，两边分布着最穷苦的苗民。柏格理带领他们打通了这道门槛，烧砖、烧瓦、伐木建起了一所能容纳两百多名学生的小学校，周边山区还建了 17 所分校，为地方发展了新式教育。1911 年辛亥革命，他即把学校改名为"石门坎光华小学"，意在庆祝推翻清朝，光复中华，并在《苗族原始读本》中加进了爱国主义教育的内容：

> 问：苗族是什么样的民族？
>
> 答：苗族是中国的古老民族。
>
> 问：中国是什么？
>
> 答：中国是世界上一个古老的国家。
>
> 问：苗族是从哪里来的？
>
> 答：苗族是从中国内地的黄河边来的。

他很注意配合时局，争取地方政府的支持。他日记里记载，端午节要开运动会了：

> 我早在节前一周致函汉官（县长），邀请他在节日那一天光临，为获胜者颁奖。他于下午两点来到并对孩子们发表了演说，接着为学校颁发了证书及奖品。

值得一提的是，从一开始，柏格理就坚持苗、汉双语教学，使学生视界开阔，也加强了民族团结与融合。而我们在 1949 年后对少数民族长期实行单语教学，以为这就是尊重他们，反而造成了文化封闭，甚至助长了民族分裂。直到近年才意识到语言问题的严重，开始大力普及双语教学。学校还开英语课、生理卫生课。所以后来曾发生了更奇怪的事情，抗日战争中驼峰航线上的美国飞行员失事降落在深山里，竟遇到了能说流利英语的苗民，因而得救。

柏格理在深山办学的影响有多大，只举两例便知。辛亥革命后蔡锷任云南总督，极需人才，他1912年2月6日亲自致电柏格理：

> 需8名苗民学生，入云南省立师范，成绩优者，入北京师范；（需）入讲武堂4名，成绩优异者，送日本士官学校，以造国家栋梁。

柏格理当即答应。

他还不断选送优秀小学毕业生到成都华西中学读书。毕业后又都回到苗区发展教育事业。有一个叫朱焕章的孩子，16岁才读小学一年级，但是天资聪颖。柏格理资助他去成都华西大学读书，他在毕业典礼上的发言引起了坐在台下的蒋介石的注意，就单独召见他，希望他到总统府工作，朱焕章却婉言拒绝。他说："我的老师柏格理告诉我们，每个苗族人受到高等教育都要回到石门坎，为苗族人服务。"1946年，朱焕章当选为"国大"代表，到南京参加会议，他是苗族人参与国家大事的第一人。蒋再次单独召见他，希望他出任国民政府教育部民族教育司司长，朱焕章再次拒绝。他回到石门坎开办了第一所中学，自任校长，为苗族培养了很多人才。

经过柏格理坚持不懈的努力，这个西南大山里的文化荒原上出现了奇迹。从1905年第一所学校开学，仅仅30年，云贵苗区的教育水平远远高于当时的全国平均水平，甚至高于汉人的平均教育水平。1946年，抗战胜利后，国民党政府曾做过人口普查：汉人每10万人中有2.19个大学生，而苗族人每10万人中有10个大学生。

以一人之力而改变一个地区的文化落后，历史上确有先例。唐代，韩愈被发配到潮州，那也是一个未开发的蛮荒之地，买卖奴隶，巫术盛行。他大办学校以开民智。他之前潮州只出过三名进士，他之后到南宋就出了172名进士。韩庙碑上说"不有韩夫子，人心尚草莱"。这乌蒙大山里，如果没有柏格理，苗民的精神世界也还是一团荒草啊。是柏格理帮他们翻过了这道愚昧和文明之间的门槛。

我很想看一看柏格理小学的旧址，2015年这里曾纪念过石门坎小学建立一百周年。但是旧房也早已片瓦不存了，倒是那棵"无名树"下有1914年立的一块由当时的民国县知事书写的功德碑，讲柏格理如何在这里"兴惠黔黎，初开草昧；更百木能支大厦，独辟石门"，"化鸠舌为莺声……由人间而天上"。其意很类潮州韩夫子庙碑。斯人虽远去，石碑留旧痕。

石门坎是一道大的石坡，没有走惯山地的人还真有点累。我们在"无名树"下小憩一会儿继续下行。突然在断壁荒草间发现一些整齐的石块，再一看竟然是两个相连的旧游泳池，池子半边靠山，三面围墙，相当于现在一个标准泳池的大小，全部用二尺长的大石条砌成。泳池还十分完好，只是久不使用，石缝里长出了没膝深的荒草。草丛中的一块小石碑上面用中英文刻着："游泳池。柏格理先生修于1912年。1913年5月端午节运动会正式使用。"当年他们砍伐竹子、打通竹节架设管道，从山上引来清泉水注入池中。这恐怕是中国最早的露天游泳池了。可以想见，一生都不洗一次澡的苗民，在清澈见底的泳池中戏水，春风吹面，蓝天白云，那是一种什么样的心情。

从游泳池再下一个小坡，便是足球场了。这是柏格理和他的学生们用蚂蚁搬家、蜜蜂做窝式的方法，从石山腰上硬抠出一块平地建成的。柏格理本人足球、篮球、板球无所不能。足球场一边紧贴着山壁，一边就是悬崖，下面是万丈深渊，远处是不尽的群山，层层叠叠，云蒸霞蔚。据说当年踢球时，如果不小心皮球滚落山下，是要背着干粮去下山寻找的。当年的四川军阀杨森也喜欢足球，并且手下有一支球队，号称打遍天下无敌手。他从四川到贵州上任，路过石门坎意外地发现这里竟有一个足球场。就让他的球队与苗族学生队比赛，学生们打赤脚上阵。结果三场球，杨森队输了两场，有一场还是给了面子。杨森把他的队员集合起来臭骂一顿说："你们还好意思穿鞋吗？"队员们忙脱下鞋送给这些苗族兄弟。临走时杨森还向柏格理要了四名队员。

柏格理从英国带来了篮球、足球，在学校举办运动会，让苗民第一次尝到现代运动的欢乐。他的书里这样记载：

> 引进各种各样的体育项目，除了能增强中国人的体质，也可以大大促使中国的年轻人，无论是汉族还是少数民族，摆脱低级趣味，过上健康、快乐、积极向上的生活。

柏格理这里说的低级趣味、不健康的生活是指当时苗族的"花撩房"。这是人类早期群婚制的残余。每个苗寨子边都建有一个公共大屋，称"花撩房"。女孩到12岁即可进入这个房子，与男人发生性关系，所以常见才十三四岁的女孩就怀里抱一个孩子，身上背一个孩子，正是上学的年纪就背上了沉重的生活负担。性混乱又导致疾病流行。柏格理行医、教学，逐渐取得苗民的信任后，便向这种陋习发起冲击。他像林则徐烧鸦片一样，每到一处苗寨就聚众演说，痛陈这习俗之害，然后带领群众烧毁撩屋，重塑健康的婚姻家庭关系。规定，每个受洗过的基督徒，男22岁、女20岁才能结婚。又宣传女孩子不缠足，入学读书，自强、自立。

柏格理开办新式学校，引进现代体育运动，在这个深山窝里大刀阔斧地移风易俗，现在想来人们几乎不敢相信。但大树做证，青石留痕。我在泳池边长满青苔的石条上踱步，量着池的长宽；从这个悬崖足球场的边上探身下望，想象着当年挖土开石的劳作；又回头仰望那棵伸向半空的"无名树"。石门坎，石门坎，这是一片纯石头的喀斯特地貌，是贵州全省最高最寒冷的地方，却在一百多年前捷足先登，最早接触到了现代文明。旧武侠小说里常说某人的武功抓石留痕，佛教故事说达摩面壁九年，在这悬崖峭壁上，柏格理有什么样的功夫，能够留下这么多痕迹呢？

三、树有名，爱永在

当我从上向下依次看完了石门坎、"无名树"、游泳池、足球场之后，又返回到山梁上。虽然明知"五镑小屋"和当年的石门坎小学早已不复存在，还是想凭吊一下它的旧址。

"五镑小屋"已经让他的后继者高树华牧师改建成一座二层小别墅。有壁炉、橱柜、很厚的石墙，典型的英式房子，体现了当时最先进的西方文明。但是，这房子里却藏着一个悲剧。好房子引起了土匪的注意，猜想主人一定有钱。1936 年 3 月 6 日，一伙土匪冲进高的小屋，不但抢劫了他的财物还残忍地将他推下石坎，一直滚落在无名树下。无名树看着这位可怜的英国同乡在痛苦地呼喊，但也无能为力。当学生们闻信赶来时，高已血肉模糊，他只说了一句话："我要和柏格理牧师在一起。"也长眠在石门坎下。

在原石门坎小学的旧址上已建造起一所现代化的小学校和一所中学。近十年来石门坎已经出了本科生 350 人，研究生 6 人，博士生 2 人。

让我吃惊的是，石门坎小学竟有一个红色的塑胶大操场，在绿色四围的群山怀抱中十分耀眼。球场靠悬崖一侧的边缘建了一条开放式图书走廊（可能也是为了防止皮球的滚落），学生们课后可以随意抽读自己喜欢的书。我抽出一本，还未及读，立时白云擦肩，绿风入袖，八百里乌蒙奔来眼底，不觉神思千里之外。这一生不知读了多少书，也上过各类的学府，却从来没有见过这样的高山清风读书处。

我慢慢收回视线，才猛然发现刚才还在半山腰的"无名树"，正好长到与新学校的操场齐平。这时我才看清了树梢和它的枝、它的叶。只见每一束柔枝上都旁生出长长的叶柄，柄侧对生着椭圆形的叶片，类似槐树的叶形，但更大、更绿、更柔软，如一扇孔雀的羽毛。更有趣的是，枝上挂着的果荚，像一串串的鞭炮，足有二尺来长，在微风中来回摆动，发出磷磷的闪光。我赶快用手机上的识花软件一搜，哎呀，它本来是有名字的啊，叫枫杨树！这是一棵来自天国的枫杨树。

枫杨树树形疏密有致，枝叶婆娑轻柔，有柳树的风度，所以别名麻柳；那一串鞭炮似的果荚很像蜈蚣，又叫蜈蚣柳。我奇怪为什么它的学名叫枫杨？枫树和杨树分别属于槭树科和杨柳科，这枫杨树却属于胡桃科，既不沾枫也不带杨呀。大约它的片荚状果实与枫树相似，而身形又如杨树般高大。果荚片片兮飘四方，身躯巍巍兮立山冈。人们仰之敬之，不认识它就直呼为"无名树"了，已经一百多年。

那么，这树到底该叫什么名字呢？我忽然想起一个典故。当年斯诺在延安采访毛泽东，毛泽东向他介绍说，中国的读书人有两个称呼，一个是名，一个是字。比如，我名泽东，字润之。而中国人之间来往时，一般不直呼其名，只尊称他的字。我想这棵树来到中国已一百多年，早已中国化了。它也有两个名字，名枫杨，字柏格理。事实上，我多次来贵州，一般人说起这棵树时，也都称它为柏格理树。

柏格理是一个特例，是一个奇迹。

他在旧中国的动乱年代，在最穷困落后的苗族山区，用了十年的时间创办教会、学校、医院、邮局，创造了苗文，普及文化，引进良种，移风易俗。直到1915年去世，他把毕生的心血贡献给了当时中国最落后的被人遗忘的乌蒙山区。

但他还是没有能走得更远，他在世时屡遭地方黑恶势力的阻挠、追打，有一次重伤几乎丢掉性命，后回国养伤（这棵树就是那次养伤后带回来的）。他的继任者也不幸命殒石门坎。他的事业不可复制。这类似旧中国梁漱溟、晏阳初在山东、河北做的农村改革实验，如夜空飞过了一颗流星。那么柏格理的意义在哪里？在于他宣示了爱的力量。他不能左右时局的变化，不能左右政治形势，但是可以唤醒人们的良知。用大爱去融化一切的不愉快，就像海水淹没嶙峋的礁石。

不错，柏格理是来传教的。他是一个虔诚的教徒。柏格理在日记中说：

"我们在这里不是政治代言人，不是探险家，不是西方文明的前哨站。我们在这里就是要让他们皈依。"柏格理是用一片爱心来做这件事的。他为能被苗族人接受感到无限幸福。他在《苗族纪实》中激动地说：

> 和他们是一家人！在我生平中还从来没有受到过如此崇高的赞扬；而且是被中国最贫穷和待发展的少数民族认可为一种父兄般的形象，这对于我来说是最大的幸福。成为苗族人中的一位苗人！所有这些成千上万的蒙昧、不卫生、落后、犯过罪的但又是最可爱的人们。我的兄弟和姐妹们，我的孩子们！

自从猴子变人以来，人类就是一个命运共同体了。岂止人类，便是这个星球上所有的生物同在一个地球村，也都是一个命运共同体。人们对山水、花草、动物尚且有爱心，何况同类之间呢？爱因斯坦是威力无穷的原子能的奠基人，人们问他世上什么力量最强大。他说，是爱。

爱是一条底线，在道德上叫人道，在哲学上叫共性，在品格上叫纯粹。这是超阶级、超种族、超时空的。只不过一般的爱心总要有一个躯壳，如男女之爱，如亲情之爱，如阶级之爱，如同病相怜，等等。宗教也是众多躯壳之一，柏格理就是顶着这个躯壳来推行爱心的。事实上他已超越了宗教。因为并不是所有的宗教和宗教徒都能做到这一点。相反，以宗教名义进行的战争、残杀，从来也没有休止过。柏格理是从宗教的蛹壳中化飞出来的一只彩蝶。他体现的是最彻底的人道精神。

比柏格理早三百多年，中国哲学家王阳明被从京城贬官到贵州。那时的生存条件比柏格理更差一些。他在一个山洞中痛苦地悟出了对后世影响很大的致良知思想，即人人都有内在于心的天理良知，我们要通过各种艰苦的磨炼去找到它。柏格理是在中国贵州彻底实践了王阳明致良知哲学思想的第一个外国人。

当一个人修炼得超出他的躯壳后，就是一个纯粹的人，有道德的人，他会超时空地受到所有人的尊敬。这样的例子，中外不胜枚举。如白求恩，一个加拿大人来中国支援抗日；如斯诺（摩门教徒），一个美国人同情红军，冒险采写了《西行漫记》；如拉贝（犹太教徒），在遭遇南京大屠杀时冒死救了许多中国人；南非黑人领袖曼德拉坐狱二十七年，出狱后就任总统时，却邀请看守他的狱卒参加典礼。以上这些人各有自己国籍、党派、民族、宗教的躯壳，但爱到深处，爱到纯粹时，这些躯壳都已灰飞烟灭，只剩下一颗爱心，即老百姓说的良心。大爱是能求同存异，包容一切的。不论是一个人还是一个团体，有没有爱心是衡量他好坏的底线。这就是为什么虽然已经过去一百多年，柏格理在中国人心里，尤其是在苗族人的心里总是抹不去。

人总是要死的，把身体埋入地下，把精神寄托在天上。宗教称之为天国。在各国的神话中都有一整套天国世界的人和物。中国的古典名著《西游记》就是一个天国世界，那里还有一棵蟠桃树。毛泽东还写过一首浪漫的天国题材的《蝶恋花》。柏格理也早就是天上的人了。但是，他在人间留下了一棵树：柏格理树。一年又一年，这棵树挺立在石门坎上，舞动着青枝绿叶，呼吸着乌蒙山里的八面来风，现在它已经超过主人生命的一倍，将来还会超十倍、几十倍地活下去，向后人讲述爱的故事。

第三辑

读书为官

学点国学

为什么要促进领导干部学点国学？

学国学，可以"穿越时空，与先贤对话，与经典同行"。但沉静下来，不妨再问，为什么要促进领导干部学国学，学怎样的国学？

记得习近平总书记在宁东能源化工基地考察时说："展望未来，实现第一个百年奋斗目标胜利在望。中华民族积蓄的能量太久了，要爆发出来去实现伟大的中国梦。这是我们这一代人的历史使命，我们每一个人都在自己的岗位上为实现这个目标而奋斗。"领导干部，不仅自己要奋斗，还有领着大家奋斗的责任。

我们中华民族这一百多年来历经磨难，现在离民族复兴越来越近，距离已可以丈量。正因为越来越近，再往前每走一步都是惊险一跳，都是从量变到质变的巨大飞跃。历史上，一步走错满盘皆输、功亏一篑、积重难返的教训不少。这一阶段，各种问题扑面而来，让人应接不暇，容易顾此失彼。其中一个重要的问题是，要保持持续、良性增长，整个国家必须持续保持振奋的民族精神和旺盛的创新活力。实现民族复兴中国梦，一定要有文化根基和价值支撑。

国学，就是一个重要文化根基和价值支撑。

民族复兴必有文化复兴。复兴不是复古，既有"恢复"，更有"创新"。今天我们促进干部学的国学，不是把古人编织的画布翻出来，挂在墙上欣赏；而是要织一块崭新的画布，对中华传统文化进行创造性转化和创新性发展。

织一块崭新的画布，就要把握"经""纬"两个坐标。

坐标"经"：梁漱溟曾讲，历史上与中华文化若先若后之古代文化，或已夭折，或已转易，或失其独立自主之民族生命。唯中国能以其自创之文化，绵永其独立之民族生命，至于今日岿然独存。这当中，必有它的道理、它的逻辑。中国古代就有讲仁爱、重民本、守诚信、崇正义、尚和合、求大同等思想，其中很多具有永恒价值，要传承，要弘扬，要在新时代闪烁新光芒。

坐标"纬"：面对中国几千年未有之大变局，中华民族要重新屹立，再图振兴，全面建成小康社会，建设富强、民主、文明、和谐的中国，仅靠藏书楼的经典，传统文化的智慧，行不通。简单回归"克己复礼"的老路不行，另起炉灶走"全盘西化"的邪路更危险。怎么办？古今之间有"常"有"变"，中西之间有"同"有"异"。"知古不知今，谓之陆沉；知今不知古，谓之盲瞽"，要知常知变，知同知异，在马克思主义指导下，走综合中西文化之优长的综合创新之路。

坐标"经"，提示不离不弃；坐标"纬"，促使创造创新。在"经""纬"间的"两创"，是"经天纬地"的大手笔，顶天立地的大工程。今日国学，当在其中复位、复兴，成为显学。

我们的干部都是马克思主义者。我们当然要学好马克思主义。那么，马克思主义与传统文化如何契合或兼容？

"马上得天下，不能马上治之。"马克思主义的基本立场观点方法，无论打天下、治天下都通用，但具体阶段的侧重点肯定不同。打天下要走自己的路，治天下更要走自己的路，"走自己的路，这就是结论"。通过武装斗争打出了天下，不可能在治国理政、调整内部矛盾时照样不断打下去。以儒家学说为主导的传统文化所包含的丰富的治国理政、立德化民的智慧，可为今天"资治通鉴"。正心诚意、修齐治平，可以也应该成为当政者的修养和为政之道。何况"穷则独善其身，达则兼济天下"等许多智慧，打天下治天下都用得上。

还在战争年代，《论共产党员的修养》就注意从传统文化中汲取营养。今天"三严三实"的"严以修身"，更是君子自强不息、厚德载物的当代传承。中国有推崇君子人格的传统。诸如"君子喻于义，小人喻于利"的谆谆告诫，修齐治平、治国安民的政治理想，"载舟""覆舟"、居安思危的忧患意识，"国而忘家，公而忘私"的精神境界，"吾庐独破受冻死亦足"的民本情怀等，这些中国传统文化的"君子之德"，与共产党人全心全意为人民服务的根本宗旨相契相合。

今天，我们党面临的最大挑战，其实就是市场经济的挑战；面对的最大危险，其实就是贪污腐败的危险。市场经济中每一个主体都追求利润最大化，由此导致竞争，优胜劣汰，效率大增。市场经济自然要"向钱看"，但也不能搞得"一切向钱看"，把精神、信仰一概物化，把诚信、道德统统抛弃，都"淹没在利己主义打算的冰水之中"，"把人的尊严变成了交换价值"。如果物欲横流，社会乱套，市场经济也难以为继。"君子以厚德载物"，岂容"财之日进而德之日损，物之日厚而德之日薄"？蕴含在中国传统文化中的中华民族的"民族本性"，有巨大的能量，关键是如何在发展市场经济的新的历史条件下唤回它、激活它、放大它，使它成为强大的正能量。今天，诊治近利远亲、见利忘义、唯利是图、损人利己等道德失范现象，不妨从民族优秀的文化基因中，去找回和强化道德约束和慎终追远的定力，去增强我们民族在现代化浪潮中强身健体的抗体，增强人们在各种物质诱惑面前的免疫机能，促使人们做到见利思义、义利并举、先义后利。我们这个有着"厚德载物""重义轻利"传统的民族，有为人类开辟"君子以厚德载市场经济"新境界的"文化自信"。

在庆祝中国共产党成立 95 周年大会上的讲话中，习近平总书记指出，"坚持不忘初心、继续前进，就要坚持中国特色社会主义道路自信、理论自信、制度自信、文化自信"。因为，"文化自信，是更基础、更广泛、更深厚的自信"。在五千多年文明发展中孕育的中华优秀传统文化中形成的国学，经过今天"经天纬地"的创造性转化和创新性发展，是我们"文化自信"的博大、深厚的精神家园。

学国学，有助于夯实领导干部为政为官的根基，提高领导干部的能力和修养。今天，应该促进领导干部学国学。

纵谈四有 ①

习总书记关于"四有"的要求:"做县委书记就要做焦裕禄式的县委书记,始终做到心中有党、心中有民、心中有责、心中有戒"掷地有声,一石激起千层浪,在各级干部,尤其是县委书记中,引起强烈共鸣。

中央党校与人民出版社决定联袂推出《做"四有"县委书记》丛书,丛书主编、党校常务副校长何毅亭,嘱我撰写丛书的第二部《做"四有"县委书记》。

这个活,我颇为难。我虽担任过近15年的国务院宗教事务局局长,对宗教工作比较熟悉;又续任6年的中央社会主义学院第一副院长,对干部教育、培训工作也略知一二;一路走来,现在的"官"位也比县委书记高得多了,可偏偏就是没任过县委书记。尽管也写过若干政论、杂文,还出版了《望海楼札记》《小文百篇》《小文三百篇》等书籍,可很少专门给县委书记写文章。

但犹豫再三,还是接下来,因为这活值得干!古往今来,无论从过去——作为中国传统文化精髓、相传几千年的郡县制来看,从现在——经济运行进入新常态、民族复兴进入关键期来看;还是从未来——实现国家治理体系、治理能力现代化来看,"县"这个岗位对国家、对民族,着实重要,其中需要的支持和理解、需要研究的问题,实在太多,为县委书记写书,意义重大。

---

① 此文是人民出版社《做"四有"县委书记》一书的序言。

这活怎么干？先学习。

首先反复学习习近平总书记 2005 年 1 月 12 日与第一期县委书记研修班座谈时的讲话，认真研读 2004 年他在兰考县考察时的两次讲话，不断领悟习总书记关于治国理政的系列讲话精神。习总书记说，他"对县一级职能、运转和县委书记的角色有亲身感悟，听了大家的发言很有感触，脑海里不断浮现我当县委书记时的画面，仿佛回到了 30 多年前"。总书记站在党和国家事业的战略高度，结合自己的历练经历和切身体会，对如何当好县委书记，提出了"四有"要求，讲得透彻、深刻、亲切，高屋建瓴，启智明德。我努力学习理解其精神实质，以作为这本书的主线贯穿始终。

其次认真向县委书记们学习。学习中央党校第一期县委书记研修班 200 多名县委书记的心得。在此基础上，请中央党校、四川和青海省委帮助，找了 18 位县委书记，围绕习总书记的"四有"讲话精神，做了调研座谈，当面向他们一一请教。昔日结识的几位县委书记好友，我更是不断请他们指点，深受教益。

"学而不思则罔，思而不学则殆。"所学所思，遂成此书。

从历史上看，县的建制始于春秋时期，秦朝推行全国并得到进一步发展。秦王朝虽然昙花一现，郡县制却长期保留下来，至今已两千多年。无论行政区划怎么调整，县一级都是最稳定的。今天，一旦进入县委书记这个特殊的群体，就会明白"宰相必起于州部，猛将必发于卒伍"，历朝历代，无数贤能，都从县一级起步的道理。

县官者何？责任无尽，工作无边；磨炼无际，考验无限；问题无穷，困难无数；夙夜在公，君又无眠……

县官不大，压力山大。处底层之位，眼观全局，干在山巅。

县官不大，抱负远大。居一县之域，忧国忧民，忧近忧远。

县官不大，全县老大。率万众之民，改天换地，一往无前。

县官难当，"些小吾曹州县吏"，"官之至难者，令也"。

县官重要，一县"领头羊"，一方"父母官"，一根擎天柱，一国栋梁材。"郡县治，天下安"，郡县兴，天下欢。民族复兴中国梦，几回梦里见县官。谨以此书，献给当代县官——县委书记。

县委书记的"小"与"大"

县委书记有多"小"？"兵头将尾"，"芝麻官"，是"些小"（"些小吾曹州县吏"）。

县委书记有多"大"？有多重要就有多大。在我们党的组织结构和国家政权结构中，县一级处在承上启下的关键环节，是发展经济、保障民生、维护稳定、促进国家长治久安的重要基础。县，是个基本完整的社会，麻雀虽小，五脏俱全。上面千条线，下面一根针。国家的头绪那么多，但千条线都对着一根针。或者说，县这个"点"，对着的是国家的若干个"面"，而且必须"面面俱到"。国家的政策法令，千头万绪，大都要落到县一级来贯彻。而且，现在需要县一级办的事是越来越多了。全面建成小康、全面深化改革、全面推进依法治国、全面从严治党，哪一个"全面"，都要到县里兑现。小康不小康，关键看老乡。全面不全面，县里都得办。县委书记必须善于从大处着眼，从小处着手。要善于把握全局、协调各方，抓住主要矛盾，讲大局、观大势、抓大事，尤其是要抓好那些对全局工作发挥根本性、深远性影响的大事、要事、主事，从而达到以大带小、以要带次、以主带辅的目的。

所以，县委书记级别不高，但责任不小，地位特殊。邓小平同志说，当好县委书记大不易，必须要有全面的领导经验和能力，要协调东西南北中、党政军民学、六大班子。说起今天的县委书记，当然是"兹事体大"。

县委书记说小亦小，说大亦大，尤其能由"小"变"大"。我国历朝历代都高度重视县级官员的选拔任用。清代，县令由吏部直接任命，是古代的"中管干部"，而且赴任前必须到朝廷报到，皇帝亲自看，如发现有不适合或出格之人立即更换。我们现在任免体制不一样，但对县委书记和县长人选、对县党政班子是高度重视的。古语云：宰相必起于州部，猛将必发于卒伍。历朝历代，无数贤能，都从县一级起步。从县里成长干部，是一条经过检验的确有成效的道路。

县委书记究竟是小是大？我听一位县委书记说过，他坐着火车从县里出发去北京，一路走下去越走越小，到了北京感觉自己最小。再坐着火车从北京回县里，一路走下去越走越大，到了县里感觉是"我最大"。此言不虚。虽乃"些小"之官，却是一县之"长"，与一县之众朝夕相处、息息相关，群众甚至视你为一方"父母官"。今天，县委是我们党执政兴国的"一线指挥部"，县委书记就是"一线总指挥"。在本县这方天地，"县官"之权大如天，就要"为生民立命"，"先天下之忧而忧，后天下之乐而乐"，因为"一枝一叶总关情"！

县委书记不可自以为"小"。焦裕禄同志是多大的官？就是县委书记。他在兰考干了一年多时间，做的都是谋划长远、打基础的事情，不是急就章。所以，他干出了骄人的业绩，留下了崇高的风范。今天，县一级领导要谋几十万、上百万人的生计，管千头万绪的事务，大有可为、前景广阔。如果以做事为目的，这个舞台是足够大的。县一级承上启下，要素完整，功能齐备，是一个人生的大舞台、事业的大舞台。党把干部放在这样一个岗位上是信任，要安身、安心、安业，意气风发、慷慨激昂去干好工作，多为老百姓造福。一切为民者，则民向往之。

县委书记说"大"还真大，甚至是"高危职业"。不仅主动以权谋私不行，而且要处处防备社会诱惑。诱惑太多了，处处是陷阱。要把好自己的权力、美色、金钱这三关，坦坦荡荡，干干净净，保得一个一世清明。"些小吾曹州县吏"，县官要能把三关。无论县官小与大，把好三关天地宽。

县委书记的"长、宽、高"

参加中央党校第一期县委书记研修班的学员们说，我们要经常照照镜子，掂量好自己的"长、宽、高"。[①]

"长"就是独当一面的特长、通盘考虑的专长和处事沉稳的擅长。

一要有独当一面的特长。在大是大非面前不迷失方向，在繁杂改革面前不偏离方向，在利益诱惑面前不模糊方向，善于把方向、管导向、抓倾向，扭住根本，审时度势，切实发挥好"一把手"的把关定向作用。要提高胆识修养。有胆无识，会导致不顾客观实际，急功近利，蛮闯胡干，出现拍脑门决策、拍胸脯实施、拍大腿反思的现象，给工作和事业造成不必要的损失；有识无胆，会优柔寡断，瞻前顾后，畏首畏尾，坐失机遇，工作不能顺利推进、如期完成。有胆有识，知谋善断，该出手时就出手。

二要有通盘考虑的专长。善于把县域工作放在全市、全省、全国的范围考量，善于在千变万化的形势和错综复杂的矛盾中，把好全局，抓住关键，既抓"牛鼻子"，又会"弹钢琴"，突出重点，兼顾一般，推动整体发展。

三要有处事沉稳的擅长。遇事不慌，头脑清醒，在重要任务、复杂局面、敏感问题面前，稳得住、看得准、有办法。关键时刻敢于负责，重大问题勇于担当，复杂局面稳妥驾驭。善于系统分析、把握规律，瞄准问题、井然处置，努力在细节中杜绝失误，在困境中找到出路，在无望中创造可能，在可能中干成事业。在困难和矛盾面前不绕、不等、不拖、不退，以百折不挠的勇气、开拓进取的锐气，坚决贯彻落实好上级党委的决策部署，以抓铁有痕、踏石留印、久久为功的韧劲，推动各项工作取得新的进展。

[①] 本段内容主要摘自中央党校第一期县委书记研修班二支部和春军的学习体会：《新常态下不断提高自身综合素质》。

"宽"就是眼界宽、知识面宽、胸襟宽。

一是眼界要宽。当前改革进入深水区、攻坚期，发展进入新常态、调整期，稳定进入矛盾复杂化、问题高发期，谋划和推动县域经济社会平稳健康发展，特别需要县委书记具有开放性、务实性和前瞻性的战略思维。要勇于谋划振兴本县的大项目好项目，敢于改革创新区域社会治理的体制机制，善于推进保障和改善民生工作。作决策要多权衡，既高站位、远眼光，又切实际、接地气，广泛征集和采纳各个层面的意见建议；看事物要多角度，认真分析利弊得失，把工作的发展趋势和各种可能性想清楚、弄透彻，做好预警预判；用人要多考量，唯才是举，任人唯贤，既重业绩，又重经常，做到综合评价，知人善任。眼界宽还来自眼光敏锐。要练就一双能够敏锐发现问题的"慧眼"，洞悉问题产生的原因，找准问题解决的办法，找到破解瓶颈的要害，指出落实工作的关键，安排部署工作有针对性、超前性，达到事半功倍的效果。

二是知识面要宽。要懂政策，认真学习党的路线、方针、政策，着力掌握中国特色社会主义理论体系，准确把握科学发展观的深刻内涵，吃透全面推进深化改革、全面推进依法治国、全面加强党的建设、全面建设小康社会这"四个全面"的精神实质，融会贯通，推动工作；要懂经济，认真学习市场经济知识，掌握市场经济规律，熟悉财税、规划、土地、环保等专业知识，着重研究经济学领域前沿理论和实用技能，真正成为抓经济的行家里手，勇于运用经济学思维研究区域发展；要懂管理，从提升领导能力的角度出发，注意加强对社会治理、行政管理、项目管理、企业管理、人力资源管理等方面知识的学习，不断拓宽自身的知识领域和视野，提高从政水平和管理能力。

三是胸襟要宽。要能容人。能容人之长，善于取他人长处补自己短处，互相砥砺，共同进步，不断推动事业向前发展；能容人之短，客观地看待别人的短处，善于避短扬长，让各类人才能够创业有机会，干事有舞台，发展有空间；能容人之功，不猜忌嫉妒，不排挤打击，尊重和重视他人的贡献，积极引导党员干部群众学习效仿，促使更多的人有所为、有所成。允许失误，鼓励担当；能容人之言，愿听"忠言"，能听"异言"，拒听"谗言"。

"高"就是理论素质高深、谋篇布局高远、工作艺术高超、道德情操高尚。

一是理论素质高深。要加强理论学习。带头强化学习意识，增强学习的紧迫感、自觉性，处理好工作与学习的关系，在紧张繁忙的工作之余，有计划地挤时间学习，为常委"一班人"做出榜样，为全体机关干部做出表率。要认真学习马克思主义、毛泽东思想，学习中国特色社会主义理论体系、习近平总书记系列重要讲话，要学深学透，不仅了解皮毛，更要掌握内涵，不单知其然，还要知其所以然。要注重理论思考。工作实践中，逐步养成对实践问题作理论思考的习惯，把总结经验教训作为拓展理论联系实际成果、提高自身素质的重要途径。要善于消化吸收，把经济发展、改善民生、维护稳定的方方面面联系到所学的理论知识上来，运用理论武器推动现实工作，让理论知识成为得心应手的本领，避免将先进理论变为枯燥的书本知识。

二是谋篇布局高远。对当地的经济社会发展规划和计划要坚持高标准、可持续原则，既不能守摊多年，涛声依旧，也不能只重眼前，竭泽而渔，要"为官一任，造福一方"，既重"显绩"，又重"潜绩"。要谋高远，把"潜绩"作为"显绩"的基础。牢固树立"功成不必在我"的理念，多干打基础、利长远的事情，把促进可持续发展的各项"潜绩"工作放在首位，在落实"潜绩"工作中突出重点、突破难点，干出成绩、干出口碑、干出民心。要抓重点，让"显绩"成为"潜绩"的阶段成果。不以重视"潜绩"为由而忽略发展的机遇和民生的需求，不让其成为看摊守业的借口。要沿着科学发展的轨道，有计划、有步骤、有梯次地推进工作，用一个一个实实在在的"显绩"来汇总成长远发展的"潜绩"。要找平衡，使"显绩"与"潜绩"有机统一。无论"显绩"还是"潜绩"，都要符合科学发展观的要求和人民群众的需要，不搞劳民伤财的"形象工程"。

三是工作艺术高超。要善于分工。工作不是哪一个人能够独立完成的。用人所长，避人所短，量材使用，大力支持副职的工作，赢得副职的信赖和支持。要善于协调。处理好正副职间、上下级间的关系；处理好改革与发展稳定、加快发展与可持续发展的关系。要统筹兼顾，以较少的资源和较短的时间完成高质量、高效率的工作。要善于应对。具备应对和解决突发问题的能力，遇事头脑清醒，在遵循法规、把握政策的基础上，调动积极因素，运用有效措施，解决问题，化解矛盾，推动工作。

四是道德情操高尚。要信念坚定。忠于党，忠于祖国，忠于人民，共产主义理想高于天。要在政治上、思想上、行动上，坚定不移地同以习近平同志为总书记的党中央保持高度一致，不断坚定中国特色社会主义的道路自信、理论自信和制度自信。要公道正派。县委书记是全县干部群众的领头雁、带头人，能否公道办事，直接影响当地社会的公平正义，影响党和政府的形象。要坚持正派为人，言行一致、表里如一，不搞亲亲疏疏、团团伙伙，"谋事"而不"谋人"，一门心思用在工作上、扑在事业上；坚持公道干事，胸怀一腔浩然正气，行得正、走得端，公正无私、不偏不倚，敢于担当、敢于负责。要勤政为民。切实做到"立党为公、执政为民"。要坚持权为民所用、情为民所系、利为民所谋，把人民群众的冷暖安危放在心上，谋富民之良策，行为民之善举，尽一切可能为群众多办好事、多办实事。要清廉如水。倍加珍惜组织的厚爱和重托，倍加珍惜群众的信任和期望，始终坚守清正廉洁这个立身之本。常修为政之德，常存敬畏之念，常思贪欲之害，常怀律己之心，认真遵守廉洁自律各项要求，讲政治，守规矩，守住底线，不越红线，不触高压线，做良好风气的倡导者、实践者和引领者，拒腐蚀、永不沾，干干净净干事。

县委书记的"正"与"定"

无论大与小，无论长宽高，总之是责任重于泰山。以至于有县委书记慨叹，企业家搞经济是"责任有限公司"，县委书记搞政治则是"责任无限书记"。

其实，古往今来，县官都难当。海瑞一生传奇，官至一国重臣，他的体会是"官之至难者，令也"。

正因为难，就总有办法过难关，各出绝招当好官。请听听县委书记们自己怎么想、怎么说、怎么干。

有的说，当县委书记就要以焦裕禄为榜样，学习他"心中装着全体人民，唯独没有他自己"的公仆情怀，凡事探求就里、"吃别人嚼过的馍没有味道"的求实作风，"敢教日月换新天""革命者要在困难面前逞英雄"的奋斗精神，艰苦朴素、廉洁奉公、"任何时候都不搞特殊化"的道德情操。

有的说，县委书记这个岗位是最能为党和人民做实事的一个岗位，也是最能体现人生价值的一个岗位。作为一名县委书记，应把理想信念作为一种传承、一种坚守，化作一种自觉行动，在大是大非面前把握住原则、辨得明方向，在各种社会思潮面前做到立场坚定、旗帜鲜明。坚持把理论学习作为第一主课。理论上的"信仰度"，决定对党的"忠诚度"和对党的事业的"执着度"。

有的说，理想信念是精神之"钙"，只有理论扎实、政治坚定，才能在大是大非面前保持清醒头脑、把握正确方向。党性修养是根本，只有牢记宗旨、严以律己，才能不为"四风"所惑，永葆清正廉洁的共产党人本色。创新实干是关键，只有解放思想、务实守法，才能不懈怠、不漂浮、不逾矩，不断推动区域科学发展。能力素质是保障，只有善于协调、运筹帷幄，才能不负组织重托，切实担负起团结各方力量、引领一域发展的使命。

有的说，县委书记的动力在哪里？一是"咬定青山不放松"，坚定的信念和绝对的忠诚，是县委书记踏实笃行的原动力。二是"沧海横流，方显英雄本色"，自我社会价值的实现和认同，是县委书记干事创业的推动力。三是"横刀立马，舍我其谁"的责任担当，是县委书记履职尽责的核动力。

有的说，县委书记擦亮共产党人的"实事求是"的金字招牌。能否从价值观上深刻把握实事求是判断领导干部是否坚持党性原则的最高标准，也是领导干部应具备的基本品格。习仲勋同志指出:"实事求是就是最大的党性。"领导干部是否敢于坚持实事求是,与自身修养密不可分。一个具有良好党性修养和优秀品格的领导干部,不仅自己能坚持实事求是,不说假话,不讲空话,而且会自觉同弄虚作假的行为做斗争。在新形势下,党员领导干部尤其需要坚持一切从实际出发,把实事求是作为一种境界来追求,作为一种纪律来要求,作为一种习惯来培养,以坚强的党性来保证做到实事求是,以实际行动彰显实事求是。

有的说,县委书记既要善于把握全局、协调各方,更要善于抓住主要矛盾,讲大局、观大势、抓大事,尤其是要抓好那些对全局工作发挥根本性、深远性影响的大事、要事、主事,从而达到以大带小、以要带次、以主带辅的目的。县委书记要把厉行法治作为重要执政责任,善用法治思维和法治方式推进全县各项工作加快步入法治化轨道。县委书记要科学把握国内外经济发展大势,引领全县各级党员干部在经济新常态下干出新作为。县委书记要牢固树立"抓好党的建设是最大的政绩"的理念,以强烈的政治担当履行好管党治党职责。

有的说,适应新常态、推动新发展,县委书记必须要担当。担当精神是中国共产党人的政治品格。担当精神是保持党的先进性的必然要求。担当精神是从容应对挑战的现实需求。县委书记必须能担当。县委书记必须会担当。坚持依法依规担当,守住原则立场担当,抓住关键环节担当,敢于直面问题担当,善于改革创新担当。

有的说,县委书记处一县之地,当然要有威信,威从何来?要坚持以德立威,加强党性锻炼,提升自身素养。坚持以"绩"立威,树立实绩导向,引导干事创业。坚持以廉树威,自觉接受监督,守牢廉洁底线;坚持以行树威,率先争先领先,做到在工作面前敢叫"跟我来",在纪律面前敢讲"跟我学",在困难面前敢喊"跟我上",以良好的表率品行在干部群众中树立威信。

有的说,县委书记必须善于学习,善于重新学习,依靠学习走向未来。在工作热运行中，要有冷思考踱方步的机会。学习，只有不断地学习，才能增强工作的科学性、预见性、主动性，才能使领导和决策避免陷入少知而迷、不知而盲、无知而乱的困境，才能真正解决工作能力不足、本领恐慌、水平落后的问题。一定要持之以恒坚持学习，让学习成为自己加强自身修养、提升能力和境界的人生常态。

有的说，县委书记要以身作则，依法履职。清正廉洁，干净干事。始终保持高尚的道德情操，敢于把清正廉洁、风清气正写在党委班子的旗帜上，净化工作圈、生活圈、社交圈和娱乐圈，不断自我净化、自我完善、自我提高。

有的说，党的县委书记，必须最讲党性，党性坚定。党性，是党员的原则、立场、态度、灵魂，是党员政治生命的精髓，是立党为公、执政为民的本质属性。坚持党性，党的宗旨观念就树得牢，为人民服务的旗帜就高高飘扬；坚持党性，党的原则就有了坚定性、科学性，就能永葆党的先进性；坚持党性，党就会永不腐败，永不变质，永远立于不败之地。县委书记坚强党性，是做好工作、树好形象的大前提。党性锻炼，关键是在党信党、在党爱党、在党忧党、在党为党。要把党性锻炼作为一门长期坚持的必修课，把讲党性内化为一种稳定的思想、品质和觉悟，外化为自觉行动，始终站在党的事业全局的高度来思考问题、开展工作，切实把党的政治思想、政治路线、政治主张转化为增强党性修养、提高思想觉悟、陶冶道德情操的自觉行动。

真是"纸上得来终觉浅，绝知此事要躬行"。这些县委书记自己的概括、体会，可谓"人人持荆山之玉，个个握灵蛇之珠"。

虽是字字珠玑，但也有点眼花缭乱。究竟怎么办？一位县委书记出来概括了——说千道万，要有一身正气；头绪再多，要看政治定力。

这一"正"一"定"，凝结成两个大字，就是"党性"。党的县委书记，必须党性最强，最讲党性。

说来也巧，习近平同志当年任县委书记的那个县，县名就叫"正定"。

正气与定力，是千锤百炼出来的。不经一番寒彻骨，怎得梅花扑鼻香？习近平同志回忆，当年我在正定时，省里的老领导见了我经常问：咧过嘴没有？咧嘴，这是河北话，意思是遇到困难了。我说：咧了！他们说：那就好！多咧几次就进步了。

"咧嘴"，咬牙，摔打，忍痛，曲折，坎坷，失落，坚守，困苦，诱惑，折腾，磨难，彻夜难眠的辗转反侧，悲欣交集的大彻大悟，"拿起""放下"的反复掂量，矢志不渝的执着追求，与群众融为一体的充实、自信，都是凝聚正气、锤炼定力过程中的必然，是中国版的"钢铁是怎样炼成的"。

党性，在这里生成、凝聚、升华。

在群众路线教育实践活动中，习总书记联系指导河北省、兰考县开展活动，他亲切地说，这次许多领导班子都咧嘴了，都豁出去了，红红脸、出出汗，扫走了好些思想灰尘，这是积大德的事，是大家都增益的事，习惯了就好了。

县委书记的"正"与"定"，是一种修养，一种历练，一种自觉，一种习惯。

县委书记的"四有"

县委书记的"正"与"定"是党性的集中体现。展开来，就是总书记要求的，"始终做到心中有党、心中有民、心中有责、心中有戒"。

这"四有"，既是基本标准、底线要求，又是高标准、严要求。既是对县委书记的要求，也是对全党的要求。

对全党来说就是——

心中有党，党要把党装在自己心中，党要姓党，党要管党，党要建党，始终保持定力，保持先进性。

心中有民，党要把人民装在心中，坚持立党为公，始终保持同人民群众的密切联系，全心全意为人民服务。

心中有责，党要把责任装在心中，始终做工人阶级的先锋队、中华民族的先锋队、民族复兴的推动者、共产主义的领路人，革命理想高于天，肩上责任重如山，坚定的战斗力永不衰。

心中有戒，党要把法律、纪律、规矩装在心中，始终保持纯洁性，直面四大挑战，警惕四个危险，千磨万击还坚劲，任尔东西南北风。

对县委书记来说就是——

心中有党，解决"我是谁"的问题。

心中有民，解决"依靠谁"的问题。

心中有责，解决"为了谁"的问题。

心中有戒，解决"认识自己是谁"的问题。

古希腊人就把"认识你自己"作为神谕，镌刻在巨石上，代代相传。足见其难。作为县委书记，更要不断自省自励，自觉自愿、锲而不舍地加强自我修养，始终严于律己，不断锤炼自己。此乃"官之至难者，令也"之"至难"。

但当了县委书记，再难，也不难。因为——心中有党，定海神针；心中有民，一往情深；心中有责，兢兢业业；心中有戒，金刚不坏。

"做县委书记就要做焦裕禄式的县委书记，始终做到心中有党、心中有民、心中有责、心中有戒。"

城市建设 ^①

　　"人民城市人民建，人民城市为人民。"建设人民满意的城市是新时代中国特色社会主义城市建设的目标。

　　欲事立，须是心立。欲心立，须有定力。面对百年未有之大变局，在中国共产党的坚强领导下，有着广泛、深沉、充实的文化自信的中华民族，确立、滋养、磨炼、凝聚了内心定力，全党不忘初心，全民万众一心，此心无比笃定、坚韧、强劲。斯时斯地斯人的城市建设者们，为了建设新时代人民满意的城市，当然也一定要有、一定会有"一以贯之"的定力。

　　具体来说，这种定力源于对城市历史文脉的敬畏，源于对城市发展规律的尊重，源于对"一张蓝图绘到底"的坚持。

一、城市建设的定力源于对城市历史文脉的敬畏

　　习近平总书记曾强调："一个城市的历史遗迹、文化古迹、人文底蕴，是城市生命的一部分。文化底蕴毁掉了，城市建得再新再好，也是缺乏生命力的。"历史文化是城市的灵魂，它以各种方式保留在城市肌体里，沉淀为独特的记忆和标识。八朝古都开封千年以来一直延续了城市中轴线，从未变动，而

---

① 此文是在"中国城市学年会·2020"开幕式上的讲话。

作为南宋首都的杭州，其"三面云山一面城"的传统城市格局在"保老城，建新城"的建设理念下也一直存续至今。

最忆是杭州，最美是西湖，最贵是文脉，最富是精神。众所周知，中国的疆域幅员辽阔，南北的风土人情存在很大差异。北方地区气候寒冷、群山巍峨、河水浑浊，再加上频频发生旱灾，造就了北方人坚韧不拔的性格，其文化也显得比较朴实厚重，甚至无暇去做深度的思考。南方地区则大不相同，这里气候温暖、土地肥沃、山水秀美，"溶溶漾漾白鸥飞，绿净春深好染衣"（杜牧），养成了南方人风流倜傥的性格，丰富的物产使得南方人有条件在精神层面做高远的思考。吴越地区素以山水秀美和名胜古迹众多著称，引得无数文人骚客流连忘返。杭州的城市建设，应该世代延续、传承这种思考、这股文脉，而不是辜负这番思考，切断这股文脉。

以真实的历史文化遗产为载体，城市的文脉才能得到有效传承。当前，城市建设离不开城市文脉的传承，城市文脉的传承更离不开"城市有机更新"这一有效路径。所谓"城市有机更新"就在于把城市作为一个"有机体"和"生命体"引入"城市更新"，突出"有机"二字。城市有机更新的实践强化"保护第一"的理念，落实守护城市历史文化的使命，这既有助于呵护城市文化底蕴，也有助于广大市民坚定文化自信、增强家国情怀，而这种文化自信与家国情怀正是城市建设定力得以形成与稳固的精神源泉所在。

二、城市建设的定力源于对城市发展规律的尊重

做城市工作、谋城市建设，一定要认识、尊重和顺应城市发展规律。切合城市发展客观规律的事情，就要保持战略定力，坚定不移地去做。而对城市发展规律的认识首先源于对城市历史的解读。

在全国政协委员"读书漫谈群"的"浙江主题周"中，刚进行了良渚文明的专题讨论。大家看到，随着 2019 年申遗成功，良渚古城遗址作为人类早期

城市文明的杰出范例和中华五千年文明史的圣地，在国际上得到了进一步的认可。其中，良渚之灵，在于有水。水是万物之源，海纳百川，上善若水。在江南水乡泽国的大环境中，良渚先民们充分尊重水的自然规律，通过建造大型水利系统，实现了依水建城，傍水而居，湿地营城的建造技术达到了当时人类文明的高峰。良渚古城遗址可以说是"最古老的杭州"。而历史长河中的杭州更是一座与水密不可分的城市，杭州有江、有河、有湖、有"溪"，又邻海。杭州的历史，就是一部因水而生、因水而立、因水而兴、因水而名、因水而强的历史。正因为充分尊重自身的发展规律，在"水"上下功夫，在"水"上做文章，杭州才变成了一座"五水共导"，极富个性的城市。云中的神啊雾中的仙，神姿仙态杭州的山，情一样深啊梦一样美，如情似梦西湖的水。水光潋滟晴方好，山色空蒙雨亦奇。欲把西湖比西子，淡妆浓抹总相宜。

三、城市建设需要"一张蓝图绘到底"

习近平总书记曾指出：一张好的蓝图，只要是科学的、切合实际的、符合人民愿望的，大家就要一茬一茬接着干，干出来的都是实绩，广大干部群众都会看在眼里、记在心里。

城市，是昨天先民们留给我们的遗产，也是今天生活其间的人们的家园，更是明天子孙后代赖以生存的载体。无论是城市规划，还是城市建设，都不能只有一日千里的热情，而更要有"一张蓝图绘到底"的执着和坚持。如此，才能有利于我们打造绿色美观的宜居城市，才能有利于我们城市历史文脉的传承。

面对城市建设的"一张蓝图绘到底"，我们的城市管理者们必须要有"功成不必在我，建功必须有我"的胸襟和境界，这两句话是辩证统一的。"功成不必在我"，说的是一个地方、一个城市建设发展有一个过程，必须遵循自然、经济、社会、历史的客观规律，多做打基础利长远的工作。"建功必须有我"，说的是一届有一届的使命、一届有一届的作为，必须在其位、谋其职、安其心、竭其力，敢于担当、主动作为，一届接着一届干。

人民满意是一座城市最为重要的"牌子"。这个思想决不能丢，这个定力始终要有。浙江特别是杭州在践行"人民城市人民建，人民城市为人民"方面引领全国，涌现出了许多好的经验和做法。其中，在城市治理方面实现的"最多跑一次"改革，令我印象深刻。我认为，其成功的关键就在于顶层设计，解决了各部门、各地区条块割裂、系统林立的现象，有效提高了行政效率，撬动了经济社会体制的全面变革。而做好顶层设计的重要一环就是充分发挥各类智库的作用，推进改革的科学化、民主化。我期待，有越来越多像杭州城研中心这样的智库，登上中国城市化发展的历史舞台，为实现城市让生活更美好贡献智慧和力量。

第四辑

精神富有

壮哉，奥运之夜

（一）罗格之赞：无与伦比

奥运开幕前，我写过短文《千年一叹："我能比呀"》，有感于奥林匹克在中国曾译为"我能比呀"，其中蕴含中华民族的百感交集、千年一叹；奥运闭幕前，我又写短文《今朝一笑：我能赢呀》，兴奋于奥运成功举办凝聚着中国的信心，见证着中国的力量；奥运过后，我还要来一篇《罗格之赞：无与伦比》，振奋于国际奥委会主席罗格在北京奥运会闭幕式上所说的一句话："这是一届真正的无与伦比的奥运会。"

这不只是我们的感叹我们的欢笑，而且是国际权威人物向全世界慎重做出的评判。

罗格先生说"无与伦比"，当然不是今后的奥运就再也不能与之相比。虽然全世界对北京奥运好评如潮，萨马兰奇说"是目前我所看过的所有奥运会中最好的一届"，但成就只有"空前"，没有"绝后"，按照"更快、更高、更强"的奥运精神，我们衷心祝愿今后的奥运以北京奥运这座历史的丰碑为新的起点，办出新的特色、新的水平。

罗格先生说的"无与伦比"，直译是"真正的非常特别"（truly exceptional）。

奥运在拥有13亿人的发展中大国举办，"非常特别"（exceptional）。众所周知，任何一个小问题，乘以13亿，都会变成大问题；任何一个大数量，除以 13 亿，也会变成小数目。经过改革开放而积淀、而凝聚起来的 13 亿人的力量，没有办不成、办不好的大事。13 亿人民微笑着面对世界，全世界人民也会微笑着对待中国。而当我们为中国首次高居榜首的金牌数自豪的时候，只要把人均拥有的金牌数与牙买加等国家一比，又立见差距。

奥运在排除重重干扰、战胜巨大困难中成功举办，"真正的非常特别"（truly exceptional）。尽管"逢奥必扰"几乎成为潜规则，但这一回"扰"的盘算更早、来势更猛、喧嚣更甚。人们还记得，有人要把绑架奥运大闹一场作为"最后机会"，演出一场场在境外冲击我使领馆，甚至拦路抢劫奥运圣火、殴打残疾人火炬手的闹剧。实在闹不出名堂，就发动几家媒体来摇唇鼓舌、贬斥中国，甚至搬出谶纬神学、灾异迷信"逢八必灾"的咒语来"抵制奥运"。此风刚过，彼波又起，真的是"天将降大任于斯人也，必先苦其心志"啊。5 月 12 日汶川大地震突如其来，整个亚洲板块都感觉到震动。13 亿人一条心，迅速有效的救援创造了奇迹；13 亿人同一哭，连续三天向那些骤然逝去的生命致哀感动了世界。但毕竟离举办奥运的日子已经临近，中国还能不能如期办好奥运？胡锦涛总书记明确回答："举办奥运会，是中华民族的百年期盼，是海内外中华儿女的共同心愿，也是我们对国际社会的郑重承诺。"事实证明，13 亿中国人民一言九鼎、一诺千金。

气势恢宏、精彩纷呈的北京奥运落下了帷幕，罗格之赞"无与伦比"却仍在回响。残奥会又要开幕了，精彩正在延续。"无与伦比"的真谛就在于 13 亿。人民，只有人民，才是创造历史的动力。13 亿人民在中国共产党领导下团结一心，在改革开放的轨道上发力起跑，在科学发展观的指导下全面协调可持续发展，真正是无与伦比。

（二）今朝一笑：我能赢呀

奥林匹克在中国曾译为"我能比呀"。奥运开幕前，我写过《千年一叹：

"我能比呀"》一文。比的结果如何？闭幕在即，中国体育健儿已夺得46块金牌。哈哈，今朝一笑：我能赢呀！

诚然，我们还有不少教训需要反思，还有很多项目技不如人，刘翔的伤退留下无尽遗憾，中国男足让人失望伤心……但是，谁也不能否认，中国高居榜首的金牌所具有的象征意义：它凝聚着中国的信心，见证着中国的力量。

中国的信心，来自灾难深重中看到希望、看到光明，落后受辱时卧薪尝胆、苦修苦行，敌人炮火下众志成城、万众一心，失败挫折中迎难而进、善于学习，8级地震后"四川加油""多难兴邦"。诚如佛教经典所说：应以善法，扶助自心；应以妙法，沉静自心；应以精进，坚固自心；应以忍辱，卑下自心；应以禅定，清净自心；应以智慧，明利自心；应以平等，广博自心；应以无所畏，明照自心。奥运繁华过后，让我们沉静、坚固自心。回顾上半年，我国经济社会发展经受了近几年最为严峻的挑战和考验。面对国际经济环境的重大变化和国内严重自然灾害的突然冲击，全党全国各族人民万众一心，在党中央、国务院的坚强领导下，深入贯彻落实科学发展观，坚持一手抓抗灾救灾，一手抓经济社会发展，国民经济保持了平稳较快运行。展望下半年，国际环境更趋复杂严峻，不确定不稳定因素增多，面对复杂多变的局面，更需要我们增强战胜困难的信心，总是保持着奥运夺金的那么一股子信心和气势，一心一意搞建设，聚精会神谋发展，继续保持经济社会发展的好势头。

中国的力量，就是抗击外辱时不屈的力量，挑战磨难时坚强的力量，骤遇天灾时团结的力量，国家崛起时自豪的力量，屹立全球时包容的力量。来自四川的邹凯和队友一起勇夺男子体操团体金牌后说："我特别想把这枚金牌和父老乡亲一起分享。在那些危难时刻，他们表现了不屈不挠、众志成城的精神，这一切让我觉得，身为一名四川人，时时刻刻充满力量！"随后，"充满力量"的邹凯在自由体操和单杠决赛中再夺两枚金牌。从邹凯等奖牌获得者和更多的虽落后仍顽强竞争者身上，从用自己瘦弱的身躯保护奥运圣火的残疾女孩金晶身上，从为奥运默默奉献的建设者、志愿者、警卫者、工作者、舞者、歌者身上，从无数的抗震救灾英雄身上，我们无不在见证中国的力量。

信心和力量，是这几天大家数着金牌讲得最多、感受最深的。我们不为金牌而陶醉，要为信心和力量所鼓舞。奥运过后，更广义的比赛在展开。在中国确保全年经济社会又好又快发展的奋斗中，在国与国之间经济力、科技力、创造力、执行力和凝聚力的竞争中，我们照样有信心、有力量夺得金牌。中国一笑：我能赢呀！

（三）千年一叹："我能比呀"

80 年前，奥林匹克在中国曾被译为"我能比呀"，这岂止是翻译的奇特？

1896 年，第一届奥林匹克运动会在希腊举行时，正当西方蓬勃发展、全面崛起，中国走向衰落、被人欺凌。世界的那一边，在热热闹闹开奥运；世界的这一边，却是"春愁难遣强看山，往事惊心泪欲潸。四百万人同一哭，去年今日割台湾"（丘逢甲《〈马关条约〉周年祭·春愁》）！

1900 年，第二届奥运会在巴黎举行时，慈禧太后正偕光绪帝仓皇出逃，北京在 40 年内第二次落入侵略者魔爪。

1928 年，也就是 80 年前，奥运会开到第九届了，积贫积弱的中国方才派代表去"观摩和欣赏"。面对阿姆斯特丹壮阔的开幕式，观摩团副代表宋如海反复吟哦 Olympic 和 Olympia，一句汉语脱口而出，"我能比呀"！两年后，商务印书馆出版了宋如海的《我能比呀——世界运动会丛录》。书中写道："'我能比呀'虽系译音，亦含有重大意义。盖所以示吾人均能参与此项之比赛。但凡各事皆需要决心、毅勇，便能与人竞争。"

但是，果然"吾人均能参与此项之比赛"，"能与人竞争"吗？1932 年第十届奥运会在洛杉矶举行时，刘长春四处借钱辗转前往，"一个人的奥林匹克"孤单而悲壮。比赛结束后，他无钱返家，也无家可归，家已被日本侵略者铁蹄踏碎。看着人家的运动员上台领奖，举国欣喜若狂，刘长春欲哭无泪，只能对天长叹:"我能比呀?"

弱国无外交,弱国无尊严,弱国当然也与奥林匹克无缘。"我能比呀",是感叹,更是警醒;是悲哀,更是希望;是呐喊,更是鞭策。百年拼搏,中华民族站起来了。经过半个多世纪的奋斗特别是近30年的改革开放,中华民族发展起来了。尽管从刘长春孤独地站在起跑线上,到许海峰射落奥运金牌,花去了中国人52年时光,但那一声枪响,分明是在向世界自豪地宣告:"我能比呀!"

直到2000年悉尼奥运会,中国一举夺得28枚金牌,金牌总数紧随美国和俄罗斯之后,排在第三位。2004年的雅典赛场,中国更是以32枚金牌终于向世界无可置疑地喊出:"我能比呀!"

曾记否,当萨马兰奇口中的"Beijing"一词响彻莫斯科时,中国沸腾了!长久的等待化作顷刻间喷薄而出的激情,耀亮了中国的夜空。那一夜,北京无眠,中国无眠。从那一夜开始,准备了7年,期待了7年。不仅是"我能比呀",还要"来我们这里比呀"。北京欢迎你,请来这里比出平等、尊重、团结、友爱,比出顽强拼搏、公平竞争和团队精神,比出超越地域、种族的人类和谐发展,比出"更快、更高、更强"的同一个梦想!

"奥运会将是一个喜悦时刻,也将是一个轻松时刻,中国人从此应如释重负,卸去'我不如人'的历史包袱,真正自立于世界民族之林。""中华民族的本性是十分善良、十分好客的,愿意把自己的心掏出来给别人看,人家是会体会到的。"① 在奥林匹克大步向我们走来,中国伸出双臂热情拥抱她的时候,回味当年把奥林匹克称为"我能比呀",哪里是翻译的奇特,原来蕴含着中华民族的百感交集、千年一叹!

---

① 见2008年8月3日新华社特稿:《何振梁看奥运:中国人精神自立的起点》。

（四）那一夜，中国文化感动世界

气势恢宏的北京奥运会开幕式美轮美奂，令人震撼。国内外各界人士赞赏之声不绝于耳，余音绕梁。

场面之所以动人心魄，好评之所以如潮汹涌，一方面在于中国风采的展现有奥林匹克这个大舞台，有奥林匹克旗帜下浓缩的全球文化交流的大背景；另一方面，短时间内既能够展现自我又能够感动他人，盖源于开幕式独具匠心的创意设计，源于开幕式大气磅礴的表演展示，源于以中华文化内在核心价值为底蕴的中国元素给全世界带来的惊喜、震撼和感动。

奥运会给了中国文化一个在世界舞台展现自己的机会。开幕式的成功不仅证明了我们办好奥运的智慧和能力，更彰显了悠久灿烂的中国文化能够倾倒世人、震撼世界。中国文化中最美的画卷穿越时空，浓缩凝练于奥运之夜。那一夜，古老深邃的华夏文明是世界文化宝库中最浓墨重彩的一笔；那一夜，正在走向世界的现代中国是世界民族之林中最璀璨耀眼的一个；那一夜，每一个中华儿女都欢欣鼓舞，心潮澎湃；那一夜，每一个炎黄子孙都倍感骄傲，引以为荣；那一夜，世界读懂了我们；那一夜，我们感动了世界。

在一片叫好、感动之中，也引出思考、带来启发：在我们这个蓝色星球上，诸多文化各具特色，争奇斗艳。有的文化在历史长河中渐渐消弭；有的文化则在世界舞台上风头正劲；有的文化之间和谐相处，乃至交融共通；有的文化之间却龃龉不断，甚至势如水火。在全球文化交流的大背景下，我们如何重新认识中国文化的价值？中国文化在全球文化交流中又该以何种姿态出现，体现何种文化价值？

在不同文化交往中，要有包容、尚"和"的"求同"理念
在全球文化交流中，无论各种不同的文化有怎样的不同，"不同"之中一定蕴含"大同"，这才是感人、动人的基础。唯有善于认"同"，才能美人之美，美美与共。而这"同"，又要用不同的方式、不同的特点去表达、去展现，才能更有效、更感人。北京奥运会的主题高唱"同一个世界，同一个梦想"，这个"同"是什么呢？就是奥运会开幕式所展现的一个"和"字。用国际奥林匹克的理念表达就是"和平、友谊、多元、共赢"。开幕式留给世人印象最深的，就是中国文化核心价值——"和"。"礼之用，和为贵，先王之道斯为美"啊。中华文化核心价值的"和"的理念，正是人类最真、最善、最美的共同追求。20 世纪 30 年代，英国著名哲学家罗素在他的《中国问题》一书中就写道："中国至高无上的伦理品质中的一些东西，现代世界极为需要。这些品质中我认为和气是第一位的。"这种品质"若能够被全世界采纳，地球上肯定会比现在有更多的欢乐祥和"。哲人其萎，其言犹存。奥运主题歌"采纳"了它，果然就带来"更多的欢乐祥和"。

中华文明追求"天人合一，万物相融，众生和睦"的"太和"境界。"和"是中国历史文化的特征向量，古代先哲的生命信仰和思维基础。"和"的思想反映了事物的普遍规律，因而能够与时俱进、与时俱丰。中国的儒、释、道思想中都含有"和"。儒学强调"和谐世界，以礼相待"；佛教主张"和谐世界，从心开始"；道教认为"和谐世界，以道相通"。中国普通老百姓家里挂的匾，"一团和气""和气生财""和气生辉"，也是"和"。和气、和睦、和平、和谐，中国无处不讲"和"。正在努力构建和谐社会的中国，真诚地呼吁、热烈地期盼共建"和谐世界"。这是"内和乃求外顺，内和必致外和"的逻辑延伸，是一个有深厚文化底蕴的古老民族发自内心的"千年一叹"。而奥运开幕式，全球 204 个国家和地区齐聚一堂，共同欢笑、共同见证"和谐"，鸟巢体育场成为"和谐世界"的凝练和缩影。

"我和你，心连心，同住地球村，为梦想，千里行，相会在北京。来吧！朋友，伸出你的手，我和你，心连心，永远一家人。"奥运的主题歌，顷刻间以全人类的共同心声，感动了全人类。唱的正是"同"，是简单明了的"大同"，更是包容尚"和"的"求同"；咏的正是"和"，是温良敦厚的中华之"和"，更是协和万邦的天地之"和"。

在不同文化相遇中，须有独立、豁达的"存异"精神

"存异"当然首先是要保留自身的特质，尊重本国的独特文化，传承本国的优秀文化。中华文明源远流长，一脉相承，值得每一个炎黄子孙为之骄傲自豪。古代中国向来被称为衣冠上国、礼仪之邦、文明古国，在文化上充满自信。然而随着近代中国的衰落，一些人逐渐失去了对传统文化的自信，妄自菲薄、崇洋媚外，甚至到了数典忘祖的程度。以中国元素为特色的奥运会开幕式的成功，可以成为国人抛弃文化自卑、重拾文化自尊的新起点。

奥运会开幕式向全世界诠释了华夏文化的代表符号，展示了中华文化的内在魅力。奥运会开幕式，激励我们更加自尊自信、自强不息。历史的经验告诉我们，中华民族在进行世界文化交流的历史进程中，一般都能够做到海纳百川、有容乃大，但也曾经妄自尊大、故步自封；一直以来基本都拥有文化自信、文明自豪，但也曾经心怀自卑、妄自菲薄。历史的教训也激励我们，要以珍爱而又客观的态度来看待中国文化，以自信而又谦逊的精神来推动中国文化在世界文化交流中发挥独特而积极的作用。未来我们应更加自尊自信、自强不息。

"存异"也须有尊重、豁达的修养和度量。中国文化只有在世界文化中，以包容、和谐的姿态参与交流，才能够更好地发挥自我，才能更好地贡献世界。我们常讲求同存异，但"同"本难"求"，"异"更难"存"。在奥运主题曲《我和你》这首歌中，那静水流深的"存异"，中国元素含而不露；保留特色的"存异"，四平八稳不事张扬；善于"求同"的"存异"，既是中国的更是世界的，轻轻地就让你找到了那"同"，感动于那"同"。

"存异"要能推己及人，理解、尊重世界上的其他文化，尊重和维护世界文明和文化的多样性，"各美其美""美人之美""美美与共"。不同文化之间应互相包容、共生共长，而不是相互排斥、非此即彼、唯我独尊、扩大差异、制造矛盾，彼此敌视。不同文化之间应在保留、尊重差异的前提下追求和谐。既要"求同"又要"存异"。在中华民族几千年的文明交往史上，少有文明之间的互相蔑视、彼此践踏，多是互相尊重、彼此欣赏；少有文明之间的以大欺小、弱肉强食，多是有容乃大、海纳百川；少有与其他文明之间争个高低优劣、生存竞争，多是相互平等、和合共生；少有文明之间的孤芳自赏、一枝独秀，多是互补共荣、百花齐放。

费孝通先生说："从总体上说，人类文明的多样性，是各个文明得以'不朽'的最可靠的保证。一种文明、文化，只有融入更为丰富、更为多样的世界文明中，才能保证自己的生存。……文化上的唯我独尊、故步自封，对其他文明视而不见，都不是文明的生存之道。只有交流、理解、共享、融合，才是世界文明共存共荣的根本出路。不论是'强势文明'还是'弱势文明'，这是唯一的出路。"从这个角度讲，"求同"与"存异"是统一的，"求同"必先"存异"，"存异"亦需"求同"，在同中"存异"，在异中"求同"。

那一夜，世界聚焦中国，中国感动世界。繁华渐去，却留给我们长久的回味和思考：在全球文化交流背景下，如何重新认识中国文化的价值？这就是：求同存异、开放自信，自强不息、善于学习，以和为贵、厚德载物。正如那一夜的礼花喷射出的一个个巨大脚印一样，已经开始走向世界的中国文化将会一步一个脚印，越走越远，无远弗届。

（五）上海世博之夜抒怀

上海世博会隆重开幕。美轮美奂，如梦如幻，令人叹为观止，心潮澎湃。

曾"以抚摸方式"参观了1893年芝加哥世博会的美国盲人作家海伦·凯勒，在其《假如给我三天光明》的传世名篇中深情地写道，如果给我三天光明，我会把第三天留给博物馆，因为在那里，会有世界的光明，会看到世界的未来和希望。假如海伦还活着，假如她还能"抚摸"今天的上海世博会，假如她知道100多年后的世界果然如此充满光明和希望，她的眼睛里一定饱含着深情的泪水。

世博会历来是人类文明成果荟萃的盛会，是见证人类文明发展的驿站，是闪耀全球智慧、聚焦国际视野、启迪人们心灵的殿堂。但是，近代以来一度内忧外患、积贫积弱的中国，却只能在梦中办世博会。中国早期改良主义代表人物郑观应第一次提出上海举办世博会的主张，这在当时只能作为耸人听闻的"危言"。1910年，一位叫陆士谔的青年创作了幻想小说《新中国》，虚构了100年后在上海浦东举办万国博览会的情景，这在当时也只能是虚无缥缈的"笑谈"。但是，果然在"新中国"（如此准确的界定），果然在100年后，果然在上海，世博会隆重开幕了（如此准确的预测）。假如这位青年还在世，他的眼睛里一定也饱含着深情的泪水。

上海世博会开幕的这一夜，更多的人热泪盈眶——

毕竟是世界上一个人口最多的大国第一次举办世博会。

毕竟是发展中国家第一次举办世博会。

毕竟是参展国家和国际组织第一次达到246个的数量最多、盛况空前的世博会。

毕竟是展示着中华民族发展的"成长史"，象征着中华民族新生的"成人礼"，体现着中华民族以崭新的风貌自立于世界民族之林的，分明感受到"民族复兴"脉动的世博会。

中华文明是四大古文明中唯一不曾中断的文明。美国学者费正清认为这种"制度和文化的持续性，曾经产生了体现为气势澎湃和坚守既定方针的惯性"。外来者只有尊重和适应这种特征，才能在中国立足，与"天朝上国"一起，分享"万国衣冠拜冕旒"的古老荣光。但曾几何时，这种惯性成了不可救药的惰性。封闭就要落后，落后只能挨打。还是那位郑观应，只能长歌当哭，以诗言愤："一自海禁开，外夷势跋扈，鸦片进中华，害人毒于蛊。铁舰置炸炮，坚利莫能拒，诸将多退怯，盈廷气消沮。割地更偿费，痛深而创巨，何以当轴者，束手无建树?"

痛定思痛，悲欣交集!

所以，胡锦涛总书记庄严地告诉世界："上海世博会将向世界展示一个拥有 5000 多年文明历史、正在改革开放中快速发展变化的中国，搭起中国学习借鉴国外先进经验、同世界交流合作的桥梁。"

所以，温家宝总理深情地回答网友："中国人向往世博会，我们确实把这件事情当作一件大事来办。"

所以，贾庆林主席热情地欢迎宾朋："让我们共同见证中国 2010 年上海世博园的荣耀。"

这一夜，多少人心潮澎湃……

"风虽然在吹，山却是不会动的。"正在复兴之路上阔步前行的中华民族，就是大山。

"海纳百川，有容乃大。"正在深化改革、扩大开放、快速发展变化、乐于善于向世界学习的社会主义中国，就是大海。

请到上海世博会来，感受大山的品格，大海的胸怀。

浅析中国精神^①

2014 年 5 月 30 日，在中国人民大学逸夫会堂，我以《民族复兴中国梦的文化根基与价值支撑》为题，为光明日报社主办的"核心价值观百场讲坛"做首场报告。

今天"核心价值观百场讲坛"我来开讲，抛砖引玉。玉在哪里？玉在后面一场一场的讲座里，玉在今天听讲的各位老师、同学和网上的朋友那里。在座的各位都是"人人握灵蛇之珠，家家抱荆山之玉"。我今天很荣幸来讲"民族复兴中国梦的文化根基与价值支撑"。这个题目有一点难，我从三个方面来讲。第一，三君子问出"文化焦虑"。第二，中国梦呼唤"文艺复兴"。第三，富起来更要"厚德载物"。

三君子问出"文化焦虑"

第一个是黄炎培之问：我生 60 多年，耳闻的不说，所亲眼看到的，真所谓"其兴也勃焉，其亡也忽焉"……都没能跳出这周期率的支配力……中共诸

① 光明网记者章丽鋆、蒋正翔整理，原载于《光明日报》2014 年 6 月 4 日第 5 版。原题目为《民族复兴中国梦的文化根基与价值支撑》。

君如何找出一条新路？第二个是梁启超之问：郑和下西洋乃"有史以来，最光焰之时代"，"而我则郑和之后，竟无第二个郑和"？第三个是李约瑟之问：如果中国的朋友们在智力上和我完全一样，为什么直到中世纪中国还比欧洲先进，后来却会让欧洲人着了先鞭呢？怎么会产生这样的转变呢？

何来文化焦虑？

三君所问，无不凝聚折射着文化焦虑。人无文化，浮躁浅薄，难免"其亡也忽焉"。文化涵养，有助于跳出"人亡政息"的周期率。民无文化，行也不远，当然"竟无第二个郑和"。文化繁荣，催生着"江山代有才人出"的新局面。国无文化，急功近利，能有几个人愿意锲而不舍地艰苦创业？文化底蕴，才能孕育以爱国主义为核心的民族精神和以改革创新为核心的时代精神。

三君子所问，我认为根本答案就在二字，文化！

三君子问出了文化焦虑。他们焦虑什么呢？中国是最有文化的，先秦诸子、汉唐气象、宋明风韵……五千年文脉涵养出泱泱中华，多元一体的中华民族创造了万紫千红的文化。

那何来文化焦虑？近代以来，中国沦为半殖民地半封建社会。古国蒙羞，生灵涂炭，国将不国，文化安在？

可是中国人一直就没有停止过追求民族复兴、追求文化强国的梦想。只有新中国成立，站起来的中国人民才能改天换地，才能自己穿上一件新的衣服。可是一穷二白，还是挥之难去啊！我是新中国成立后长大的，记得50年代"大跃进"我们意气风发，赶英超美，拼命干啊。可是毛主席还是沉痛地说，我们一为"穷"，二为"白"。"穷"就是没有多少工业，农业也不发达。"白"就是一张白纸，文化水平、科学水平都不高。毛主席着急啊！

文化荒漠立不起伟大民族

建设军事强国、经济强国，还要建设文化强国，这是几代中国人的强国梦。在文化信念的荒漠上，立不起一个伟大的民族。今天习近平总书记提出民族复兴的中国梦，这个梦要有文化的根基，要有价值的支撑。

经过 30 年的改革开放，"穷"的帽子大体甩掉了，但是"白"呢？外人看我说穷，都惊讶地睁大眼睛。几年前我去香港出差，女儿让我买一个 LV 包。一看价格一万二，我说这么贵，是不是多写了一个零，我就犹豫：买吗？尽管我是个部级干部，工资也不低，如果买，一个月工资没了，如果不买回去，怎么交代呢？正犹豫，旁边来了一个人，衣服还扣错了，说"拿十个"，看都不看，钱一甩，就走了。我问老板，这是什么人，你们商店都是什么人来得多？他说，前些年是日本人，后来是台湾人，他们钱多。可这两年都是内地的，最近来的全是 10 个 20 个拿。我说这是哪里的人呢？这是山西的煤老板。（全场笑）

可是，外人观我治"白"，却不屑地耸耸肩膀。撒切尔夫人，她不像现在的卡梅伦那么客气。中国对英国的出口贸易量大，她说那有什么呢？中国注定成不了强国，出口了那么多电视机，出口过一部电视剧吗？这就戳到我们的软肋了。我们的电视剧很多，这些年开始出口了，前些年可没有出口。但是电视剧题材一窝蜂，一会儿都是清朝格格那点事儿，有段时间全是反间谍片，而且间谍一定是美女。这些片子怎么出口呢？所以外人觉得我们的文化还不太行。

但不管外人如何看我们，我们不必妄自菲薄。我们的文化建设已经出现了发展里程碑。现在文化基础设施大为改善：广播电视村村通，文化站到处都有，农村电影到处放，还有很多农村书屋，是世界第三大电影生产国、第一大电视剧生产国、出书数量第一。可是，我们还算不上文化强国，我们的文化还是繁而未荣啊！

文化上"人强我弱"要改变

现在，文化强国不仅是梦想、期待，还是具有紧迫性的强烈需求了。向外看，经济上的"人强我弱"变了，文化上的"人强我弱"也要改变。江泽民同志说，必须把弘扬和培育民族精神作为文化建设极为重要的任务。胡锦涛同志指出，全面建成小康社会，实现中华民族伟大复兴，必须推动社会主义文化大发展大繁荣，掀起社会主义文化建设新高潮。习近平同志讲，中华民族创造了源远流长的中华文化，中华民族也一定能够创造出中华文化新的辉煌。

大家知道，当人均 GDP 低的时候，主要是物质文化需求。我是 20 世纪 50 年代出生的。那时候谈恋爱，女孩穿军装就美得不行了。我太太穿了一套军装，我就开始追求她。今天看在座的女孩子，哪个衣服一样了？都百花齐放了嘛！你满大街去找，能找到两个一样的吗？找到就说今天撞衫了，回去换一件。（全场笑）

我们的精神生活需求是越来越厉害。我们富了吗？我们富了。但我们中国是文明古国，书香门第，再富也不能浮躁。沉静、从容、大气、平和，有其境界，是文化大国的气质。不应该有了钱就狂了、疯了，不知道该怎么办了。（全场笑）

文化啊文化，三君所问，今天还在撞击着我们的心灵！

中国梦呼唤"文艺复兴"

中国在现代化浪潮中的崛起有数可算。连续 30 多年保持平均 9.8% 的速度增长，这在世界上没有过。现在经济下行的压力已经来了，各种问题扑面而来，让人应接不暇。经济增速的换挡期，结构调整的阵痛期，要保证经济持续、良性增长，整个国家必须有一股精气神，必须保持持续振奋的民族精神和旺盛的创新活力，必须团结奋进，所以实现民族复兴中国梦一定要有文化根基和价值支撑。

中国梦为什么呼唤文艺复兴？人类文明进步的历史充分证明，没有先进文化的积极引领，没有人民精神世界的极大丰富，没有全民族创造精神的充分发挥，一个国家、一个民族不可能屹立于世界先进民族之列。

同学们都知道文艺复兴。今天世界的现代化起源于数百年前西欧历史上发生的一场持续 200 余年的文艺复兴运动。文艺复兴把"人"从"神"的束缚中解放出来，把生产力从封建社会的束缚中解放出来，带领西欧走出中世纪的蒙昧和黑暗，迎来了现代文明的曙光。

文艺复兴"后遗症"

文艺复兴真的很伟大，但是我们也不能不承认文艺复兴之后解放了的人有一点儿膨胀，搞得人与自然的关系紧张，人与人的关系也紧张了。

比如，人与自然关系的紧张。天、地、水、空气，是人类生存最基本的要素。现代工业文明彻底打破了自然的和谐与宁静，人类成了自然的主人和敌人。

我们糟蹋老天，对着天疯狂地吹，温室效应不断加剧，使世界气象组织发出警告。但存方寸地，留与子孙耕。绿水青山，就是金山银山。然而我们的地怎么样了？生态恶化，粮食紧张，水源污染，鱼死滩头……

讲到空气，北京人感受最多的就是雾霾。我前几天去广东出差，听到广东的同志说："你们好好工作，不好好工作调你们到北京去。"（全场笑）

客观上看，有个"环境库兹涅茨曲线"，讲环境退化和经济增长的关系。在经济增长的前期阶段会使环境遭到破坏，到一定的拐点，经济质量提高了，人均收入增长了，环境就开始得到保护，环境污染会由高趋低。

据说，美国是 11000 美元才拐，日本 8000 美元就拐了，德国 7000 美元就拐了，我们 4000 美元就开始考虑拐了。我们现在正处于 4000 美元到 10000 美元的爬坡阶段，处于倒 U 形曲线的左侧，即增长要以加速整体生态环境恶化为代价的阶段。而中国生态环境脆弱，资源相当紧缺。我们只能选择一条发展道路：在保持经济增长势头的同时延缓和尽量避免整体生态环境的恶化，并尽可能地节省能源。你看中国办点事难不难？

再比如，人与人关系的紧张。《共产党宣言》里说："资产阶级撕下了罩在家庭关系上的温情脉脉的面纱，把这种关系变成了纯粹的金钱关系。"当代西方社会在从"现代社会"向"后现代社会"转型的过程中，"上帝之死"带来了信仰迷茫和精神焦虑。当代中国社会在向现代化转型的过程中，也出现了某些"远离崇高"和"信仰缺失"的精神现象。文艺复兴极大地解放了"人"，但"人"又付出了极大的代价——文艺复兴使"人"从神的束缚中解放出来，之后人又被神化、异化。

"新的文明复兴"，中国应该有所作为

出路何在？一场新的"文艺复兴"，我将其称为"新的文明复兴"，已躁动于时代的母腹，呼之欲出。这场"新的文明复兴"，要把过度膨胀的人还原为一个"和谐"的人，要建设一个人与自然和谐、人与社会和谐、人与人和谐的新的"和谐世界"。

中华民族的文化传统，因应着这个时代要求。英国的历史学家汤因比说过，"避免人类自杀之路，在这点上现在各民族中具有最充分准备的，是两千年来培育了独特思维方法的中华民族"。

什么独特思维方法？就是天人合一，允执厥中，仁者爱人，以和为贵，和而不同，众缘和合。其核心，就是"和"。"礼之用，和为贵，先王之道斯为美。"人类文明的交汇已走到量变到质变的临界点，人类危机呼唤人本主义在否定之否定意义上的继承和发扬。中华民族实现民族复兴的伟大进程，肩负着推进一场"新的文明复兴"的时代使命。迎接这场并不逊色于历史上的文艺复兴的、新时代的"文艺复兴"，中国应该有所作为。

富起来更要"厚德载物"

周虽旧邦，其命维新。富起来更要"厚德载物"。民族复兴中国梦要有价值支撑。习近平同志特别强调指出，人类社会发展的历史表明，对一个民族、一个国家来说，最持久、最深层的力量是全社会共同认可的核心价值观。它承载着一个民族、一个国家的精神追求，体现着一个社会评判是非曲直的价值标准。

核心价值观在家国情怀中

在中国，说不完道不尽的，正是家国情怀。史书万卷，字里行间都是"家国"二字。无论社会变迁沧海桑田，不管乡野小农高官巨贾，人皆知"万物本乎天，人本乎祖"的规则，都遵循"敬天法祖重社稷"的古训。

"家是最小国，国是千万家"，"我爱我的国，我爱我的家"。有一个情感是共同的，"为什么我的眼里常含泪水，因为我对这片土地爱得深沉"。中华民族同样属于一个伟大的、不可替代的族群。凝聚我们这个历久弥新的伟大国度的精神资源之一，同样是那永不衰竭的家国情怀。

未有我之先，家国已在焉；没有我之后，家国仍永存。多少沧桑付流水，常念家国在心怀。如此，每个中国人短暂而有限的生命，便融入永恒与深沉的无限之中，汇集成永续发展永葆青春的动力。"家"在"国"中卿卿我我，吉祥如意；"国"在"家"中生生不息，兴旺发达。核心价值观就在我们的心中，就在家国之中。民族复兴中国梦，一定要有核心价值观的支撑！

核心价值观要对症下药

党的十八大报告从三个倡导提出积极培育践行社会主义核心价值观。中央发布《关于培育和践行社会主义核心价值观的意见》，标志着我们从讨论核心价值观到开始践行的飞跃。核心价值观要变成基本动力，要有完备的理论体系，也要有更凝练的观点，才能形成基本动力。

要怎么凝练呢？要接地气，必须植根于中国传统文化，同时你要有活力，要吸收世界的创新。这里面的核心无非是要解决公和私、人和己的关系。核心价值观的要害是要处理好市场经济中公和私、人和己的关系问题——道德问题，要对症下药，对症施治。

中国是最守诚信的国家，可是一个有着诚信悠久传统的民族，在发展市场经济中遇到了诚信缺失症的难题。对于发展市场经济中社会上出现的道德沦丧、信任缺失、腐败时现的现象，如果整个社会的核心价值观不能对症下药、刮骨疗毒，而任其病入膏肓束手无策，就没有说服力，缺乏生命力。搞市场经济不是搞市场社会，使市场在资源配置中起决定性作用，不是使市场在社会生活中也起决定性作用。

国无德不兴，人无德不立。市场经济无德，也搞不好、搞不成。"地势坤，君子以厚德载物。"中国特色社会主义之所以能席卷而来，浩浩荡荡，其特色之一，就是能以"厚德"载市场经济。所以核心价值观建设在道德问题上聚焦，道德问题在市场经济发展中凸显。市场经济中的道德问题，尤以信用缺失症为重，所以我想讨论市场经济中的信用缺失症的诊和治。

信用缺失症四大症状

这是一种病，我们现在诊断一下，望、闻、问、切，看到了它的四种表现：一切向钱看，信用缺失症在细胞滋生；有钱啥都干，信用缺失症向肌体蔓延；权钱做交易，信用缺失症使器官腐败；为钱可逆天，信用缺失症让大家疯狂。

致富是大家的期盼，穷病穷病，都是穷出来的病，但是富怎么也出来病呢？改革开放极大地根治了穷病，但不能"富得只丢掉了魂，穷得只剩下钱"哪！不能搞得大家都心浮气躁不思进取、心烦意乱不知所从、心高气傲欲壑难填哪！

信用缺失症使器官腐败。我们大多数的干部都是兢兢业业的，但是不能不正视腐败之风已经严重侵蚀我们的党政干部队伍，总不能"老虎遍地有，苍蝇满天飞"。所以在依法严惩腐败的时候，坚持"老虎""苍蝇"一起打的同时，必须建立"不想腐、不能腐、不敢腐"的机制，必须解决有效的道德调节问题。

市场经济下的道德调节问题

无论东方西方，无论已"后现代化"还是在努力实现现代化，都面临一个共同的问题——市场经济条件下的道德调节问题。

我曾与国学大师南怀瑾有一个对话：现代化使人们的物质生活水平普遍提高，可精神世界却缺少了观照。现代的人们拥挤在高节奏、充满诱惑的现代生活中，人心浮躁，缺乏安宁。大家好像得了一种"迷心逐物"的现代病。如果失落了对自身存在意义的终极关切，人靠什么安身立命？问题是现代化和市场经济不断放大满足安身立命的基本约定，刺激、放任个体对物质享受的过度追求。于是，"天下熙熙皆为利来，天下攘攘皆为利往"。近利远亲、见利忘义、唯利是图、损人利己甚至"要钱不要命"的道德失范现象，在生活提高、人类进步的现代化浪潮中沉渣泛起。

市场经济有两个基点，每一个经济主体都追求利润的最大化，这是资本的本质；每一个现实的个体都追求利益的最大化，这是自私的本性。社会转型带来了信任模式的断层，许多不道德、不诚信的行为与市场经济中的不规范、不发达相伴相生。社会运行机制失当也给社会信任机制带来负面影响。

市场经济是好东西，能推动社会生产力的发展，有巨大的进步意义。但是市场经济的道德调节有明显局限性：它本身是不分善恶的。市场经济要逐利，就管不了那么远，管不了整体利益、长远利益，于是，人类日趋严重的"生态伦理问题"就出来了。

市场经济对道德是"二律背反"。一方面，资本追逐利润，个人追求物质利益，导致拜金主义——排斥道德；另一方面，社会整体追求公平、正义，市场规则要遵守，道德要自律——要求道德。这个病就难治了。

诊治信用缺失症的六味药

我今天先开出六味药，当然更寄希望于"核心价值观百场讲坛"后面那么多大家一起来群策群力。

第一，要法治。不受制约的权力难免腐败，绝对不受制约的权力有可能绝对腐败。习近平总书记强调："党领导立法、保证执法、带头守法。"只有这样，才能把权力关进制度的笼子里，使各级官员都经得起市场经济的诱惑和考验。常修为政之德，常思贪欲之害，常怀律己之心，在市场经济的考验中继续成为全心全意为人民服务的道德模范。如此，群众对我们的干部才能"譬如北辰，众星共之"。

第二，要规治。十八大报告提出，深入开展道德领域突出问题专项教育和治理，加强政务诚信、商务诚信、社会诚信和司法公信建设。要让"骗子过街人人喊打，信用不良寸步难行"。

第三，要德治，自己管住自己。康德说过，有两样东西一直让我心醉神迷，那就是头顶的星空和内心的秩序。内心的秩序是什么？今天就是要倡导爱国、守法、敬业、诚信，要构建传承中华传统美德、符合社会主义精神文明要求、适应社会主义市场经济的道德和行为规范。提倡修身律己、尊老爱幼、勤勉做事、平实做人，推动形成"我为人人、人人为我"的社会氛围。

第四，要心治，最难治的病是心病。和谐世界，从心开始，最难的就是这个心。1989年我在《中国社会科学》杂志发表长篇论文《变革中的社会心理》，结论很清晰，经济快速增长引起紧张，高度紧张造成焦虑。现在大家脾气很大，所以要心治。佛教讲"心安则众生安，心平则天下平"，可供我们借鉴。

第五，要综治。这是关键。市场经济对道德的"二律背反"，需要自律，需要互律，需要他律。我们要加大政府自身的改革，推进政治文明进程；我们要提高法的公正性；我们要进一步完善市场经济体制，要加大对市场的监管力度；我们要提高"合力"的作用。互律也好，他律也好，关键是自律。我们要使有德的人多起来，道德的土壤厚起来，厚德载物，厚德载市场经济。

第六，要长治。长效药在哪里？我写了一篇文章《让道德成为市场经济的正能量》，发表在2014年4月17日的《光明日报》头版头条上。中华民族作为一个有着深厚文化传统的伟大民族，在走向现代化、建设社会主义市场经济的过程中有没有办法化解市场经济的道德悖论？

习近平同志指出：中华文明积淀着中华民族最深层的精神追求，代表着中华民族独特的精神标识，为中华民族生生不息、发展壮大提供了丰厚滋养。这段论述使我们眼前一亮：化解市场经济自发运行的道德悖论，不妨在市场经济发展中激活中华民族的精神基因。中华民族的精神基因在哪里？在传统文化里。但传统文化、传统道德过去没有、现在也不能把我们带进现代化。就此，习近平同志又指出，要加强对中华优秀传统文化的挖掘和阐发，努力实现中华传统美德的创造性转化、创新性发展。

总之，我们应该尝试，在唯物史观的指导下，激活中华传统文化的优秀精神基因，成功结合资本的冲动与诚信的构建，建立适应社会主义市场经济的道德和行为规范。当这个价值观的大问题基本解决了，当大家都富起来，且人人皆君子，就可以"君子以厚德载市场经济"。

今天围绕《民族复兴中国梦的文化根基与价值支撑》这个题目，我从三个方面谈了自己的学习体会，抛砖引玉，敬请批评。（**全场掌声**）

叩问道德——由问题引发

《光明日报》2014年4月17日的头版头条发表我的文章《让道德成为市场经济的正能量》，包括两个部分：

——从"厚德载物"到"厚德载市场经济"；

——中华美德的创造性转化与创新性发展。

如何从中华优秀传统文化中汲取培育和弘扬社会主义核心价值观的丰厚滋养，化解市场经济中的道德悖论，使道德成为市场经济的正能量，这是一个重大的理论问题和现实问题。

从"厚德载物"到"厚德载市场经济"

习近平总书记在中央政治局第十三次集体学习时的讲话中指出，"历史和现实都表明，构建具有强大感召力的核心价值观，关系社会和谐稳定，关系国家长治久安"，"一种价值观要真正发挥作用，必须融入社会生活，让人们在实践中感知它、领悟它"。

市场经济不断给我们带来"财气"，也形成无所不在的"地气"。培育和践行社会主义核心价值观，不能不接好这个地气。一个以利益关系为基础的社会价值体系和作为其反应的价值观念体系，必须回应全社会的利益关切。对于发展市场经济过程中社会上出现的道德滑坡、信任缺失、腐败时现的现象，如果整个社会的核心价值观不能对症下药、刮骨疗毒，而束手无策任其病入膏肓，就没有说服力、缺乏生命力。

搞市场经济，不是要搞"市场社会"。

使市场在资源配置中起决定性作用，不是使市场在社会生活中也起决定性作用。

国无德不兴，人无德不立。市场经济无德，也搞不好、搞不成。"地势坤，君子以厚德载物。"中国特色社会主义之所以能席卷而来，浩浩荡荡，其特色之一，就是能以"厚德"载市场经济。

市场经济中每个"经济人"都追求利润最大化，由此激烈竞争，优胜劣汰，效率大增。货币成了一般等价物，价值规律驱使人们不断追求和积累商品价值。市场经济当然要讲效率。但如果"一切向钱看"，就会把精神、信仰一概物化，把诚信、道德统统抛弃。手持利益这把"双刃剑"，身处社会这个共同体，就需要坚守底线、明晰边界，有所为，有所不为。经过了个人利益的觉醒、市场经济的洗礼，如何把经济冲动与道德追求、把物质富有与精神高尚成功结合起来，检验着我们社会的文明程度，也关乎社会主义市场经济的成功程度。

诺贝尔经济学奖得主诺斯说，一个有效率的市场制度，除了需要一个有效的产权和法律制度相配合之外，还需要在诚实、正直、合作、公平、正义等方面有良好道德的人去操作这个市场。因此，在"市场在资源配置中起决定性作用"的后面，还有"良好道德的人"对市场的决定性作用。

培育和践行社会主义核心价值观，要落实到成功建立现代市场经济发展所需要的"市场伦理"，把"资本"的冲动与"诚信"的建构成功结合，形成一个与现代市场体系配套的，勤勉做事平实做人、守信光荣失信可耻的社会氛围，构建和遵循适应社会主义市场经济的道德和行为规范。

中央《关于培育和践行社会主义核心价值观的意见》明确指出："确立经济发展目标和发展规划，出台经济社会政策和重大改革措施，开展各项生产经营活动，要遵循社会主义核心价值观要求，做到讲社会责任、讲社会效益、讲守法经营、讲公平竞争、讲诚信守约，形成有利于弘扬社会主义核心价值观的良好政策导向、利益机制和社会环境。与人们生产生活和现实利益密切相关的具体政策措施，要注重经济行为和价值导向有机统一，经济效益和社会效益有机统一，实现市场经济和道德建设良性互动。建立完善相应的政策评估和纠偏机制，防止出现具体政策措施与社会主义核心价值观相背离的现象。"

让社会主义核心价值观接地气——与现代市场体系以及相应的社会结构更加紧密契合，才能够对准人们思想的共鸣点、群众利益的交汇点而生生不息，增强对广大群众的吸引力和感染力而生动活泼，进而成为人们自觉的利益诉求和价值愿望而潜移默化，成为人们世界观、人生观、价值观的总开关而无所不灵。

我们的先人们，在长期实践中培育和形成了一整套传统美德规范。中华民族历来是讲道德、守诚信、有文化自信的民族。特别是新中国成立，中国人重新站起来了，我们更感到自豪，坚信社会主义好。虽然一度有挫折、迷茫和混乱，但经过拨乱反正和改革开放 30 多年，中国经济总量跃居世界第二位，人们生活条件得到大幅度改善，国家综合实力快速进步，我们更应该讲道德、守诚信，全民族精神更振奋了。但我们现在遇到一个新的课题，即进入了市场经济这样一个推动人类进步却充满矛盾的历史阶段，物质富有起来了，为什么精神反而贫乏？道德到底该怎么搞，人有没有底线？毋庸讳言，中华民族在走进市场经济、发展市场经济的过程中，也遇到了"迷心逐物""重利轻义"的挑战和考验。发展市场经济是实现现代化的必然过程，它使人们的物质生活水平普遍提高，可精神世界却容易缺少了观照。现代的人们拥挤在高节奏、充满诱惑的现代生活中，人心浮动，缺乏安宁。欲望在吞噬理想，多变在动摇信念，心灵、精神、信仰在被物化、被抛弃。不少人好像得了一种"迷心逐物""精神缺钙"的现代病。如果失落了对自身存在意义的终极关切，人，靠什么安身立命？安身立命即"生命的安立"，作为中国文化的传统话题，不仅是儒家的追求，也是儒释道的通义。这一话题可演绎为关于生命的三条约定：热爱生命，追求幸福——这是安身立命的基本约定，也是今天现代化的动力；尊重生命，道德约束——这是追求幸福的集体约定；敬畏生命，终极关切——这是追求幸福的未来约定。现代化和市场经济不断放大、满足着安身立命的基本约定，但也难免刺激、放任个体对物质享受的过度追求，不断洗刷甚至消解追求幸福的集体约定和未来约定。于是，"天下熙熙皆为利来，天下攘攘皆为利往"，近利远亲、见利忘义、唯利是图、损人利己，甚至"要钱不要命"的道德失范现象，反而在促进生活提高、人类进步的现代化浪潮中沉渣泛起。

因此，让社会主义核心价值观接地气，必须解决好厚德载物、厚德载市场经济的问题。正如习近平总书记所说，要"引导人们向往和追求讲道德、尊道德、守道德的生活，形成向上的力量、向善的力量"，"只要中华民族一代接着一代追求美好崇高的道德境界，我们的民族就永远充满希望"。

中华美德的创造性转化与创新性发展

如何使社会主义核心价值观接地气，成为我们社会发展市场经济中的强大正能量，习近平总书记一直在深入地思考这个重大问题，记得他在中央政治局第十二次集体学习时的讲话中就指出，要坚持马克思主义道德观、坚持社会主义道德观，在去粗取精、去伪存真的基础上，坚持古为今用、推陈出新，努力实现中华传统美德的创造性转化、创新性发展。

发展市场经济，使市场在资源配置中起决定性作用，必然强化市场经济主体的利益意识、自主意识、竞争意识和创新精神，促进其个性、能力和素质全面发展，并形成与之相适应的道德品格，诸如包容、诚信、守时、互利等。这无疑是巨大的进步。但毋庸讳言，市场经济的自发运行也可能导致道德失范。

市场经济有两个基点：每一个经济主体都追求利润最大化，每一个现实个体都追求利益最大化。这两个最大化在一定意义上形成了社会生产力不断发展的动力，形成了市场经济优胜劣汰的竞争格局。但从另一个角度说，它又可能成为市场经济健康发展的阻力：如果放任这两个最大化，不进行适当的监管包括道德规范，就必然导致互相欺诈、物欲横流，市场经济的秩序就无法维持。

由此看来，市场经济的自发运行存在一种道德悖论：既排斥道德又需要道德。一方面，资本追逐利润最大化、个人追求利益最大化，可能导致拜金主义、极端利己主义等非道德现象；另一方面，市场经济的健康发展必然要求人们遵守市场规则、进行道德自律，生产力水平的提高必然要求社会公平正义、人们的道德素质普遍提高。在实践中我们也看到：社会主义市场经济的发展带来了社会生产力的解放和快速发展，与此同时，由于体制机制不健全等原因，一些经济主体拜金主义、享乐主义、极端个人主义有所滋长，部分社会成员世界观、人生观、价值观扭曲，出现坑蒙拐骗、制售假冒伪劣产品、权钱交易等种种丑恶现象。化解市场经济自发运行的道德悖论，是促进社会主义市场经济乃至整个经济社会健康有序发展的一个紧要课题。

中华民族作为一个有着深厚文化传统的伟大民族，在走向现代化、建设社会主义市场经济的过程中有没有办法化解市场经济的道德悖论？

习近平同志指出：中华文明积淀着中华民族最深层的精神追求，代表着中华民族独特的精神标识，为中华民族生生不息、发展壮大提供了丰厚滋养。这段论述使我们眼前一亮：化解市场经济自发运行的道德悖论，不妨在市场经济发展中激活中华民族的精神基因。

中华民族的精神基因在哪里？在传统文化里。但传统文化、传统道德过去没有、现在也不能把我们带进现代化。就此，习近平同志又指出，要加强对中华优秀传统文化的挖掘和阐发，努力实现中华传统美德的创造性转化、创新性发展。实现这一目标，需要持续不断地努力。

当前，可着力研究和解决三个问题。

一是在推进市场经济中激活民族优秀传统的文化基因。

亚当·斯密在《道德情操论》中，基于人性本善的假设，把源于人的同情的利他主义情操视为人类道德行为的普遍基础和动机；在《国富论》中，又把人性本恶作为经济学的前提假设，把个人利己主义的利益追求当作人类经济行为的基本动机。他提出了问题，却未能解决问题，给出的是一个"斯密悖论"。但他强调靠"人的本性"解决市场经济中道德缺失问题的思路也启发我们，其实蕴含在中国传统文化中的中华民族的"民族本性"，有巨大的能量，关键是如何在发展市场经济的新的历史条件下唤回它、激活它、放大它，使它成为强大的正能量。今天，诊治近利远亲、见利忘义、唯利是图、损人利己的道德失范现象，不妨从民族优秀的文化基因中，去找回和强化道德约束和慎终追远的定力，去增强我们民族在现代化浪潮中强身壮体的抗体，增强人们在各种物质诱惑面前的免疫机能，促使人们做到见利思义、义利并举、先义后利。

二是在推进市场经济中确保坚守共产党人的道德高地。

当市场在资源配置中起决定性作用时，执政党在领导和调配全国资源中起什么作用？不能不正视，腐败之风已经在严重侵蚀我们的党政干部队伍。中央纪委监察部对涉嫌违纪违法的中管干部已结案处理和正在立案检查的达三十多人。我们坚信，多数干部是好的，但这些数字毕竟够大了，总不能"老虎遍地有，苍蝇满天飞"。在依法严厉惩治腐败，坚持"老虎""苍蝇"一起打的同时，如何才能形成"不想腐""不能腐""不敢腐"的机制？

中国有推崇君子人格的传统。诸如"君子喻于义，小人喻于利"的谆谆告诫，修齐治平、治国安民的政治理想，"载舟""覆舟"、居安思危的忧患意识，"国而忘家，公而忘私"的精神境界，"安得广厦千万间，大庇天下寒士俱欢颜……吾庐独破受冻死亦足"的民本情怀等，这些中国传统文化的"君子之德"，与共产党人为实现共产主义前仆后继的远大理想，全心全意为人民服务的基本宗旨相契相合。党的各级干部不妨从传统的君子之德中，念好权力约束的"紧箍咒"，获得精神鼓舞的正能量，培养浩然正气。

三是在推进市场经济中实现法治与德治并举。

中国历史上，很多人主张"儒法并用""德刑相辅"。治理国家和社会是复杂的系统工程。党提出依法治国和以德治国相结合，一定程度上吸收了古人这方面的治理思想与经验。以德治国，是我们国家和民族的历史传统之一，是中华民族应该认真继承使之转化为新历史条件下进一步用好的最深厚的文化软实力之一。

不受制约的权力难免腐败，绝对不受制约的权力有可能绝对腐败。在权力运作资本的过程中，不受制约的权力，会导致普遍性腐败，甚至成为马克思主义所严厉批判的垄断资本主义，彻底走向党和人民的反面。习近平总书记强调，"依法治国首先是依宪治国，依法执政，关键是依宪执政"，"党领导立法、保证执法、带头守法"。只有这样，才能把权力关进制度的笼子里，给权力涂上防腐剂，使各级官员都经得起市场经济的诱惑和考验，常修为政之德，常思贪欲之害，常怀律己之心，在市场经济的考验中继续成为全心全意为人民服务的道德模范，群众对我们的干部，才能"譬如北辰，众星共之"。

总之，我们应该尝试，在唯物史观的指导下，激活中华传统文化的优秀精神基因，成功结合资本的冲动与诚信的构建，建立适应社会主义市场经济的道德和行为规范。当这个价值观的大问题基本解决了，当大家都富起来，且人人皆君子，就可以"君子以厚德载市场经济"，像习近平总书记所希望的那样："让13亿人的每一分子都成为传播中华美德、中华文化的主体。"

一面镜子——看足球所想①

电视天天播放南非世界杯的"豪门盛宴"。尽管我们与盛宴无缘，吃着"闭门羹"，却照样熬夜为别人喝彩。

这是人类关注度最高的一项体育赛事，当然也就是一场盛大的文化聚会。作为世界上人口最多的国家、作为经济 30 年持续增长而举世瞩目的国家、作为刚刚成功举办了奥运会且金牌总数获第一的国家、作为在二十国集团领导人峰会中不可或缺的国家，却总是缺席着世界杯。

13 亿人出不了一支足球队，怪谁怨谁？

怨亚洲人吃肉少了身体素质不行？中国的足球要从爷爷抓起，从爷爷辈就多吃肉改善体质。但近邻的日本人、韩国人、朝鲜人，吃的肉未必比我们多。

怨自己技不如人？但中国历来不缺技艺高超的人。且看我杂技、气功、武术，"江山秀丽，叠彩峰岭，问我国家哪像染病"？

怨足球是中国人不熟悉的运动？可国际足联确认足球起源于中国，叫"蹴鞠"；《水浒传》里有个角色，叫"高俅"。

怨教练不行？我们也花钱请过高人了。

怨机制不对？我们也引进职业联赛了。

怨球风不正？我们为制止赌球，已依法抓人、判刑，开始纠风了。

---

① 原载于《人民日报》(海外版) 2010 年 7 月 5 日第 1 版。

……

可是，13亿人就是出不了一支足球队。

基辛格退休后当过足球评论员。他说中国足球队不能冲出亚洲走向世界，是因为中国的文化害了他们，他们只知道集体主义，缺乏个性，缺乏想象力。此论谬也。中国文化当然强调集体主义，但也张扬个性。讲君子要"修齐治平"，就把个人与天下联系起来了。何况中国出了那么多放射着个性光芒的文学家、艺术大师。

但是，13亿人就是出不了一支足球队。

倒是基辛格提醒我们，这其实是文化现象，不妨作文化反思。

起码可以反思三条：

其一，足球需要个人才能的充分发挥与整体协调的高度配合。其实不光足球，我们在很多方面缺的就是这个协调配合。强调个人就忘了集体，强调集体又牺牲了个人。我们天天讲马克思主义，却忘了马克思主张的理想社会要"实现人的自由、解放和全面发展"，"每个人的自由发展是一切人的自由发展的条件"。

其二，足球需要进取与防御的巧妙结合。不光足球，我们在很多方面缺的就是这个巧妙结合。我们善于打阵线分明的排球、乒乓球，不善于踢混战一场纠缠不清、配合默契对抗激烈的足球。尤其搞不懂"越位"，不知道怎么样"帮忙不添乱，尽职不越位"。我们的祖先就强调界限分明，所以修长城、搞"海禁"。但现在经济全球化，要不断扩大对外开放，就难以分明了。我们必须学会在扩大开放的新形势下防范西化，抵御渗透，踢好"足球"。

其三，不要空喊"以爱国主义为核心的民族精神"，看到一个小国的球队，进球的球员激动地撩起球衣上的队徽亲吻，我们做何感想？不要空喊"以改革创新为核心的时代精神"，看我13亿人口的泱泱大国，怎么就改革创新不出一支足球队？

"十年蹴鞠将雏远，万里秋千风俗同。"足球是一面镜子，一面让国人尴尬、脸红的镜子。

知耻而后勇，让我们，不仅是足球队，都来照一照这面镜子。

宗教精神追求的误区与我们的反思 [①]

　　人，总有精神追求、精神寄托、精神支柱，这就是我们通常所说的人之有"魂"。一个民族也不能没有精神支柱，不能没有"民族之魂"。人类社会成败兴衰的历史一再证明，强烈的、振奋的民族精神，是一个民族振兴发达的支柱。很难想象，一个举国无"魂"、失魂落魄的国家，怎么能在当代经济发展的激烈竞争中，跻身现代化国家之列？为了激励我们的民族之魂、振奋我们的民族精神，我们孜孜以求，做了大量的探索和有益的工作。但是偶然涉足宗教领域，却发现宗教也是一种执着的精神追求，不过这种追求是把人们的"魂"与虚幻之"精神"合而为一，陷入了非理性的偏执、狂热的误区。这种追求的结果被颠倒为异己的力量，反过来束缚、压迫人之"魂"，"宗教即颠倒了的世界观"（马克思语）。但是，我们也不必因为批判这种追求的颠倒而抹杀一切精神追求的努力。今天，当我们向青年一代大声疾呼要警惕"精神颓废"，而许多年轻人也在为"寻求精神家园"苦恼、彷徨的时候，当我们面对21世纪的挑战急需砥砺、坚固精神支柱，昂扬民族精神，提出"再造民魂"的时候，为什么不能剥掉宗教荒谬的外衣，看一看人类为寻求精神支柱曾经做过的努力？为什么不能通过剖析宗教非理性精神追求中的合理性因素，从反面引起我们的深思呢？！

---

　　① 原载于《党校论坛》1991 年第 1 期。

一、精神追求的紊乱：现代化进程中突出的社会心理问题

到一些信教群众较多的地区调查，常听到这样的议论：近些年来，宗教的发展势头似乎有增无减。我们的社会主义精神文明建设，我们对群众的思想政治教育，在某些方面却流于形式，其效果有时竟不如宗教，这是怎么回事？

社会主义时期宗教存在的根源，一般说来是社会异己力量尚未完全消失，自然力量的异己性也并未完全消失，传统信仰的余音和外来宗教的影响还时时作祟。但是，同样是这些原因，为什么新中国成立以来宗教的发展时起时伏，而现在呈起势？从我们的工作来看，过去"左"的错误一度强行禁止信教群众的正常宗教生活，一旦放开必然引起"反弹"。历史证明，凡是背离党的正确宗教政策而压抑宗教的结果，都只能适得其反。但除此之外还有一个重要原因，就是在改革开放十年急剧变革的社会大潮之中，人们关于精神支柱、精神寄托、精神追求方面的问题也日趋突出。从个人来看，人不能没有信仰。如果一度追求的理想、信仰都在金钱面前黯然失色，甚至丧失殆尽了，行为上就会出现唯利是图、尔虞我诈、损人害己的疯狂。从社会整体来看，发展社会主义商品经济，需要变革旧的经济体制，引入竞争机制。而在新旧体制转换的过程中，在社会心理上面临着一系列两难抉择，诸如社会心理压力具有既要促进平等竞争，又要促进共同富裕的双向作用等。对这些问题，如果我们不能及时、有效、深入地做工作，宗教就会来"填补空白"。

观察剧烈的社会变迁与人们精神、信仰寄托变化的关系，无非两种可能：或者因为变革的社会能迅速给群众提供新的信仰寄托而使人迅速抛弃旧的信仰寄托；或者因为变革的社会尚处在新旧交替的过程中，给群众提供的新的信仰寄托不明朗，一部分群众就会转过去寻找、恢复已经抛弃的旧的信仰寄托。而实现现代化是一种谋求社会进步的社会变迁，是从传统社会向现代社会的转型。因为剧烈的社会变迁而导致人们的信仰寄托、精神追求，乃至行为准则和

社会关系都发生一定程度的紊乱，这是现代化进程中突出的社会心理问题。

这种精神追求的紊乱，无疑给宗教的精神追求"乘乱而入"提供了契机。宗教的构成包括内在因素和外在因素。内在因素即宗教的观念或思想，宗教的感情或体验；外在因素即宗教的行为和活动、宗教的组织和制度。在社会主义社会，宗教存在的条件在发生变化，宗教的外在因素必趋于淡化，但这并不意味着宗教的内在因素也会自然而然地淡化。宗教信仰自由是我国一项长期的政策，但是对于成长中的青少年一代，在维护宗教信仰自由的前提下，我们也不能放弃健康的思想教育和正确的思想引导的责任。从对青少年教育的角度来说，我们有办法控制宗教的外在因素，却不大注意抑制宗教的内在因素。而对其内在因素的抑制，我们注意了针对宗教的观念进行马克思主义哲学的批判和科学世界观的教育，却忽略了针对宗教的感情和体验，针对宗教心理进行必要的心理调适和引导。往往是宗教的有形的、"硬"的方面，受到抑制，而对宗教的无形的、"软"的方面却不大在乎。其实，这"软"的方面恰恰是宗教的核心。如果我们不能用正确的心理调适和积极的心理引导去逐步淡化和取代宗教情感，那么，宗教情感本来是一种虚幻的体验，却会把人和"神"牢固地联系在一起；宗教本来是"攻心之术"，我们对它却"攻心乏术"。

总之，剧烈的社会变迁会使人们的精神需求这块领域留下大片亟待耕耘的土地，而我们又一度忽略了宗教曾经在这块土地上长期经营。社会主义不需要利用宗教，不需要发展宗教；但社会主义如果不能真正成为绝大多数人的信仰，成为个人的精神需求，宗教就要利用社会主义。

二、"经济精神"的寻求：利益的驱动与限制如何统一

精神追求的紊乱，不过是社会现代化进程中社会心理波动的诸种表象，它反映着一种深刻的时代要求：现代化需要一种既产生于民族传统又能推动经济向现代化方向发展，既是利益驱动的有力杠杆又是利益限制的伦理规范的特殊

的精神动力，马克斯·韦伯称之为"经济精神"。

韦伯提出要努力去把握"某些宗教观念对于一种经济精神的发展所产生的影响，或者说一种经济制度的社会精神气质"，并力图论证西方民族在经过宗教改革以后所形成的新教，对于西方近代资本主义的发展起了重大作用，构成了西方社会现代化进程中的"经济精神"，使利益驱动与限制有机统一起来了。

韦伯过于夸大"经济精神"的作用，这是我们不能同意的，他自己也承认，"清教的这些理想在过于强大的财富诱惑力下会发生动摇"。但是韦伯对于"经济精神"的寻求，对于资本主义商品经济中利益的驱动与限制如何统一的阐述，却提出了值得我们深思的问题。我们要大力发展社会主义商品经济，就不能不使用利益驱动的杠杆，不能不讲利益。但是，当整个民族被利益追求的目标激发起来时，就必须有整个民族所认同的利益限制的精神规范，防止人们为追求眼前实惠而放弃远大理想，为计较个人利益而不顾国家、民族的整体利益，把整个民族的利益追求的热情湮灭于每一个体的利己主义的冰水之中。我们当然不能去照搬什么"新教伦理"，但确乎亟待寻求和确定为大众所认同的我们民族的"社会精神气质"或"经济精神"。

宗教压抑人们追逐现实利益的欲望，同时又致力于通过虚幻的期望、虚伪的许诺把现实的欲望移到未来去兑现，把个体的欲望与群体的追求结合起来，尽管这是病态的、虚伪的结合，却能引导一些虔诚的信徒去为之献身。我们发展社会主义商品经济，需要尊重和保护个人追求正当利益、实现美好生活的愿望，需要启动利益机制的杠杆。如果说在"禁欲"的前提下把个人的愿望与群体的目标相结合，激励个人为群体的目标献身比较容易，那么在鼓励追求现实利益的前提下实现这种结合就颇为困难。我们发展社会主义商品经济，既要强调无私奉献，又要实现按劳取酬；既要尊重和维护商品经济发展中的局部利益和个人利益，又要求超越个人利益，以局部利益服从全民族的整体利益。我们如何才能使每个人都能自觉地把个人的目标与社会前进的目标吻合在一起，把个人的作用和群众的力量汇流在一起，把个人的理想与祖国的前途联系在一起，在献身社会中实现自我的价值，在追求民族振兴中实现个人的幸福？我们又如何才能在贯彻社会主义集体主义原则时重视个人的正当利益，维护个人的尊严、价值、权利，促进个人的进步和发展，既纠正过去的某些"左"的偏差，又与资产阶级自由化鼓吹的个人至上的价值观划清界限？这些问题，如果我们避而不答或者答而不准、答而不透，不能令人信服，宗教就会挤上前来展示它似是而非的答案，鼓励人们去当善男信女，为了获得"神灵的恩宠，能够有求必应"而"刻苦忏悔、否定自己"（费尔巴哈语），把创造现实美好生活的积极性消融在祈祷神灵对来世幸福的保佑中，把个人与集体的关系异化为个人与神灵的关系。

为追求虚幻的目标而实现精神的满足是比较容易的，为追求实在的目标而注入精神的动力却是颇为困难的。虚幻的目标正因为其虚幻反不易幻灭；实在的目标却因种种原因难以兑现而常令人失望。宗教在做着容易的事，却经过了顽强、持续的努力，把容易的事当作困难的事去做；我们在做着困难的事，却或因重视不够（"一手软、一手硬"），或因认识不清（急于求成），或因功夫不深（时断时续、此消彼长），实际上把困难的事当作容易的事去做。问题就出在这里，危险也正在这里！

当前，在困扰我们的总量失衡、结构失调、秩序混乱、效益低下、市场疲软等一系列经济问题中，总量失衡和经济秩序混乱，都可以通过坚决的行政措施加以整治并已初见成效；结构失调和市场疲软则有待于深层次的体制改革加以解决；而效益低下则有待于更深层次的"社会精神气质"，亦即有待于寻求和弘扬一种在社会主义商品经济的发展中利益的驱动与限制相一致的"经济精神"，去从根本上解决问题。

三、宗教现象的剖析：非理性精神追求中的合理性因素

我们不妨从不同的角度，对宗教现象做一番剖析、思考。

从哲学的角度看，宗教的本质显然是人的本质的抽象和异化，是人在认识人的本质中所走过的痛苦历程。现代宗教思想家蒂里希说，"宗教是人的终极关切"。宗教有价值，在于它是人的终极关切，宗教哲学是唯心主义体系中一朵精致的不结果实的花。宗教无价值，在于它把人的终极关切引入歧途，宗教哲学的局部闪烁着智慧的光芒而总体却陷入荒谬的误区。我们应该用辩证的唯物论去批判精致的唯心论，不能用庸俗的唯物论去取代精致的唯心论。

从社会学的角度看，宗教有一种值得我们关注的特殊的社会功能，一种"黏合"机制。它在上层建筑领域里把观念的东西和体制的东西，把"软"的东西和"硬"的东西奇特地黏合在一起，因而既可作为思想理论去影响群众，又可作为组织制度去统辖群众。宗教世界观是一种玄而又玄的哲学观点，却又有俗而又俗的包装形式。那些流传千年的直观生动、深入浅出的宗教故事，既是诱人信教的启蒙教材，又是笃信宗教者冥思苦想的基本素材，不同文化层次、不同信仰程度的人竟然都能从中各取所需。宗教具有一种追求来世幸福、鄙夷尘世卑污的超凡脱俗的外表，因而总是笼罩着令信徒神往的圣光，同时宗教的行为、活动、组织、制度中，又并不缺乏对信徒现实苦难的观照和慰藉，并使信徒能够发泄愤懑、鸣诉不平，"宗教是被压迫生灵的叹息，是无情世界的感情"（马克思语）。正是宗教的这种黏合机制，使之成为令人"吸之有味、吸之上瘾、吸之忘形、戒之甚难"的"精神鸦片"。也正是宗教的这种黏合机制，把宗教的观念、思想、感情、体验、行为、活动、组织、制度等要素组合在一起，对信徒产生凝聚力；把宗教的玄妙与尘世的琐事结合在一起，对信徒产生吸引力；把宗教的心理与民族的心理攀附在一起，使信徒产生认同感。宗教使人的认识能力作为异化的对象存在，又反过来使被异化的人不断去追求、去重复那被异化了的认识。分析宗教这种特殊的社会功能，不由得要反思一下我们如何给青年提供精神食粮。尽管我们提供的都是青年健康成长所需要的精神营养，却往往"米是米，饭是饭"，使青年难以下咽，食之无味甚至倒胃口。我们或者只从逻辑推理去说教而失之枯燥，或者只从纪律制度去约束而并不令人诚服，或者只重道德规劝而失之空洞，或者指出了光明的希望却缺乏现实的观照，或者树立了光辉的榜样却很难让人实实在在去仿效，或者也有生动活泼的形式却缺乏充实深刻的内容……青少年正处在塑造自己的人生观、世界观的"人之初"阶段，为这个阶段提供的精神食粮，要求抽象的理性思维与具体的形象思维相一致，基本规范的灌输与潜移默化的影响相一致，理想角色的言与行相一致。如果经常出现不一致，在青少年的心目中，真正神圣的东西就会被亵渎，而荒谬的东西就容易"神圣"起来。我们过去讲，思想教育不能搞成脱离经济工作的"两张皮"，其实思想教育内部也有一个避免"两张皮"的问题。面对青年丰富的内心世界的需要，我们提供的精神食粮也应该是各种健康有益要素的最佳组合。

四、"合理性因素"的合理借用

空想社会主义思想家们在努力为未来的社会主义寻找精神支柱的时候，大都不约而同地走向宗教。但是，历史早已证明此路不通。马克思、恩格斯青年时代对宗教的批判，正是他们走向科学社会主义的开端。那么，圣西门、傅立叶这样一些当时都曾站在时代前列的思想家，为什么也相继在宗教问题上失误呢？看来他们都没有能够划清一条界线。宗教作为一种历史性、世界性的文化现象，其中折射着人类为寻求精神支柱而进行的反复、曲折的探索，其中也不乏若干被非理性的精神追求所掩盖着的合理性因素。这种探索的价值，这些合理性因素，本质上并不属于宗教，不应该被宗教荒诞神秘、反对科学、违背人性的外壳所埋没。圣西门等人在一定程度上看到了这种探索的价值，也看到了社会主义对于精神支柱的需要，但他们没有看到，不能反过来因为肯定这种探索的价值就肯定宗教，不能为了保住澡盆中的小孩就不去泼掉脏水。

我们寻求精神支柱的探索，是从本质上区别于一切宗教、一切迷信的全新的探索；是紧密结合我国社会主义初级阶段发展的需要，结合现阶段的国民素质、思想状况和社会心态的科学的探索。党的关于社会主义精神文明建设指导方针的决议已经明确指出，建设有中国特色的社会主义，是现阶段我国各族人民的共同理想，是我们用以动员和团结全国各族人民、克服任何困难、争取胜利的强大的精神武器。共同理想，也可以说是现阶段中华民族的力量源泉和精神支柱，是我们的民族之"魂"。最近党中央又重申当代中国青年的历史使命，是要"继续为实现我们的共同理想——建设有中国特色的社会主义而奋斗"。我们一是要坚持共同理想，不能把它仅仅作为一个阶段性的口号，今天喊得很响，明天又销声匿迹；二是要研究如何使共同理想真正深入人心，使共同理想与每个青年的岗位职责和人生追求结合起来，真正成为每个青年的精神追求、精神寄托、精神支柱，成为每个青年的"魂"之所系。正如列宁所指出的："我们由于具有绝无任何偏见的科学的唯物主义世界观，也由于有为全体劳动人民的自由和幸福而斗争的共同任务，我们社会民主党人对基督教学说采取否定的态度。但是谈到这一点，我认为有责任在这里坦率而公开地声明，社会民主党为信仰的完全自由而斗争，它完全尊重一切真诚的宗教信仰，只要这种信仰不是靠暴力或欺骗来进行传播的。"[①] 我们理解，列宁所说的"完全尊重一切真诚的宗教信仰"，包括尊重包含在宗教形式中的一切真诚的精神追求，包括尊重非理性精神追求中的一切合理性因素，并为我所用，作为我们有效地引导青年的精神追求的一种参考或借鉴，从而使我们的唯物论不仅在本质上必然优于唯心论，而且在形式上使任何一种精致的唯心论都望尘莫及。

---

①《列宁全集》第 12 卷，人民出版社 1984 年版，第 280 页。

关于文化大繁荣的思考

实现中华民族伟大复兴，必须推动社会主义文化大发展大繁荣，兴起社会主义文化建设新高潮。习近平总书记说："文化是一个国家、一个民族的灵魂。文化兴国运兴，文化强民族强。没有高度的文化自信，没有文化的繁荣兴盛，就没有中华民族伟大复兴。"我们必须"在实践创造中进行文化创造，在历史进步中实现文化进步"！

一、伟大民族的历史创造，必然创造出壮丽的史诗

在古代中国，有禹命皋陶所作《大夏》以纪其治水之功，有尧的乐舞《咸池》表达对宇宙的神思，有舜的乐舞《韶》颂赞山川万物、星辰日月，有描写武王伐纣的《大武》，还有屈原以祭歌形式写作的礼神乐舞《九歌》，等等，皆以史诗表达出先民先贤们的纪功颂德、礼神敬祖、玄想沉思。

在世界，有海顿的《创世纪》、莫扎特的《安魂曲》、贝多芬的《第九交响乐》、芬兰音乐家西贝柳斯的《祖国颂》、捷克作曲家斯美塔那的《我的祖国》，还有现当代作品如《行星组曲》，等等。

在当代中国，有《黄河大合唱》《长征组歌》《梁祝》……

这些，都是人类共同喜爱、可以德化天下的不朽之作。

孔子在《礼记·乐记》里说，"兴于诗，立于礼，成于乐"，这九个字，大

体可以显现出中华民族数千年孜孜不倦的精神跋涉之轨迹。古人用"礼崩乐坏"形容乱世，其实，一切乱的根本原因是心乱，价值颠倒，物欲横流，它可能是社会变革和进步不得不付出的代价，也是社会变革与进步不能不克服的障碍。中华文化可能就需要一个"兴于诗，立于礼，成于乐"的回归与超越，中华民族的伟大复兴大概会伴随一个从礼崩乐坏到礼兴乐盛的过程。

我们的社会主义文化大发展大繁荣，其中既包括京剧等中国传统戏剧的繁荣，也一定包括交响乐、歌剧等来自西方的文化种类的繁荣，其基础是来自民间，来自大变革时代、来自全民族精神的激动和荡漾。

《礼记·乐记》曰："地气上齐，天气下降，阴阳相摩，天地相荡，鼓之以雷霆，奋之以风雨，动之以四时，暖之以日月，而百化兴焉。如此，则乐者，天地之和也。"这就是我们的先人对交响乐的描述和想象，这也是中国文化对交响乐的认同和赞赏。交响乐不光属于西方，也属于中国，且早就属于中国。中华民族的伟大复兴，应该有交响乐来为她"鼓之以雷霆，奋之以风雨，动之以四时，暖之以日月，而百化兴焉"！

二、"兴于诗立于礼成于乐"之说新解

习近平总书记从美育的角度，对孔子的"兴于诗立于礼成于乐"之说有新解，他说："美是纯洁道德、丰富精神的重要源泉。没有美的滋养的人生必然是单调的、干涸的人生。今年8月30日，我给中央美院八位老教授回信时专门强调了这个问题。孔子认为教育是'兴于诗''成于乐'，其中就包含着对美育的重视。"

"兴于诗。"《诗》即《诗经》，兴就是兴起、开始、振奋的意思。孔子在《八佾》中说："起予者商也！始可与言《诗》已矣。"表明一个人在国家社会生活中，想要表达自己的思想，待人接物，言辞修身等各个方面，都应当从学习《诗经》开始，只有这样感性语言认识，才会有"美"的感受，才能"绘事

后素"，立德修身。今天我们不断用"中国梦"激励人心，一定意义上说就是全民族的"兴于诗"。

"立于礼。"《礼》即是社会的规则、仪式、制度。《论语》说："不学礼，无以立。"礼使人在社会上能够站得住。学礼守礼，从具体的感性认识提升到理性认识，严格地遵守礼的规定，才能克己复礼，以正其身，是为立也。今天我们加强制度建设、强调制度自信，一定意义上说也就是新时代的"立于礼"。

"成于乐。"孔子常以礼、乐连言，认为音乐才能使所学得以完成。"人而不仁，如乐何"，孔子认为，如果一个人为人不仁，那么他所演奏的音乐也将不会是令人愉悦的。《乐》本无经，而在于人的创造。是建立在《诗》的感性和《礼》的理性基础之上的升华，是二者相互融合于人的产物。为什么"兴于诗""立于礼"如此重要，"成"却在于"乐"？ 在今天看来，"乐"不仅是音乐之"乐"，快乐之"乐"，而且是道德的普遍高尚，活力的竞相迸发，精神的昂扬向上，人民对美好生活的向往和追求不断实现的"天下尽欢颜"之"乐"。

"强起来"的文化支撑^①
——在首届"中国互联网艺术大会"上的讲话（实录）

梁国扬会长让我到上海，到以"互联网艺术"为题的大会来讲一次话，说老实话我是不大敢来的。并不是因为被外界传得沸沸扬扬的，所谓的"上海疫情"，其实上海很平安的。主要是不知道讲什么，因为我虽然也算是一个痴迷的网民，但关于"互联网艺术"能说什么呢？说起这句话倒是想起，"哎呀，谁都可以上网去说几句，谁也不知道（隔着网络对面）谁是一条狗嘛"，这不是"互联网艺术"，这是"互联网非艺术"。

那么刚才听到我们王蒙王老，把这个问题讲得那么鲜活，那么灵动，那么深刻，最后还讲出了人性、讲出了人的良心哪。王蒙王老的这篇讲话，我看一整理，可以列到中学课文里面去，真正是非常精彩。所以我就更没有办法、没有必要讲了。好在梁国扬会长提示我，"互联网艺术大会"标题的肩膀上还趴着两个小题目："坚定文化自信，建设文化强国。"他说，你可以就这个讲一讲。那我就有点离开"互联网艺术"了，我就讲这个题目——《中国强起来的文化支撑》。

我们来看四个角度：一是现在我们世界正在面临百年未有之大变局；二是我们世界也正在面临新冠疫情之大泛滥，美国的感染人数一天 20 万！三是现在全球的网民达到人类的一半之多，刚才梁国扬会长的发言说，中国的网民

---

① 2020 年 11 月 28 日于上海，原题为《中国强起来的文化支撑》。

已经9亿多了；四是人类正在从工业化时代走向数字时代。从这样四个角度来看，我们今天来开"中国互联网艺术大会"，可以说是正当其时，因为中国关心的都是世界的大问题。

这也可以说明，我们中国真的是"站起来""富起来""强起来"了。美国现在哪能开什么"互联网艺术大会"啊？正在那儿扯成一团，"各家自扫门前雪，哪管别人瓦上霜"。

当然"强起来"不只是一场大会。我们"强起来"要有动力、活力、耐力、定力、硬实力、软实力，尤其要有思想穿透力。德国诗人海涅说过："思想走在行动之前，就像闪电走在雷鸣之前一样。"一说闪电炸死你，那个力量才叫强！有了思想穿透力，我们就有广泛动员力，就有社会凝聚力，就有众志成城力。这个力、那个力，老百姓讲起来就简单，我记得有个游泳的小姑娘①得了金牌。记者围着她，她好激动，话都说不清楚。问她："你有什么感想？""我有什么感想？我就是使出了洪荒之力嘛。"如果14亿人都来使出"洪荒之力"，这是何等伟大的磅礴之力！

在"洪荒之力""磅礴之力"中，也一定包含着思想的力量、文化的力量。为什么呢？拿破仑就说过："世界上有两种力量：利剑和思想。从长远而论，利剑总是败在思想手下。"我们习主席说："我们要建设的社会主义现代化强国，不仅要在物质上强，更要在精神上强。精神上强才是更持久、更深沉、更有力量的。"

所以我今天就绕到这个题目上来，讲《中国强起来的文化支撑》。

"站起来""富起来""强起来"！"站起来"要"文化自信"，"富起来"要"文化涵养"，"强起来"要"文化力量"——自信、涵养、力量。习主席说："文化自信，是更基础、更广泛、更深厚的自信。"力量就出自这里。

我下面讲两点。

---

① 即傅园慧。

一、三君子问出文化焦虑

我们一度沦为半殖民地半封建社会，倒下去了！就在离我们这儿（会场）不远，当年上海的租界的公园门口曾立个牌子："华人与狗不得入内。"我们被人家看成狗，我们哪里站起来了?!

为了站起来，中国一代代思想者，有多少彷徨和探索，无数奋斗和牺牲。从鸦片战争前后以龚自珍、魏源、林则徐为代表的经世致用派，到洋务运动时期的冯桂芬、王韬、薛福成、马建忠、陈炽、郑观应、何启等早期维新派；从戊戌变法时期以康有为、梁启超、谭嗣同、严福为代表的维新派，到辛亥革命时期以孙中山、章太炎、陈天华、邹容为代表的革命派；从新文化运动以陈独秀、胡适、李大钊、鲁迅、钱玄同为代表的新文化派，到五四运动以后以毛泽东为代表的年轻一代共产主义者……一代代前仆后继，殚精竭虑，就是为了找到一条路让中国站起来。

这条路不好找啊。大家知道张之洞，中国民族工业第一人，这个人劲头大，到处办工厂，他说："海内志士，发愤搤捥。""发愤搤捥"，翻译过来就是撸起袖子加油干。开始，他这样感叹："于是图救时者言新学，虑害道者守旧学，莫衷一是。旧者因噎而废食，新者歧多而羊亡；旧者不知通，新者不知本……夫如是，则旧者愈病新，新者愈厌旧，交相为瘉，而恢诡倾危乱名改作之流，遂杂出其说以荡众心。"

哎呀，"杂出其说"，众心焦虑——焦虑！焦虑！焦虑！

找不到一条路嘛！三君子问出"文化焦虑"。三君子——梁启超、李约瑟和黄炎培。

梁启超大家知道。近代列强都实行海洋霸权，梁启超就说：你横什么呢？"郑和下西洋，乃'有史以来，最光焰之时代'，比你早得多。"可是中国郑和之后没有第二个郑和啊！那是因为中国人笨吗？李约瑟研究中国技术史，他发现中国人就是聪明，尤其是上海人特别聪明，他们什么不会呢？现在据说美国有些人恨死我们的留学生，说我们偷他们的发明技术。没有偷啊，我们过去看一眼，就什么都会了，没有办法呀。中国人那么聪明，可是为什么直到中世纪中国都比欧洲先进，后来却让欧洲人着了先鞭呢？怎么会产生这样的转变呢？中国人到哪里去了，上海人到哪里去了？这就是著名的"李约瑟之问"，世纪之问啊！

这个转变来了，中国出了共产党，中国出了毛泽东，中华民族就要转变回来了。

延安时代，黄炎培到延安，毛泽东请他。毛泽东寻了一只鸡给他吃，那时候的鸡是延安的土鸡，香得很。他吃了以后说什么呢？黄炎培说："我生六十多年，耳闻的不说，所亲眼看到的，真所谓'其兴也勃焉，其亡也忽焉'……都没能跳出这周期率的支配力……中共诸君如何找出一条新路？"中共诸君我们不好说，我们看看苏共诸君如何呢？他们有 20 万党员时拿下了政权；有 200 万党员的时候打败了法西斯，保卫了政权；有 2000 万党员的时候就丢掉了政权。苏共诸君就是如此搞的，中共诸君要小心哪。所以当年在中央社会主义学院当书记的时候，我立了一座塑像《毛泽东和黄炎培》。

人无文化，浮躁浅薄，难免"其亡也忽焉"；文化涵养，有助于跳出"人亡政息"的周期率；民无文化，行也不远，当然"竟无第二之郑和"；文化繁荣，催生着"江山代有才人出"的新局面。国无文化，急功近利，能有几人锲而不舍艰苦创业？像王蒙那一代人，18 岁就写出《组织部来了个年轻人》《青春万岁》。现在这样的年轻人哪里去了呢？

所以，三君子问出的是"文化焦虑"。这个焦虑，只有中国人"站起来"才能把它解决。

"站起来"第一天，你看中国共产党人毛泽东的文化情怀，他说："随着经济建设的高潮到来，不可避免地将要出现一个文化建设的高潮，中国人被认为不文明的时代已经过去了，我们将以一个具有高度文化的民族出现于世界。"

那时候就迫不及待地宣布了。

当然"一穷二白"挥之难去。我们也栽了很多跟头，过了很多坎坷。改革开放四十多年，真的，终于，"随着经济建设的高潮到来，不可避免地将要出现一个文化建设的高潮"了。

党的十六大报告说："中华文化的力量，深深地熔铸在民族的生命力、创造力和凝聚力之中。必须把弘扬和培育民族精神作为文化建设极为重要的任务。"

党的十七大报告说："文化越来越成为民族凝聚力和创造力的重要源泉、越来越成为综合国力竞争的重要因素，丰富精神文化生活越来越成为我国人民的热切愿望。""要在时代的高起点上解放和发展文化生产力，推动社会主义文化大发展大繁荣。"

党的十八大报告说："文化是民族的血脉，是人民的精神家园。全面建成小康社会，实现中华民族伟大复兴，必须推动社会主义文化大发展大繁荣，兴起社会主义文化建设新高潮。"

党的十九大报告说："文化是一个国家、一个民族的灵魂。文化兴国运兴，文化强民族强。没有高度的文化自信，没有文化的繁荣兴盛，就没有中华民族伟大复兴。""在实践创造中进行文化创造，在历史进步中实现文化进步！"

可以看到，在文化强国问题上，我们共产党人的文化情怀，一代接一代。现在我们对建设文化强国的期望，是越来越高了。因为，今天更要满足人民群众对精神文化生活的新期待了。

什么新期待？人均 GDP 在 3000 美元以下的时候主要是搞饭吃，我就是那个年代长大的，那时候我记得领到的粮票还有"半两"，"半两"怎么够吃呢？一口就吞下去了。那个时候有布票，有件新衣服就不错了，男的女的穿的都一个颜色。我记得我们班有个女同学，穿了一套黄色的军装，哎呀，太好看了，全班男生都看她，我也看她，看来看去，看着看着就变成我现在的夫人了。现在一件衣服怎么能唬人呢？现在已经是精神文化需求旺盛的阶段，人均 GDP 达到 10000 美元。所以人没吃饱只需要一个幸福，人吃饱了就期盼无数个幸福，这个话用科学的说法，就是"我国社会的主要矛盾已经是人民日益增长的对美好生活的需要和不平衡不充分的发展之间的矛盾"。

党的十九届五中全会，第一次把文化强国列出具体的目标来了，到点了，就要做得到。已经宣布了，2035年要建成文化强国。建成文化强国的标志是什么，内容是什么，全会公报都有清楚的阐述，我就不念了。这里面很多精彩的论述，很多崭新的论述，一步步扎扎实实地要去做呀。

三君子问出"文化焦虑"，文化啊文化，三君所问，今天还在撞击我们的心灵。

三君子问出"文化焦虑"，习近平总书记重提"文化自信"。习近平总书记说文化自信是更基础、更广泛、更深厚的自信！开始看到这句话以为看错了，道路自信、制度自信很重要，怎么文化自信比它还要重要？现在越想越深刻。

> 六么水调家家唱，
> 白雪梅花处处吹。
> 古歌旧曲君休听，
> 听取新翻杨柳枝。

三君子问出"文化焦虑"，习近平总书记重提"文化自信"。

二、中国强起来的文化基因

"站起来""富起来""强起来"！"强起来"遇到一个大麻烦了，"老大"容不得"老二"了。其实，"老二"的帽子咱不戴，中国不当"老二"，也当不了"老二"。有人就说什么走不出"修昔底德陷阱"啊，还有人耸人听闻地宣称"中美迟早要有一战"。美国不少人就信这个玩意儿。

我们习主席斩钉截铁地告诉他们，我们都应该努力避免陷入"修昔底德陷阱"。强国只能追求霸权的主张不适用于中国，中国没有实施这种行动的基因。

这个话理直气壮。前年在西班牙的一个研讨会上，我就引用习主席的话回答："中国没有实施这种行动的基因。"西方的那些政治家、学问家就看着我，说："中国是啥基因？你们是转基因吗？"我说，"基因"你都不懂吗？基因是什么，我跟你说了一大堆。

他们还是问我："你们到底是啥基因？"

我们的基因，就是爱好和平，和平就是我们的文化基因。你信不信呢？我说："礼之用，和为贵。"中华民族自秦汉时期实现大一统之后，"和"就从价值层面跃升为治国理政的重要理念。和平思想已深深地积淀在了中国人的民族性格之中。所以习近平总书记指出："中华民族历来是一个爱好和平的民族，爱好和平的思想深深嵌入了中华民族的精神世界，今天依然是中国处理国际关系的基本理念。"

外国学者马上提问："拿破仑说：'中国是一只沉睡的狮子，这个狮子醒来时世界都会为之发抖。'你们的基因恐怕是狮子的基因吧？"

我也不能说我们没有醒来，我也不能说我不是狮子是一只狗。我（中国）当然是醒来的狮子！我就告诉他："是的，中国这只沉睡的狮子已经醒了，但醒来的是一只和平的狮子。"很多道理我不多展开讲了，"这只狮子醒了，但醒来的是一只可亲的狮子"。共同发展，共同繁荣。"这只狮子醒了，醒来的是一只文明的狮子。"这话都听不懂，什么叫作文明你听不懂啊？"文明就是相对于愚昧、浅薄、狭隘、粗鲁、野蛮而言……"云云，我给他们讲了一通文化。中国文化是比较难讲的，现在让王蒙老师给我们讲，而你怎么用几句话给外国人讲清楚，是非常费劲的事，讲了他们还是不太懂。

我说这个你懂吧？近代以来，人类文明无非两大走向，一个全球化，一个现代化，对不对？"现代化"鲁迅说过，"我们目下的当务之急，是一要生存，二要温饱，三要发展。苟有阻碍这前途者，无论是古是今，是人是鬼，是《三坟》《五典》，百宋千元，天球河图，金人玉佛，祖传九散，秘制膏丹，全都踏倒他"。这句话说到现在，就是要"现代化"，管他什么"百宋千元，天球河图，金人玉佛，祖传九散，秘制膏丹，全都踏倒他"。

现在还有全球化吗？疫情冲击下世界经济正在下滑，经济复苏步履维艰；逆全球化浪潮正在蔓延，还在上涨，且美国首当其冲。但是，人类从来没有像今天这样感受到共同的威胁、共同的挑战，也必然理性地看到，新一轮全球化还会到来。当今世界正经历百年未有之大变局。突如其来的新冠肺炎疫情再次表明，人类是休戚与共的命运共同体。面对各种复杂严峻的挑战，人类比任何时候都更需要加强合作，共克时艰，携手前行。

西方学者又问，说搞半天，原来你是一只和平的、可亲的、文明的狮子，又不会咬人，其实不是狮子。我说，不对，这狮子就是真狮子，而且是一只"满血复活"的雄狮。你不必为他发抖，也不可对他小觑。他不会炫耀武力，不等于没有实力。他从不惹是生非，也从不怕事怕死。中国人是怕死的吗？当年抗美援朝，那么一个狭长的半岛，你有海上优势、空中优势，我们说出兵就出兵，怎么样，还不是把你打退了？

他们一看，原来你中国还是一只吃人的狮子，脸色都变了。

这个话还得说回来。我又告诉他们，其实我们是一只宽厚的狮子。他们就笑了。"宽厚是什么基因呢？哪有狮子还是宽厚的呢？"我说，宽厚你都不懂？我当过多年的国家宗教局局长，有一位佛教画家叫作夏荆山，是我的好朋友，此人98岁才去世，他画的佛教画像好得很，我为他促成了最后在国家博物馆办的"夏荆山艺术展"。他的那些画，都是精品、极品！他送了两幅画给国家博物馆珍藏，竟然还要送一幅给我，我哪里敢要呢？大家都知道我们部级干部都是要填表的，这画价值连城，我怎么敢要呢？他说我给你写字，写了以后就卖不了钱了，你收下吧。他写了这么一句话："处世以真诚为本，待人以宽厚为主，自然鬼魔都降服。"他写这句，他女儿就在旁边笑，这可是个宗教局局长，那都是管神仙管鬼魔的，你写这话干吗呢？他又不怕鬼魔。他说你去想一想，我这里面还是有道理的。那我就得去想啊，后来我想出道理来了。其实，但凡人祸天灾，坎坷陷阱，困难种种，甚至心绪不宁，羞辱不堪，烦恼种种，乃至佛教所言"贪嗔痴慢疑"苦厄种种，大抵不是"鬼魔"，就是"心魔"，心里有魔。克服的办法就是处世待人真诚、宽厚。处世以真诚为本，待人以宽厚为主，大道至简。你看你看，我们今天在实现民族伟大复兴的道路上迅跑的14亿人，他们正是如此的真诚、宽厚，坦坦荡荡立足世界，处世待人厚德载物，己所不欲勿施于人，己欲立而立人，己欲达而达人。我们是君子坦荡荡，不是小人长戚戚。特朗普非要说新冠病毒是"中国病毒"，前天世卫组织都证明，新冠病毒全世界都有，只是在武汉最先发现而已。小人长戚戚，甩锅能那么甩啊?!

我们宽厚，我们真诚，什么霸凌主义发起的挑衅，什么"修昔底德陷阱"的"鬼魔"，自然都能降伏!

说说结论，还是回到当今，近代以来人类文明的两大走向，一个是现代化，一个是全球化。

试看近代以来的世界发展，不管是什么国家，非洲的也好，亚洲、欧洲的也罢，不管是什么起源，都是要追求现代化。从五四运动、德先生、赛先生开始，我们共产党一代一代走在实现现代化的道路上。现在我们已经宣布我们开始启动了全面建设社会主义现代化强国的进程，就从明年开始! 共产党人对于现代化的追求，中国人的执着，全世界人民对现代化的追求，这个东西是不能挡的。

还有全球化。我刚才说了，在空前的挑战面前，人类其实需要空前的合作。即便是互联网，也会把人类空前地联系起来。我看"互联网艺术"中最伟大的艺术，就在此啊。

那么，一个现代化，一个全球化，都是不可逆的世界潮流。百年未有之大变局，谁知道怎么变呢? 但不管怎么变，这个潮流的总体趋向不会变。世界潮流，浩浩荡荡，顺之者昌，逆之者亡。虽然有"流水落花春去也"，但是仍然会"一江春水向东流"。昨天，一个日本人评论道，特朗普只是加速美国的衰落，拜登不过是延缓美国的衰落，美国的衰落是大势所趋啊，所以我说是"流水落花春去也"，但毕竟还有"一江春水向东流"。

中国强起来的文化支撑，有天时，有地利，有人和。

从这个大背景下看这一次"中国互联网艺术大会"，很有意义，很有艺术啊。

杨昌刚《梵净长歌行》序

　　一转眼，离开贵州已经 30 年了。那里的山山水水、亲切的笑脸却总在不经意间浮现脑海。这些年无论读书、看报、看电视、听广播，还是浏览网页，对贵州的消息总是格外关注。

　　贵州，西控云南，北接川渝，东临湘楚，南通两广，作为祖国大西南的交通枢纽，其重要性无可替代。由于历史、地理的原因，这里曾一度是全国经济发展最为落后的地区之一。然而正是这样一个"钱赋所出不及江南一大县"的地方，自 1413 年大明王朝建立贵州行省到科举制度结束的 1905 年，不足 500 年的时间，竟创造了"七百进士、六千举人""三鼎甲"的骄人成绩，被人誉为"俊杰之士，比于中州"。毋庸说在此悟道成功的王阳明，也毋庸说明代四大理学家之一的孙应鳌，近现代从这里走出去的洋务运动领袖张之洞，中兴名臣丁宝桢，戊戌变法精神领袖、北京大学的缔造者李端棻等，每一位都足以影响中华民族的命运。"公车上书"中，六百名冒着杀头危险签名画押的学子中，竟有 90 余名为贵州籍。这就是贵州的神奇所在。

　　在这些从贵州走出来的俊杰中，有一位是我进京后游览颐和园才知道的贵州先贤。他就是清代著名书法家、"颐和园"的题写者——梵净山下的印江人严寅亮。光绪十七年九月，朝廷修建的颐和园竣工，诏谕国中书法家书写颐和园匾额。严寅亮受翁同龢之嘱，书就"颐和园"三字献上，慈禧欣然赏识，朱批"录用"，并破例召见。园内尚需楼台亭阁匾额 18 方、楹联 23 副，亦一并令其书写，严均以行草秀逸出之。慈禧甚表满意，赐以龙纹镶边的"宸赏"玉章一枚。从此，严寅亮烟飞腕底，墨涌寒涛，蓬山留翰，名噪海内。

时人言及严寅亮现象时说，严的书法乃生养他的一方水土使然。

山水乾坤，阴阳两极。刚者而为山，柔者而为川，山有石，乃地之骨，川有水，这是地之血。人秉山水的灵气以生存，饮食呼吸，举目所睹，山水之于万物精灵的人，堪比父母精血更甚，谓之一方水土一方人。

反之，山水养育的人，尤其文人，对山水又有着别样的意义，如谢安的东山、陶潜的南山、李白的敬亭山，屈指盘算下来，直至贵州的梵净山，莫不如此。其实，山的历史就是一部漫长的文化史，有山就有水，山有多高，水有多长，文化的内涵为山水增加了分量，同时也影响了山下朝圣的人们。

昌刚君作为先贤严寅亮的印江同乡后学，作为梵净山脚下朝圣中的一员，他自幼便与书法结下了不解之缘。这些年来，他通过自己的努力，较好地继承了"书法之乡"的优良传统，书法风格日趋稳健和成熟，已成为书法艺术的杰出传承人，在书协从事组织工作期间，推动了当地乃至全省书法事业加快发展，付出了艰辛的劳动，厥功至多。

近期，他写下了《梵净长歌行》，我在欣赏他精美的法书之余，欣喜地看到他在文辞方面作出的努力。我对他取得的成绩尤为高兴，他在书法道路上披荆斩棘，孜孜不倦，风神自具。

昌刚君的书法创作，力求"以碑为主、碑帖兼容"，既规避了简单临帖可能带来的孱弱之症，也纠正了单纯尊碑屡见不鲜的矫揉造作，对于碑帖临习的态度，他始终遵循"合则并美，离则两伤"原则，较好地指导于他自己的创作实践。作为书法学者，他坚持读书至上、文质兼美，他在学诗撰联方面的努力值得高度肯定。这首梵净长歌一韵到底、气势磅礴，果然"功夫不负有心人"，进一步彰显了他在传统文化学习方面的虔诚。

在《梵净长歌行》的结尾处，昌刚君写道：武陵山脉气相接，五溪族群续华章。西出巴蜀襟长江，东望南楚邻潇湘。十八连片曾凋瘠，脱贫攻坚奔小康。登巅极目峰峦密，愚公移山无陇障。精卫填海东流遂，中国梦圆游梓桑。

在本书付梓之际，也是贵州全省彻底宣布告别贫困、踏上同步小康的时刻。贵州山水养育的贵州人，喊着"牢记嘱托，感恩奋进"的口号，以"团结奋进、拼搏创新、苦干实干、后发赶超"的新时代贵州精神，让自己的生产和生活方式发生了天翻地覆的变化。

古刹名山，文脉绵延；仰山之高，俯水之奇；山之弥高，水之益奇。躬逢盛世，能无兴叹焉！能无与歌焉！

是为序。

亚洲文明何以在当代重放光芒^①

　　"我们亚洲，山是高昂的头；我们亚洲，河像热血流；我们亚洲，树都根连根；我们亚洲，云也手握手！"在漫长历史长河中，亚洲的黄河和长江流域、印度河和恒河流域、幼发拉底河和底格里斯河流域以及东南亚等地区，孕育了众多古老文明，彼此交相辉映、相得益彰，为人类文明进步做出了重要贡献。今天，从历史发展的大角度看，亚洲文明又到了可以贡献出造福人民的亚洲方案，在当代重放光芒的时候了。

　　毋庸讳言，近几个世纪以来，一直是欧洲文明闪耀登场、亚洲文明黯然失色。正如《全球通史：从史前史到 21 世纪》（［美］斯塔夫里阿诺斯著）一书所说："在欧亚大陆长达千年的中世纪历史上，最惊人、最重要的发展是西欧从贫穷的、默默无闻的状态中崛起"，成为"中世纪文明转变为现代文明的先驱者和受惠者"，亚洲则大大落伍了。以致日本福泽谕吉的《脱亚论》曾如此宣称："作为当今之策，我国不应犹豫，与其坐等邻国的开明，共同振兴亚洲，不如脱离其行列，而与西洋文明国共进退。……我们要从内心谢绝亚细亚东方的坏朋友。"近代日本是在"脱亚入欧"中崛起的。

　　的确，现代化起源于数百年前西欧历史上发生的一场持续 200 余年的文艺复兴运动。文艺复兴把"人"从"神"的束缚中解放出来，把生产力从封建社

----

① 此文为 2019 年亚洲文明对话大会上针对分议题二"造福人民的亚洲方案"的发言。

147

会的束缚中解放出来，带领西欧走出中世纪的蒙昧和黑暗，迎来了现代文明的曙光。文艺复兴是"黑暗时代"的中世纪和近代的分水岭，是使欧洲摆脱腐朽的封建宗教束缚，向全世界扩张的前奏曲。

但是，这种扩张的负面开始显现了。自文艺复兴以来，近代大国经济的发展，都是以工业化和城市化为基本模式，必然涉及对煤、石油和天然气等不可再生资源的大量需求，以及对市场、对资源不断扩张的需求。近代西方世界在崛起的过程中为满足这种需求，以坚船利炮、圈占土地和奴役他人来掠夺资源。这虽造就了西方世界近代以来的繁荣，也埋下了它与世界其他部分的仇恨。孙中山先生早前就敏锐地发现：欧洲近百年是什么文化呢？是科学的文化，是注重功利的文化，也是行霸道的文化。自欧洲的物质文明发达，霸道大行之后，世界各国的道德，便天天退步。不仅如此，现代工业文明彻底打破了自然的和谐与宁静，人类一度成了自然的主人和敌人。人类生存的基本要素——天、地、水、空气都在遭到破坏。文艺复兴虽然极大地解放了"人"，但"人"又付出了极大的代价：文艺复兴使"人"从神的束缚中解放出来，之后"人"又被神化、异化。

那么，出路何在？

人类文明的交汇已走到量变到质变的临界点，人类危机呼唤人本主义在否定之否定意义上的继承和发扬，呼唤一场新的文明复兴。它已躁动于时代的母腹，呼之欲出：它要把过度膨胀的"人"还原为和谐的"人"，要建设人与自然和谐、人与社会和谐、人与人和谐的和谐世界；它要在文明互学互鉴、共同发展的平台上，构建人类命运共同体。

正如习近平主席在亚洲文明对话大会开幕式上的讲话中所说："当前，世界多极化、经济全球化、文化多样化、社会信息化深入发展，人类社会充满希望。同时，国际形势的不稳定性不确定性更加突出，人类面临的全球性挑战更加严峻，需要世界各国齐心协力、共同应对。""应对共同挑战、迈向美好未来，既需要经济科技力量，也需要文化文明力量。亚洲文明对话大会，为促进亚洲及世界各国文明开展平等对话、交流互鉴、相互启迪提供了一个新的平台。"

亚洲文明特别是中华民族的文化传统，亚洲的文化自信和协作互信，亚洲的发展共识和创新活力，正因应着当代世界促进新的文明复兴到来，应对共同挑战、迈向美好未来的时代要求。

美好未来的时代正在召唤，新的文明复兴必然到来，新的亚洲方案必定可行。正如《全球通史：从史前史到 21 世纪》一书所说："一个落后的地区在从一个历史时期到另一个历史时期的转变中居领先地位"，"人类学家们将此称为'受到阻滞的领先的法则'，该法则认为，最具适应性、最成功的社会要在转变时期改变和保持自己的领先地位，是极为困难的。相反，不太成功的落后社会更有可能适应变化，突飞猛进"。

其实，亚洲文明不仅正在兑现"受到阻滞的领先的法则"，更要超越"阻滞"与"领先"轮番交替，落后反过来压制、取代领先的零和博弈，展现"各美其美、美人之美、美美与共、和而不同"的新法则。

亚洲文明的精髓，就是不同文明没有优劣之分，只有特色之别；不同文明相互尊重、和谐共处；不同文明、不同发展模式交流对话，在竞争比较中取长补短，在交流互鉴中共同发展。

亚洲文明努力的方向，就是要让文明交流互鉴成为增进各国人民友谊的桥梁、推动人类社会进步的动力、维护世界和平的纽带。

亚洲文明的新法则，因应着当今世界各国人民对前途、命运的焦虑和呼唤，顺应着应对共同挑战、迈向美好未来的时代要求，体现着人心所向、大势所趋。

总之，无论从历史发展的大角度看，还是从顺应历史潮流、符合历史法则的大趋势看，抑或从世界人民的共同愿望、共同期盼来看，都到了亚洲文明贡献造福人民的亚洲方案在当代重放光芒的时候了。

第五辑

成之于乐

与大师：佛乐交响

一、俞峰大师与《神州和乐》

这位大师，是中央音乐学院院长，我国的著名指挥家俞峰教授。

称他大师，是因为他早在 30 年前，1991 年，就在全国青年指挥家选拔赛中，荣获第一名。同年 12 月，文化部派他前往葡萄牙参加佩德罗·德弗塔雷斯·布郎库国际青年指挥家比赛，获第一名。这是我国公派指挥选手首次在国际指挥比赛中夺冠，从而实现零的突破，当地舆论称之为"中国的大师""东方的胜利""天才的指挥"等。 1992 年，俞峰成功地指挥意大利那波里乐团参加欧洲现代音乐节，同年应邀指挥葡萄牙新交响乐团进行了历时两个多月的巡回演出，赢得了很高赞誉。1993 年，他应邀赴加拿大温哥华进行交流访问。俞峰在德国做访问学者期间，多次应邀指挥了柏林交响乐团、柏林乐团、普鲁士爱乐乐团、德意志电影乐团、柏林音乐学院、柏林艺术大学等乐团的交响音乐会。我国驻德使馆给中央音乐学院的信中说道："当我们在柏林音乐厅看到自己国家的优秀指挥家俞峰成功地指挥柏林交响乐团等著名乐团的音乐会时，都感到由衷的高兴和自豪。"

作为著名的指挥家，他应邀在美国辛辛那提音乐学院，澳大利亚悉尼音乐学院，东京艺术大学，柏林音乐学院，香港、台湾、上海等地的音乐学院举办指挥大师课。他的一流教学，扩大了中国指挥教学的影响力，并开创了欧美音乐学院指挥博士、硕士生来中国跟随他学习指挥的历史。作为教授，他培养了很多优秀的青年指挥家。音乐界都称他大师，我当然也称他大师。

与这位大师读书，首先要读音乐的书。但我还没有资格去上他的指挥大师课啊。但是，机会来了，为了给在中国举办的首届世界佛教论坛创作一部佛教交响乐，我有理由"三顾茅庐"，去他家拜访了。

我时任中华宗教文化交流协会会长、国务院宗教事务局局长。尽管他是大师，我多少也算个"大官"吧。对我这个不懂音乐、冒昧造访的不速之客，俞峰大师从堆积如山、正在埋头研读的交响乐总谱中抬起头来，有点诧异地看着我。

问明来意，他就请我谈谈对"佛教交响乐"有何想法。

我当然是有备而来，就开始引经据典地说开来：

"乐也者，圣人之所乐也，而可以善民心"（《乐记》），故应"兴于诗立于礼，成于乐"（《论语》）。在高度重视"礼乐"的古代中国的儒家圣人看来，"乐"是人心的至善追求、生命的至高成就、天下的至美境界。好的音乐，能深入人心、教化天下。在努力促进社会和谐、企盼世界和谐的许多当代中国的有识之士看来，"礼之用，和为贵。先王之道，斯为美"；乐之奏，和以声，和谐交响也"斯为美"啊。

佛教音乐又称梵呗。"梵音海潮音，胜彼世间音"，曹植"尝游鱼山，忽闻空中梵天之响，清雅哀婉，其声动心"。在中国三大语系佛教中，藏传佛教的"金刚念诵"，是音声世界的奇观；汉传佛教的"琴禅音乐"，乃世界音乐文化的瑰宝；南传佛教的"远古梵音"，"可借清流涤心神"。中国最早扮演茶花女的弘一大师，一曲《送别》轻轻送别了他，在他闭上眼睛的那一刻，他那"悲欣交集"的终极关切，除了"无尽意"的梵呗妙音，还有什么能会意传神？

音乐，发乎于心，动之以情。"情动于中，故形于声。声成文，谓之音。"（《乐记》）心之所动，呼之唤之；情之所至，歌之颂之。佛教音乐的元素，就是最朴素的音乐与最神圣的心灵追求的结合。那么，可否借交响音乐——这一人类音乐中表现力丰富、适应性广泛的艺术形式，来诠释东方文明的心声？交响乐最初正是取材于西方宗教音乐，交响乐的扣人心弦正是源于西方"终极关切"的心灵颤动。古典交响乐的大师亨德尔、巴赫等人的宗教音乐作品，传世百年，经久不衰。人类的心灵原是相通的。欧洲经典的交响音乐既然如此成功地演绎过人类"无情世界的感情"，"被压迫生灵的叹息"，其基本理论和作曲技巧，为何不能为中国佛教音乐的发展、创新所借鉴呢？何况佛教的音乐世界中，本来就既有菩萨低眉，也有金刚怒目；既有宁静祥和，也有高亢激越；既有禅悦慧风，又有莲幢光明；既有"拈花一笑"，又有"大放光明"，本来就需要以一种全方位、多层次的形式来表现，应该是一种交响——生命的交响，艺术的交响，和谐的交响。

俞峰大师默默地听着，若有所思。我看他一直默默无语，以为打动不了他，只好起身告辞。

他说，您别走啊，我约个人来一起商量。

一会儿，中央音乐学院作曲系主任、著名的作曲家唐建平教授来了。我们三人，一直谈到深夜。俞峰甚至哼出了《阿弥陀佛颂》的旋律。

半年后，唐建平教授写出了总谱，俞峰亲自指挥乐团排练，还一边排练，一边和乐团一起修改、补充总谱。中央音乐学院的艺术家们与拥有近百名中外演奏家的深圳交响乐团，念兹在兹，锲而不舍，艰辛努力，精诚合作，一部名为《神州和乐——梵呗交响音诗》的交响乐，终于应运而生。它以"和谐世界，从心开始"为主题，以中国佛教"庄严国土，利乐有情"的人间理想与"和谐生命，光明智慧"的禅慧道风，努力去阐释中国文化"以和为尚，和而不同"的文化价值，是呼吁和谐世界的中国，献给当今世界的一曲"礼乐"。

《神州和乐——梵呗交响音诗》在首届世界佛教论坛奏响以来，得到了众多知音的嘉许与牵念。中华宗教文化交流协会和深圳市对外文化交流协会遂推动它跨出国门，赴新加坡、马来西亚、印度尼西亚三国及我国的香港地区演出。"华严妙韵"将伴着缕缕和风，穿越马六甲海峡，飘进新加坡河，拂过婆罗浮屠，融入维多利亚港湾……

二、唐建平大师与《鉴真东渡》

经俞峰大师引见，借《神州和乐——梵呗交响音诗》因缘，我与另一位大师——唐建平教授也成了好友。他也真是大师，已为好几部大歌剧作曲，被称为"中国的瓦格纳"。

我们常常在一起，谈起唐朝大和尚鉴真的故事。

想起当年在惊涛骇浪中毅然挺立船头的那位目盲老人——鉴真和尚，想起奈良唐招提寺里盛开的樱花，想起中国扬州大明寺的一轮明月，想起日本来唐的最澄大师、空海大师……中国和日本，是一衣带水的近邻，在地缘环境上隔海相望、在佛教信仰上一脉相承、在文化习俗上同多异少。正因一衣带水，常有走动、交流、亲近，成就了长期以来中日关系史上一段段友好往来的佳话。也因一衣带水，时有猜忌、摩擦、冲突。尤其是20世纪三四十年代的日本侵华战争，给两国人民带来了一段惨痛、不幸的历史。近年来，两国关系又呈现诸多隔阂和麻烦。中日关系如何走出困境？大家都感到困惑。毕竟一衣带水，总有和平、友好、合作，总有同一缕春风同时吹绿大洋彼岸，总有同一域海水不分国界来回流动。鉴真精神，就是至今还在吹拂的"一缕春风"，就是可以重修旧好的"一域海水"。

"鉴真目盲航东海，一片精诚照太清。舍己为人传道艺，唐风洋溢奈良城。"李岚清同志将郭沫若这首诗谱写成了一首动听感人的歌。我把歌单给了唐建平，他说很感动，创作灵感来了！一个月后，一部钢琴与交响乐队的大型协奏曲《鉴真东渡随想曲》就应运而生了。此后，唐建平又为大型原创歌剧《鉴真东渡》作曲，到日本几个城市演出，广受欢迎。中日两国艺术家在奈良相聚一堂，讨论"鉴真精神与中日文化交流"，一起歌颂鉴真、怀念鉴真、再议鉴真精神，分明是要通过文化交流，唤回那"同一缕春风"，再渡那"同一域海水"。

《鉴真东渡》歌剧中的千古绝唱，至今还在我耳边回荡：

> 一片心，一带水，一声慈悲之音。
> 一千年，一万载，一道轮回的梦。
> 让苍梧飘过沧海，让他乡皆为故乡，
> 让光明照耀众生，永远将迷途引领。
> 辽阔难波津，寂寞冬眠花；
> 和煦阳春玉，香艳满枝丫。
> ……

俞峰和唐建平，一个是指挥大师，一个是作曲大师。我因为从事宗教工作的职责所系，要发挥好宗教，特别是佛教文化在促进社会和谐中的积极作用，一度用心关注和研究佛乐，便有缘亲近了这两位大师，同他们一起读书，与他们一起探讨佛乐，从而也促成了中国第一部佛教交响乐——《神州和乐——梵呗交响音诗》，以及钢琴协奏曲《鉴真东渡随想曲》的诞生。

与大师读书——佛乐交响。

与小友：共成于乐

众所周知，孔夫子最重视的是"礼"。《论语·颜渊》记载："颜渊问仁。子曰：'克己复礼为仁。一日克己复礼，天下归仁焉！为仁由己，而由人乎哉？'"颜渊问，怎样做才是仁？孔子说，克制自己，一切都照着礼的要求去做，这就是仁。一旦这样做了，天下的一切就都归于仁了。实行仁德，完全在于自己，难道还在于别人吗？

如此重视"礼"的孔夫子，为什么却偏偏强调"兴于诗，立于礼，成于乐"，注意，并非"成于礼"，而是"成于乐"！我想，其中的道理可能如下：

"兴于诗"。《诗》不就是《诗经》吗？"兴"就是兴起、开始、振奋的意思。孔子《八佾》中说："起予者商也！始可与言《诗》已矣。"表明一个人在国家社会生活中，表达思想、待人接物、言辞修身各个方面都应当是从学习《诗经》开始，只有这样的感性语言认识，才会有"美"的感受，才能"绘事后素"，立德修身。今天我们用中国梦来激励人心，一定意义上说就是全民族的"兴于诗"。

"立于礼"。《礼》即是社会的规则、仪式、制度。《论语》说："不学礼，无以立。"学礼守礼，从具体的感性认识提升到理性认识，严格地遵守礼的规定，才能克己复礼，以正其身，是为立也。今天我们加强制度建设、强调制度自信，一定意义上说也就是新时代的"立于礼"。

"成于乐"。子曰："人而不仁，如乐何。"孔子认为，如果一个人为人不仁，那么他所演奏的音乐也将不会是令人愉悦的。更重要的是，《乐》本无经，而在于人的创造，是建立在《诗》的感性和《礼》的理性基础之上的升华，是二者相互融合于"人"和"仁"的产物。"兴于诗""立于礼"当然重要，但"成"却在于"乐"。在今天看来，"乐"不仅是音乐之"乐"、快乐之"乐"，而且是道德的普遍高尚、活力的竞相迸发、精神的昂扬向上、人民对美好生活的追求不断实现的"天下尽欢颜"之"乐"。

我这番体悟，来自"与小友读书——共成于乐"的实践。

我这番实践，要从京城一个著名的读书沙龙——"远集坊"说起。

由全国政协文化文史和学习委员会副主任阎晓宏先生领衔，中国版权协会、国家版权创新基地主办，自2017年9月始，开设了一个读书人的精品沙龙"远集坊"，在京城很有名气。"远集坊"命名源自《楚辞·离骚》的"欲远集而无所止兮，聊浮游以逍遥"和唐朝诗人韦应物的诗"至今蓬池上，远集八方宾"，坚持正确导向，倡导平等交流，碰撞思想火花，汇集八方智慧，专门邀请书友到此交流各自读书心得。先后登台主讲的嘉宾有：王蒙、阎崇年、王文章、雷军、柳斌杰、谭跃、沈鹏、朱永新、郑渊洁、郑欣淼、罗振宇、吴为山、白岩松、唐家三少、陈一丹、陈彦、樊登、高洪波、葛珂、龚宇等各领域的专家学者和产业领袖，特邀有影响的出席嘉宾多达六百余人。"远集坊"运用传统媒体与新媒体广泛传播，在腾讯、爱奇艺、凤凰网、优酷、网易、搜狐、咪咕、火山、西瓜等九家新媒体平台同步直播，每期活动在线观看人数稳定在50万人左右，最高一次突破90万人。

阎先生邀我到"远集坊"讲一次。题目是：读书、音乐与人生。

读书，我倒是一直未断，虽然很多还只是泛泛浏览，不求甚解；音乐，却只是业余爱好，不说一窍不通也是半窍未通；人生，已进入老年，过去的一切归零，今后的一切从零做起，正像希腊的一句名言，"老了，再一次成为孩子"。到这个读书人的精品沙龙"远集坊"讲"读书、音乐与人生"，我能讲点什么啊？

阎先生一再邀请，盛情难却，我就想出个办法，找一个"孩子"，一个因读书和学习音乐而结识的小友——比我女儿还小八岁，但在国际指挥大赛中已连拔头筹的"金牌指挥"纪玉珏，而且是颜值很高的一个美女，一起来谈读书，谈音乐，谈人生感悟。

民革中央副主席修福金先生听了纪玉珏的演讲很受感动，挥笔写了一幅书法送她，并发来短信解读：

> 玉珏老师你好。作品右边的大字是：数风流人物还看今朝。左边小字是：远而望去皎若太阳升朝霞，迫而察之灼若芙蕖出绿波（是《洛神赋》形容洛神之美，语喻于你）。艺峰之星，人生沐德（写你德艺双馨），此乃梦者之神玉珏也（追梦人心中之神就是你玉珏）。大字主体，数风流人物还看今朝，小字三层意思一是你形貌之美如洛神，二是写你的艺和德，三是追梦者榜样。不妥之处请谅。祝好。

后来《人民政协报》还将讲座内容以《音乐与人生》为题，于 2020 年 8 月 3 日编发了一整版。在按语中说：

> 中国素有"礼乐之邦"的美誉。礼乐制度贯穿了中华民族的整个历史。乐，更是被古人先贤所论述、强调。儒家重视乐的教化功能，甚至把"乐"作为教学的主要科目之一教育学生。《礼记·乐记》中"礼者，天地之序也；乐者，天地之和也"也强调了乐的内在精神和重要性。音乐是人类共同的语言，是人们思想和情感交流的媒介；它能促进人与人之间的相互理解，能促进社会的和谐。音乐离不开人，人也离不开音乐，每个人都或多或少与音乐有着千丝万缕的联系。正如本期讲坛邀请的两位演讲者一样，音乐影响人生，人生因音乐而美好。本期讲坛是叶小文先生和纪玉珏女士近期在由中国版权协会、国家版权创新基地主办的"远集坊"文化交

流平台上的演讲，现整理编发，以飨读者。

叶小文：人生重要阶段都有音乐陪伴

说起我与音乐的缘分，我想它和读书一样，是伴随我一生的。尤其是在我人生的每个重要阶段，都有读书和音乐陪伴：作为全国政协委员举办读书活动时，在中国国家宗教事务局任局长的时候，作为中央社会主义学院的党组书记之时，退出领导岗位的一个70岁老头，以及抗击新冠肺炎疫情的当下……音乐都成为我生命中不可或缺的重要元素。

下面就从这五个重要阶段，谈谈我的读书、音乐与人生。

在读书活动中

自今年4月23日全国政协委员读书活动启动仪式后，全国政协委员纷纷开展各类线上读书活动，为建设书香政协、提高委员思想水平和能力素质、担负起新时代的职责使命而努力。

其实早在今年2月下旬，因为疫情原因，在委员移动履职平台上就已经开始组建防控疫情读书群，委员们在群里积极发言，读书互动热烈。在全国政协委员读书活动启动以后，更是分门别类组建读书群，其中有一个是"国学群"，是专门学习国学并交流心得体会的。

通过学国学，我们可以知道，诗书礼乐是中国传统文化实施教化的基础，是中国传统儒家思想的重要组成部分。中国一直有从孔孟之道以来形成的道德体系和教化途径，强调潜移默化，以理服人，感人肺腑，动人心弦。礼乐，就是教化的重要手段。《礼记·乐记》说："故礼以道其志，乐以和其声，政以一其行，刑以防其奸。礼乐刑政，其极一也，所以同民心而出治道也。"古代先贤重视"乐"，甚至视"乐"和"礼""刑""政"的功能一样，其相辅相成，同等重要。因而，"礼乐"就成了教化道德、促进和睦的重要手段。先人远去，道理还存。用今天的话可以说"乐以和其声"，也可以说是支撑人民精神充实、国家强盛的一种"软实力"。

《礼记·乐记》中关于"乐"还有大量阐述："治世之音安以乐，其政和；乱世之音怨以怒，其政乖；亡国之音哀以思，其民困。声音之道，与政通矣。""乐者，天地之和也；礼者，天地之序也。和，故百物皆化；序，故群物皆别。""乐统同，礼辨异，礼乐之说，管乎人情。""审声以知音，审音以知乐，审乐以知政，而治道备矣。"

在我们国学群中，领读学习《论语》的杨朝明委员告诉我们这样一段话，出自《礼记·经解》："孔子曰：入其国，其教可知也。其为人也，温柔敦厚，《诗》教也；疏通知远，《书》教也；广博易良，《乐》教也；洁静精微，《易》教也；恭俭庄敬，《礼》教也；属辞比事，《春秋》教也。""广博易良，《乐》教也。"这让我想起著名雕塑家吴为山先生的雕塑《孔子》，也想起了最简洁的一句话——"兴于诗，立于礼，成于乐"。

杨朝明委员就点评说：

"小文先生所讲极是！诗：诗言志，发乎情，人之所兴也；礼，理也。循理而动，人之所立也；乐，乐也，和也。礼之用，和为贵。

"'兴于诗，立于礼，成于乐'，人作为自然的人，有自己的基本情感，但率性之谓道，修道之谓教，人有教化修行而立于礼。孔子儒家重礼，不是为礼而礼，他们讲礼乃是为了和，故成于乐。

"如小文先生所说，'乐'不仅是音乐之'乐'，快乐之'乐'，而且是道德的普遍高尚、活力的竞相迸发、精神的昂扬向上、人民对美好生活的追求不断实现的'天下尽欢颜'之'乐'。

"礼主分，乐主和。《乐记》说乐通伦理，乐与声、音不同。广义的礼也包括乐在内，礼与乐相互为用，中国的礼乐文明就是这样成就的。"

戚建国委员也给我鼓励，他说："为小文解读点赞。兴于诗，当与志相关，诗言志，志于兴；立于礼，当与道相关，礼之立，在于大道之行；成于乐，当与和相关，和声之美、和谐之美，则'天下尽欢颜'。"

当时看到群里两位委员的点评，我很激动，于是我也回答了杨朝明、戚建国两位委员："闻礼乐之道顿悟，闻晨鸡之鸣起舞。兴于诗，立于礼，成于乐，我们今天学国学，不妨深悟此九字。"

美是纯洁道德、丰富精神的重要源泉。没有美滋养的人生，必然是单调的、干涸的。孔子认为教育是"兴于诗""成于乐"，其中就包含着对美育的重视。2018 年 8 月 30 日，习近平总书记在给中央美术学院八位老教授回信时还专门强调了这一问题。文以载道，文以传情，文以植德。文化是民族的血脉，是人民的精神家园。社会主义文化大发展大繁荣，它来自民间，来自大变革的时代，来自全民族精神的激情与荡漾。伟大的民族，必然创造出壮丽的史诗。

这就是我跟着这些委员一起读书、对音乐的一些粗浅体会。

当然，读书也不是光谈音乐，我在线上连续发了一百多篇读书笔记，中央党校出版社即将出版我的一本书:《书香政协百日漫游——叶小文读书笔记》。

在做宗教方面的工作时

在国家宗教事务局任局长的时候，大块儿读书的时间少了很多，多的是以"礼乐"施"乐教"，撸起袖子加油干。在音乐方面，我做了两件事:一件是倡导佛教交响乐，一件是推动佛乐赴台湾。

一、倡导佛教交响乐

2006 年的首届世界佛教论坛，37 个国家的佛教高僧齐聚中国。我们就想到，能不能举办一场佛教交响乐音乐会? 于是我就写了一篇文章，发表在《人民日报》上，我说:古典交响乐大师亨德尔、巴赫等人的宗教音乐作品，传世百年，经久不衰。人类的心灵原是相通的。欧洲经典的交响音乐既然如此成功地演绎过人类"无情世界的感情""被压迫生灵的叹息"，其基本理论和作曲技巧，为何不能为中国佛教音乐的发展、创新所借鉴呢？何况佛教的音乐世界中，本来就既有菩萨低眉，也有金刚怒目；既有宁静祥和，也有高亢激越；既有禅悦慧风，又有莲幢光明；既有"拈花一笑"，又有"大放光明"，本来就需要以一种全方位、多层次的形式来表现，应该是一种交响——生命的交响、艺术的交响、和谐的交响。

按照这一理念，我通过中央音乐学院院长俞峰先生找到作曲家唐建平先生，创作了交响乐《神州和乐——梵呗交响音诗》；后又邀请了俞峰来担任指挥，最后由深圳交响乐团等联合演出。除了为首届世界佛教论坛演出外，此后我还带着乐队到广州、上海等地进行了演出。

二、推动佛乐赴台湾

海峡两岸分隔已久，怎样"走到一起"？我曾这样想：如果"说"不到一起，能不能先"唱"到一起？从"唱"到一起，争取"说"到一起；从"说"到一起，争取"想"到一起；从"想"到一起，争取"干"到一起——两岸终究还是要走到一起。

我在国家宗教事务局工作时，曾在大陆举办了一场两岸佛教展演，邀请了台湾的高僧们来"唱"。接着有来有往，大陆的佛乐也走进了台湾。

台湾的星云法师说，两岸一家亲，总要走到一起，有佛法就有办法，有佛乐就有欢喜。我们在台湾佛光山举办了两岸佛乐展演，台湾与大陆之间虽然海洋辽阔，但中国人血浓于水的感情交流也是阻隔不了的。

在中央社会主义学院工作时

中央社会主义学院是各民主党派的联合党校，我刚任党组书记和第一副院长时，发现这个学院社会上的人知道得比较少，我在全国政协大会上作了一次大会发言，题为《办好民主党派的联合党校》，提出："中央社会主义学院作为中国共产党创办并领导的统一战线性质的政治学院，作为民主党派和无党派人士的联合党校，由毛主席起名，周总理操办，邓小平题名，江泽民题写校风。胡锦涛更赋予其'统一战线人才培养基地、理论研究基地和方针政策宣传基地'的重要职能。这不是一般的学院，而是有着政治殊荣的高等'政治学院'。不是一般的学习园地，而是整个中国统一战线的'三大基地'。几代中央领导挂出的牌子，我们不能搞小了；定下的规矩，我们不能搞丢了；提出的要求，我们务必落实了。"

如何让全社会都了解社会主义学院？我想起《礼记·乐记》中这样的话："地气上齐，天气下降，阴阳相摩，天地相荡，鼓之以雷霆，奋之以风雨，动之以四时，暖之以日月，而百化兴焉。如此，则乐者，天地之和也。"这不就是古人对交响乐的描述和想象吗？这也是中国文化对交响乐的认同和赞赏。

交响乐不仅属于西方，它一定也属于中国，而且早就属于中国。作为以"社会主义"命名的中央社会主义学院，应该由交响乐来为它"鼓之以雷霆，奋之以风雨，动之以四时，暖之以日月，而百化兴焉"！于是，我邀请著名指挥家余隆先生带着中国爱乐乐团的100多位艺术家来到了学院，演奏一些脍炙人口的国内外交响乐名曲。

因为这次特殊的经历，再加上在中央社会主义学院工作，没有在国家宗教局时那样繁忙了，每年还有两个很长的假期。于是我在读书之余，开始学习青年时代就喜欢过但终究没有能学习的大提琴，倒也自得其乐。

但"独乐乐不如众乐乐"，后来机缘巧合下，很多音乐爱好者凑在一起，组建了一个业余的交响乐团。这个乐团组成人员大多是爱好音乐的将军、部长、教授等，再加上合唱团，有将近200人，我们就叫"三高爱乐之友业余交响乐团"，我被推荐为团长。这个乐团还在国家大剧院举办过两场音乐会，引起了热烈的反响。

业余生活已离不开音乐

"三高爱乐之友业余交响乐团"当然不可能长期搞下去。但"聚是一团火，散是满天星"，此后又组建了一个"满天星业余交响乐团"，在民政部正式注册登记。这个业余交响乐团还得到了国家艺术基金资助。大家继续推我任团长。如今，我们这个业余乐团已经在 100 多所大学进行了 150 多场题为"音乐点亮人生"的演出。作为世界顶级交响乐团，美国费城交响乐团来华演出时，也很高兴应邀与我们在北京合演了一场。

一个大学生看了我们的演出还当场赋诗："堪忆昔年往事，扶社稷，勋绩良多。韶华逝，青丝华发，未敢忘忧国。"我想，我们不就像蒲公英吗？满头白发、成熟了，就变成蒲公英的种子飞到祖国的各地去，再长出新的蒲公英。

抗疫中的音乐云合作

当下，新冠肺炎疫情未消失殆尽，大家依然紧绷抗疫的心弦。

上半年，我找到满天星业余交响乐团的常任指挥纪玉珏女士，因为不能见面，我就提议，能不能做一个云合作，致敬疫情中的白衣天使。于是，我在家里拉大提琴，纪女士在家里弹钢琴，我们云合作了一首柴可夫斯基的《如歌的行板》。云合作由爱奇艺在线上推出后，得到了很多点赞。我想这不仅是为我们，更是为那些在抗击疫情过程中甘于奉献、勇往直前的白衣天使！

纪玉珏：音乐选择了我，我选择了音乐①

每个人都和音乐会有或多或少的缘分。但是，我和音乐的缘分有一点说不清道不明，因为我说不清是音乐选择了我，还是我选择了音乐。

我出生在青岛一个音乐世家，从小就是琴童。小时候我每天的生活都

---

① 原载于《人民政协报》2020 年 8 月 4 日。

是在家里弹琴，我六岁就开始登台演奏《黄河》了，大家都叫我神童，我说我不是神童，我就是琴童，为什么呢？因为琴童是用时间和童年换来的。这也是我与音乐缘分的开始。

我是在标准科班长大的，在中央音乐学院读了附中、本科和研究生。中央音乐学院的老师们给了我很多的帮助，他们给予的是全面、科学、高标准的育人模式。研究生毕业后，我进入中国交响乐团合唱团，担任指挥，开始了我的职业指挥生涯。

指挥家的修养与品格

一个人的艺术品格不仅仅是他这个人本身，也是他艺术的呈现。我认为这是职业指挥家最重要的两个内核。

参加几次世界指挥大赛，我发现真正有修养、有极高内涵的指挥家和技术还不错的指挥家差别还是很大的。技术是问题，真正起作用的是素养和品质。所以我经常思考，音乐真正的力量来自哪里？我想，它是来自我们的内心深处，来自灵魂深处直接触碰的那股精气神——这就是艺术。

一个人的需求在哪里，那么他的生活品质和追求就在哪里。对于乐团或合唱团，它的品质和修养又在哪里呢？我想，它就在指挥的身上，有什么样的指挥，那么这个乐团或合唱团就会有什么样的品质。

我经常和一些大师讨论，在培养指挥的时候，其实我们更希望学习到不同的专业知识、不同的艺术或不同的艺术表现方式。我是中央音乐学院毕业的，围绕指挥专业学到了指挥法、作曲技术以及各种各样的音乐史等。但是我想，一个学习指挥的学生，也应该去看一看画展、参观一下雕塑展、读一读小说、欣赏一出戏剧、研习一场电影等，这是有必要的。因此我认为，今天的学校教育，特别是艺术教育、音乐教育，应该更多地关注这些。这样我们的音乐在一定程度上才可以更好地走向未来，更好地提升中国乐团、中国合唱团在中国人民和世界人民心里的艺术地位。

扎根在祖国的土地上

通过这些思考，我知道自己与真正的指挥大家还有距离，所以我鼓起勇气参加了几次重量级的世界指挥大赛，希望能够快速成长。

让我记忆犹新的一次比赛是去年在第一届"阿尔巴尼亚国家电视台（NRTA）国际指挥竞赛"中的表演。那时候孩子刚满一岁，我实在不舍得离开孩子，但又不得不参加。很多指挥大赛是有年龄要求的，如果过了这个年龄，可能就参加不了了，当时我认为时机也正合适，狠了狠心就去了，好在获得了第二名的成绩，还算不错。

接下来的一次是在美国参加的世界指挥大赛。这一场比赛是从全球报名选手中视频筛选出10位非常优秀的指挥进行最后的比赛，我也非常幸运拿到了第一名。

经过这些世界级指挥大赛后，我进一步思考肥沃的土壤对于一名音乐工作者的重要程度。肥沃的土壤是什么？就是我们国民的音乐素养，这是一位职业音乐者的重要保障。国民音乐素养对于整个国家的文化提升、对于提高国民幸福指数、对于我国人民走入美好幸福生活真是太重要了。

我是满天星业余交响乐团的常任指挥，叶小文团长所带领的这一交响乐团进入百所院校为万名学子进行音乐普及，将音乐之美传递给学生，在他们内心种下美的种子。

中国素以"礼乐之邦"而著称，有着悠久的乐教传统。在我们的日常生活中，音乐是可以起到对人们心灵教化的作用的。因为音乐演绎的就是我们的心路历程以及我们的人生。

每当我想要把一段音乐真正地表现好的时候，我认为音乐就是我的信仰。为此，我也特别想呼吁大家能与音乐为友，终生享受音乐。实际上，有很多伟大的人物在音乐上都有极高的艺术修养。比如，我国第一首小提琴曲的作曲家李四光先生，我们知道他其实是一位地质学家，而1920年在巴黎他写出了《行路难》，此为我国第一首小提琴曲作品，他在个人回忆录中也经常说音乐对他的重要作用。我国著名杂交水稻之父袁隆平院士，为我国以及世界杂交水稻都做出了突出贡献，其实他还是一位小提琴手。我国著名科学家钱学森先生，就经常说"我有今天的成就得益于我的爱人"，他的爱人是中央音乐学院声乐系教授蒋英女士，他也常说："我在遇到科学上的难题百思不得其解的时候，蒋英的歌声总能帮助到我。"

著名物理学家爱因斯坦曾说："这个世界是由音乐的音符组成的，也是由数学公式组成的。音符加数学公式，就是真正完整的世界。"

热爱，让音乐更有魅力

在职业乐团工作是很忙碌的，但我特别喜欢与"一老一小"打交道。为什么呢？因为从小孩子的身上我们能看到以后国家会出现一大批人才，他们代表的是中国的希望。比如，我带领的北京一〇一中学金帆交响乐团参加了全国甚至是世界多场演出及比赛，不仅受到关注，而且获得了好评。

我喜欢和老人们打交道，我感到他们真正地热爱音乐。满天星业余交响乐团的乐手们虽然都是来自各行各业的精英，但他们一聚就是七年，他们让我真正感受到音乐的伟大，感受到作为一个音乐工作者的社会责任。

满天星业余交响乐团，"业余"是他们的特点，因为他们是一群非音乐专业人士相聚一起，但他们的表演不业余、演奏不业余，他们自我要求极高，演奏的作品也是最难的，听完他们的演奏，会被他们的音乐所感染，被他们的精神所感动。

一位音乐家，要么是琴童，要么是从中青年开始学习，尤其是学习大提琴，往往需要用一辈子的时间去积累。而令我们难以置信并敬佩的是，叶小文团长是从 61 岁开始学习大提琴的。在学习的过程中，他虚心求教，勤奋刻苦，每天会有几个小时用来练琴。他对音乐的执着和向往，感动着我，让我肃然起敬。这是我们身边最励志的故事，是我们真正需要学习的。

　　团里其他成员也都是各行各业的精英、代表，在本专业取得突出成就的同时还不断坚持练习乐器、学习音乐，我感动于他们追求艺术事业的矢志不渝，感动于他们致力公益事业的奉献与付出。我想，可能全世界也很难找到这种以爱和社会责任感为使命的乐团，这个乐团不仅温暖了数不清的学子，也温暖着我。满天星业余交响乐团以其生动的音乐示范和高尚的公益追求，推动着高雅音乐走近大众，并向社会发出一个强烈的声音，那就是：高雅音乐要在中国成为大众的艺术，成为推动文化艺术繁荣发展、提高全民文化素养的重要助推力。

　　作为一个中国本土培养出来的指挥家，我非常荣幸生长于这个国家，感受于这个时代。我们国家的专业音乐教育水平在世界上都是占有一席之地的，对于我们不断建设文化强国，我充满信心。

　　以上，就是因读书和学习音乐而结识的一个小友——比我女儿还小八岁，但在国际指挥大赛中已连拔头筹的"金牌指挥"纪玉珏，一起来谈读书，谈音乐，谈人生感悟。

　　纪玉珏也是我们满天星业余交响乐团的常任指挥。我作为乐团的首席大提琴手，自然位居前列，正好坐在她的膝下。排练和演出的紧张中，实在也顾不上欣赏她的"远而望去皎若太阳升朝霞，迫而察之灼若芙蕖出绿波"。但她的耳朵却是极为灵敏的，近百人的乐队，谁错了一个音，也休想"滥竽充数"，她的有点严厉的眼光会立刻扫过去。当然对我这个"正部长级"的乐手，她毕竟还要"手下留情"，不会当众点名批评，只是朝着我闭一下眼睛。实在过不去了就会中断排练提醒，注意，某小节某个音有降号！当整个乐队跟着她的呼吸和灵动的手势进入乐曲的旋律时，你真的会享受到音乐之美。

　　这个小友说来也奇，虽初出茅庐，"小荷才露尖尖角"，就已在国际指挥大赛中斩获金牌，甚至被国外同行喻为"金牌收割机"。只是交响乐指挥这一行，大概在国内尚属冷门，未见报道和宣传，她自己也不大说，真的是"我悄悄的来，我悄悄的走，不带走一片云彩"啊。我突然觉得，孔夫子说的"成于乐"，不就在我们身边吗？

又想起恩格斯曾高度评价"文艺复兴"在历史上的进步作用，他写道："这是一次人类从来没有经历过的最伟大的、进步的变革，是一个需要巨人而且产生了巨人——在思维能力、热情和性格方面，在多才多艺和学识渊博方面的巨人的时代。"在中华民族实现伟大复兴的进程中，我们其实肩负着推进一场新的文明复兴的时代使命，当然就不能"只有高原不见高峰"，不能只有"凡人"没有"巨人"，当然也是一个更加"需要巨人而且产生巨人"的时代。而这些"巨人"，正从我们身边的一个个"凡人"中走来，正从一代青年中走来，正从"少年之中国"中走来。我们应该去发现他，呵护他，鼓励他，宣扬他。所以，我拉着纪玉珏这个尚"名不见经传"的小姑娘、小朋友，第一次在大咖云集的"远集坊"，讲自己怎么获得国际指挥大赛金牌的事迹。修福金主席独具慧眼，当即热情洋溢地写诗鼓励她。《人民政协报》也拿出很大的版面登出了她的演讲稿。

此后，作为政协委员读书的扩展活动，辽宁省政协主席夏德仁、湖南省政协李微微都邀请我和纪玉珏去给当地的政协委员们演讲"读书、音乐与人生"。接着，云南省的政协主席李江也发来了邀请。

我们还请来中央歌剧院交响乐团的大提琴首席杨娣（青年演奏家，也是我的大提琴老师）一起，在演讲后为大家开一场小音乐会，演奏一些中外著名的大提琴独奏、重奏以及与钢琴三重奏的曲目，包括中国的《牧歌》《萨丽哈最听毛主席的话》《彩云追月》，和巴赫的《大提琴无伴奏组曲序曲》、维瓦尔第的《g小调双大提琴协奏曲》以及拉赫玛尼洛夫的三重奏《悲歌》等。诗经伴着乐经诵，琴声缭绕读书声。

纪玉珏总叫我伯伯，说您既是伯伯的"伯"，也是"伯乐"的"伯"。且"伯乐"也就是"乐伯"，"爱乐的伯伯"嘛。我说，按年长和对音乐的热爱，倒也确应如此称呼。但在乐团里可别这么叫，我们都得"一切行动听指挥"。

在"金牌指挥"面前，伯伯也就是一个"跟着指挥棒转"的小兵。

孔夫子说，"兴于诗，立于礼，成于乐"。与小友一起读书，一起热爱、享受和传播音乐，我体会到了"成于乐"的快乐。

与乐友：点亮人生

我已退出领导工作岗位好几年了，亲眼看到，许多老一辈革命家担任党和国家领导职务时，夙夜在公，为国操劳，鞠躬尽瘁；退休后仍老骥伏枥、志在千里，一身浩然正气，满腔乐观豁达，健身健脑，读书写书，有的不仅著作等身，竟在书法、篆刻、素描、音乐等领域也有极高的造诣和成就，令人感佩不已。我愿引以为榜样。

我作为一个共产党员，作为党培养的干部中的一员，受此永不消退的革命精神、丰厚充实的文化素养所激励，我的"退休生活"也过得比较忙碌、充实和快乐。

主要忙两件事，读书与做人，音乐与修身。

读书与做人

不做官了，还要做人。

做人，就要读书。

怎么做一个好人？要读书。"为什么读书便能学得做一个高境界的人呢？因为在书中可碰到很多人，这些人的人生境界高、情味深，好做你的榜样……他们是由千百万人中选出，又经得起长时间的考验而保留以至于今日，像孔子，距今已有二千六百年，试问中国能有几个孔子呢……为什么我们敬仰崇拜他们呢？便是由于他们的做人。"钱穆说，"假如我们诚心想学做人，'培养情趣，提高境界'，只此八字，便可一生受用不尽。"

怎么做一个摆脱平庸的人？要读书。"阅读的最大理由是想摆脱平庸……平庸是一种被动而又功利的谋生态度。平庸者什么也不缺少，只是无感于外部世界的精彩，人生历史的厚重，终极道义的神圣，生命含义的丰富。而他们失去的这一切，光凭一个人有限的人生经历是无法获得的。"余秋雨说，"只有书籍，能把辽阔的空间和漫长的时间浇灌给你，能把一切高贵生命早已飘散的信号传递给你，能把无数的智慧和美好对比着愚昧和丑陋一起呈现给你。区区五尺之躯，短短几十年光阴，居然能驰骋古今，经天纬地，这种奇迹的产生，至少有一半要归功于阅读。"

怎么做一个高人？要读书。习近平总书记说："各级领导干部要深刻认识现代领导活动与读书学习的密切关系，深刻认识领导干部的读书学习水平在很大程度上决定着工作水平和领导水平，真正把读书学习当成一种生活态度、一种工作责任、一种精神追求，自觉做到爱读书读好书善读书，积极推动学习型政党、学习型社会建设。"

怎么做一个新人？要读书。进入"互联网＋"的时代，不能读死书，死读书。所谓"互联网＋"，就是"互联网＋各个传统行业"，利用信息通信技术以及互联网平台，让互联网与传统行业进行深度融合，创造新的发展生态，促进创业创新、协同制造、现代农业、智慧能源、普惠金融、公共服务、高效物流、电子商务、便捷交通、绿色生态、人工智能，形成若干新产业模式。今天，要善于在"互联网＋"的大趋势中，在经济发展的新常态中，创造性地读书。如果"互联网＋读书"呢，会不会也创造奇迹？不妨一试。全国政协委员读书活动开展以来，已上线1500多名委员，每天在线上的12个读书群里一起读书，就是在创造这样的奇迹。

读书，要读懂读透。朱熹《观书有感》云："半亩方塘一鉴开，天光云影共徘徊。问渠那得清如许，为有源头活水来。"读书到了这样的境界，是何等的明了开朗，通达畅快！

读书，要夜以继日。白天走干讲，晚上读写想。白天光阴似金，最宜多走、多干、多讲；夜晚沉寂幽静，更适勤读、勤写、勤想。坚持走干讲，才能读得透、写得深、想得远；不懈读写想，才能走得实、干得好、讲得准。如此周而复始，其实会另生出一番快乐的滋味。享受工作，一心一意，忙并快乐着；享受生活，一茶一书，闲并快乐着；享受天伦，一生一爱，爱并快乐着。享受音乐，一歌一韵，唱并快乐着。退休了，"白天走干讲，晚上读写想"的精神不能退。"退休"五年多，我发表了几百篇文章，其中包括：《求是》杂志上发表的《坚持和发展中国特色社会主义宗教理论》，《新华文摘》选载的《文化自信五题》，以及2019年《文史哲》发表、《新华文摘》转载的长篇论文《建设马克思主义宗教学探析》。

马凯副总理曾给我出过一副对联的上半句——"是大家常说家常"，要我对出下半句。我对了很多，都不理想。到底还是他自己对出来了——"是大家常说家常，凡才子夜读子夜"。其意境，或许"夜读子夜"就是"晚上读写想"，"常说家常"就是"白天走干讲"吧？读书与做人，做到这样的境界，即是"才子""大家"。

读书与爱乐

古人讲"礼乐刑政，其极一也"。"乐"乃一极，读书，当然也可以读"乐经"，交乐友。

有一个满天星业余交响乐团，经民政部注册登记，其名称来自"聚是一团火，散是满天星"的理念；其成员，主要是热爱音乐的教授、专家和干部，也有一些忙于本职工作但热爱音乐的年轻人。我是乐团团长兼大提琴首席。在这里，我交了很多乐友。

这个乐团的艺术总监，是在国家交响乐团当了26年首席的中国著名小提琴家、现为中央歌剧院院长的刘云志。他说，冼星海先生提倡"中国音乐化"，这是中国音乐人的理想。但只靠职业音乐家是"化"不了的。现在有这样一个乐团真是太好了。出于让"中国音乐化"的理想，他牺牲大量时间、用大量精力来指导这个乐团，也包括辅导我。我练琴的录音或录像片段，可以用手机随时发给他，请他指教。有一次我一高兴，半夜两点还发了一段，没想到他也马上回复了。他曾带着我和从欧洲来的华人青年钢琴家赵梅迪，在国家大剧院音乐厅演奏了一场拉赫玛尼诺夫的三重奏《悲歌》，经过精心指导排练，竟然取得成功。听众说刘云志、赵梅迪都是大师级音乐家，那个拉大提琴的是哪位音乐家啊，过去怎么没见过？我开玩笑说："竟然以假乱真了。可见跟着大师，一不小心也可以成为大师。"

这个乐团以"做普及优秀音乐的使者，为全面素质教育做贡献"为奋斗目标，以"爱乐、博雅、奉献、至诚"为价值追求，坚持业余，坚持公益，积极参与文化部和教育部组织的"高雅艺术进校园"活动，继续"音乐点亮人生"的专场演出。五年来演出150余场，平均每月超过2场，遍布全国20余个省市，北至吉林长春，东至上海，西至陕西延安，南至江西井冈山和贵州遵义，其中既有北大、清华这样的一流高校，也有北京实验学校、中关村三小这样的初等教育学校；乐团演出既围绕高雅艺术进校园、音乐点亮人生的演出主题开展，也结合重要事件，如"红军长征胜利80周年纪念演出""青春以爱抗艾（艾滋病）"等专题演出。

例如，2017—2018年两年满天星业余交响乐两年巡礼：

高雅艺术进校园，奉为宗旨建乐团。

六年足迹遍华夏，放眼苍穹星满天。

二〇一七丁酉年，仲春伊始奔西南。

民大科大双奏响，赞誉声飞两校园。

回师国图开首创，联袂费交传美谈。

马不停蹄到焦作，理工大学搭乐坛。

中南长师师生赞，橘子洲头忆当年。

嘉兴海宁迎党建，南湖访踪上红船。

中关村里进三小，祖国花朵映苍颜。

海淀四小星光闪，师生共谱英雄篇。

茅台学院厚积淀，务本兴业助乐团。

贵阳一中创示范，回报母校赤心丹。

星光再现在北展，纪念长征八十年。

百年耕耘人才聚，乐团三进清华园。

与国同龄筑摇篮，人大建树卓不凡。

世纪风云涌北大，民主科学攀峰峦。

温大浙贸楠溪畔，通商惠工敢为先。

音乐学院国研汇，定位未来驱前沿。

国图再奏《红旗颂》，淡淡书香伴管弦。

慢城四省通衢处，全年收官在常山。

二〇一八戊戌年，首当其冲到岭南。

博研劲嘉呈双秀，鹏鼎余音绕宝安。

五年一路歌诗诵，国图百场意非凡。

梅开二度到复旦，相辉堂里续渊源。

电力海事志高远，海燕高飞引风帆。

总理双甲诞辰日，乐团深情到淮安。

回师国图抒胸臆，长诗配乐祭先贤。

天问桥头书声朗，三峡大学纳百川。

西南大学砥砺志，果毅力行百余年。

国家剧院唱改革，千里奔驰呈新颜。

万众瞩目新区内，交响首度奏雄安。

计大嘉量开风范，党校姓党树中坚。

红土高原集灵秀，云旅云师有承传。

华中科大蜚声远，琴台知音尽欢颜。

国家基金喜结项，国图掌声如浪翻。

两年超过五十场，点亮人生化甘泉。

新年伊始勇接力，再创辉煌星满天！

2019 年正值新中国成立 70 周年，满天星业余交响乐团全年音乐会的主题都是"音乐点亮人生，我和我的祖国"。

《我和我的祖国》这首歌曲诞生于 35 年前。一天清晨，词作家张藜推开窗户，探头远望，一轮旭日缓缓升起，把对面的山川映照得如诗如画。联想到自己走过的路，尽管曲曲折折，但毕竟和祖国的命运紧紧相连。张藜脱口而出："我和我的祖国，一刻也不能分割。""无论我走到哪里，都流出一首赞歌。我歌唱每一座高山，我歌唱每一条河，袅袅炊烟，小小村落，路上一道辙。我最亲爱的祖国，我永远紧依着你的心窝，你用你那母亲的脉搏和我诉说。我最亲爱的祖国，你是大海永不干涸，永远给我碧浪清波，心中的歌。"这首歌，经李谷一唱红大江南北。它唱出了我们的心声，我们每一个人，都连着最亲爱的祖国；我们每个人的梦，汇成了 14 亿人的中国梦。

此外，我虽然 61 岁才学大提琴，在"深圳交响乐团 2016 年音乐季"、厦门大学"浪漫大提琴协奏曲之夜"、日本奈良鉴真精神研讨会前的小型演奏会、国家大剧院杂志 100 期纪念演出以及"贵阳交响乐团 2017 年新年暨《贵州日报》改版音乐会"上，我都应邀演奏了大提琴独奏《鸿雁》。

一位上海交大的学生用诗词赞扬乐团：

才略文韬，琴音歌赋，齐聚星河如火。谱思源曲，歌隽永如昨。堪忆昔年往事，扶社稷，勋绩良多。韶华逝，青丝华发，未敢忘忧国。

平生称乐友，声声入耳，精制玉琢。赏鼓磬丝竹，莫待蹉跎。尽献艺术盛宴，惠泽广，裨益纷说。祈康健，星光璀璨，辉映子衿卓。

乐团的老头子们从青年学子的热情赞誉中，也深受激励和鞭策，于是更加努力地挤出业余时间学习、排练，持之以恒地求索、进步。

音乐与修身

人的一生，要不断修身。传统文化中，先要修身，方能齐家、治国、平天下。修身，要有修为和定力。首先要在实践中历练人生，坚定理想信念，提升道德水平；也包括充实和丰富人生，提高文化素养。

那么热爱音乐，学习、练习和享受音乐，与修身有何关系？音乐，一定程度上也有助于修身。因为音乐可以使人的审美能力得到提高，生活更有情趣，思维更有创意，学习更有实效，工作更有效率，领导更有艺术，人生更加丰厚。古人讲，"礼以言其志，乐以和其声"。"九三"大阅兵中天安门广场气盖山河、响彻云霄的千人大合唱，使我们都感受到音乐的魅力和力量。

习近平总书记在全国教育大会上强调过，"要在增强综合素质上下功夫"。习总书记给中央美术学院老教授回信又说，做好美育工作弘扬中华美育精神，让祖国青年一代身心都健康成长。教育之为教育，正是在于它是一种人格心灵的唤醒。要求人心净化，先要求人生美化。以美育人、以文化人，可以更好地认识美、爱好美、创造美。音乐，尤其是经典音乐，优秀音乐，是人类优秀文化的传承，是人心至善至美的积淀。所以李岚清同志要求我们乐团，"做普及优秀音乐的使者，为全面素质教育做贡献"。

作为专家学者或领导干部，哪有时间沉湎于音乐？大家都忠诚于党的事业，热爱本职工作。为了事业和工作，要"聚是一团火"，义无反顾地去燃烧自己，要"五加二，白加黑"地加班加点，全力奉献。但总还有业余时间，总还能挤出点时间。"散是满天星"，在工作和学习之余，去追求高尚的道德情操和高雅的文化修养，于工作有益，于学习有补，于事业有成，于社会提供正能量。点点星光，微微闪烁，但满天星光，也能照亮世界。

这些音乐爱好者，大都年过六旬。他们认为，热爱音乐不仅于个人修身有益，也不只是为了自娱自乐。"韶华逝，青丝华发，未敢忘忧国。"我国在古代是最强盛的国家，支撑这种强大的因素很重要的是厚重的文化，其中就包括音乐文化。从战国时期的编钟，到孔子时代的礼乐，音乐伴随和见证着国家的命运。与我国明清对应的时期里，西方国家发生了一系列的剧变，西方有文艺复兴，日本有明治维新，使得他们的文化和科技进步、社会改革，而我们一度长期故步自封，夜郎自大，丧失了两次大的发展机会，到清代中叶，成为不堪一击的"纸老虎"，音乐也因此成为沙漠。清末以来蔡元培等杰出人物提倡美育，从人才学的角度进行研究，有特殊贡献的人，不仅在专业方面有建树，往往还有深厚的文化基础和艺术方面的爱好。因此，热爱音乐，并不是要求大家都成为音乐家，但是作为国家各项事业未来接班人的知识分子，培养他们对经典音乐的兴趣和修养也是有益的。

音乐与修身，音乐与青年，音乐与人才，音乐与优秀文化，音乐与美学精神，都可以有关联，都可以带来人生感悟、生命感动和事业激励。

官员若真爱音乐，也能感动人心

有位廉政研究者曾在《环球时报》上撰文，批评某县委书记在当地跟交响乐团合拉二胡，"有'私嗜''不务正业'之嫌"，"再联想到落马的'著名书法家'胡长清、'著名摄影家'秦玉海等人……"

我随后也在《环球时报》发了篇题为《官员若真爱音乐，也感动人心》的短文，认为虽然其批得痛快，联想透彻，但和廉政问题是否如此关联，却值得商榷。交响乐团到一县演出，少见。县委书记同台拉二胡，更少见。这种稀罕事，热闹也好，胡闹也罢，倒也引人关注。尤其从网上看，其人琴艺低劣，不堪入耳，怎就敢上台？甚荒唐。但未必因此就要当作"拉歪了二胡，失掉了民心"来鞭挞。胡长清落马不是因为书法，秦玉海罪过主要不在摄影。问题都出在腐败变质。把"拉歪了二胡"当作"政治生态中很特殊但极重要的现象"来反腐纠风，恐也有"打歪了靶子，失掉了重心"之嫌。

对奢靡之风，必须坚决杜绝。对腐败变质，必须严加防范。干部，当然要干好工作，夙夜在公，勤恳敬业，廉洁自律，从严要求。但并非工作之余，就不能有点文艺爱好。"许多老一辈革命家都有很深厚的文学素养，在诗词歌赋方面有很高的造诣"（习近平同志2013年在中央党校的讲话），况且，爱好音乐，或爱好书法、摄影……未必就一定影响工作。时间是挤出来的。有人在工作之余挤出时间学习，研究问题，做学问，追求高尚的道德情操和高雅的文化修养，向社会提供正能量。也有人挤出时间搞不正之风，甚至贪腐堕落，造成极坏影响。一正一负，天壤之别。

某位"拉歪了二胡"的县委书记，的确不该上台丢人现眼。但如果有干部在业余时间喜欢拉二胡、弹钢琴……未必都提倡，也不必就反对。美国前国务卿赖斯弹得一手好钢琴。美联储前主席格林斯潘曾是专业的单簧管和萨克斯演奏者。咱们这位"二胡书记"拉跑调了，只能说功夫不好，未必因此就作风不正，甚至就因此而为政不廉。

民心其实也爱乐。在爱乐者看来，音乐能使人的审美能力得到提高，生活更有情趣，思维更有创意，学习更有实效，工作更有效率，领导更有艺术，人生更加丰厚。倘真爱音乐，也感动人心。

在北京、上海等地，就有由若干教授、将军、干部中的爱乐者自愿组成的业余交响乐团。他们对经典音乐锲而不舍、孜孜以求，常年坚持排练，活动经费自筹。有的还与大学生一起举办"音乐沙龙"，共同探讨音乐给他们带来的人生感悟和感动。

两首大提琴名曲的由来

人民音乐出版社连续出版了两首大提琴独奏曲，有一整套钢琴伴奏谱和管弦乐团伴奏总谱，还被国务院新闻办列入中国对外交流重点书目。

我虽然是业余的大提琴爱好者，音乐技巧不高，但"读书"功夫略有，促成了这两首大提琴名曲的创作和出版，我分别为之写的序言如下。

《丽江恋》序

一个年过六旬才有机会拜师学艺的业余大提琴爱好者，拜的师，就是中国歌剧院交响乐团优秀的青年大提琴演奏家杨娣。

老头学琴，怎么教？不可能循序渐进地去拉那些烦琐的练习曲。杨娣就量身打造，自己编写练习曲。可是，从这些练习曲中，分明可以感受到这位青年艺术家的才气和灵气。

我就鼓励她，为什么不写一首中国题材的大提琴独奏曲？

一次，杨娣与恋人去丽江度假。这个神奇美丽的地方，使两人流连忘返。杨娣说，"仿佛总有一曲婉转悠扬的旋律伴我入境"，"一片湛蓝的天空、一缕透过屋檐慵懒的阳光、古镇里悠然的老者、嬉戏的孩童、花楼的恋歌……丽江是一首唱不完的歌"。

我说，"为什么我的眼里常含泪水，因为我深爱着脚下的土地"，"把你的灵感、你对丽江的眷念写下来啊"。于是：

一首美妙感人、如歌如诉的独奏曲，

一位美丽动人、才华横溢的好姑娘，

一个六旬学琴、热爱音乐的老学生。

……

这是《丽江恋》后面的故事。

于是，就有了这首美丽的大提琴独奏曲。

此次人民音乐出版社出版了两个版本，钢琴伴奏版（金刚伴奏）和管弦乐队版（中国歌剧院交响乐团伴奏）。均附有演奏光盘。

当然，担任大提琴独奏的，是学生本人。

《鸿雁》序

作为一个年过六旬才有机会拜师学艺的业余大提琴爱好者，老师教我练习的第一首独奏曲，就是世界闻名、凄美绝伦、渗入心灵的法国圣桑的《天鹅》。

我想，中国，这个文明古国，也应有自己的"天鹅"。

一首蒙古族巴彦诺尔或乌拉特地区民歌，就叫《天鹅》，歌词是这样的：

洁白美丽的天鹅，在那湖面上徜徉漫游。

远方的客人来到我的家，设宴摆酒将你挽留。

褐色秀丽的天鹅，在那碧波中徜徉漫游。

想念的弟兄来到我的家，设宴摆酒将你挽留。

在电视剧《东归英雄传》中，由吕燕卫作词，张宏光编曲，采用《天鹅》的曲调，重新填词编曲进行创作，额尔古纳乐队演奏，呼斯楞演唱，于是，美丽的在碧波中徜徉漫游的天鹅，变成了在天空展翅高飞的鸿雁。其歌词为：

鸿雁天空上，对对排成行。

江水长，秋草黄，草原上琴声忧伤。

鸿雁向南方，飞过芦苇荡。

天苍茫，雁何往，心中是北方家乡。

鸿雁北归还，带上我的思念。

歌声远，琴声颤，草原上春意暖。

鸿雁向苍天，天空有多遥远。

酒喝干，再斟满，今夜不醉不还。

太美了，中国的天鹅，同样凄美绝伦、渗入心灵。

中国人，可以说几乎无人不喜爱这首《鸿雁》。

于是，我找到中国的作曲家姜万通先生，请他编写一首大提琴独奏曲《鸿雁》。

我相信，远在天际的法国大作曲家圣桑，也会望着当代中国的作曲家，会心地微笑；远走高飞的鸿雁，也会向着碧波中的天鹅，深情地回眸。

《鸿雁》是以蒙古族民歌《天鹅》为基调，加入长调和舞蹈素材发展而成为相对完整的有回旋结构特征和复三部结构特征的大提琴独奏曲。开始由乐队的长音和弦衬托出大提琴散板的长调主题，以表达草原一望无垠的宽广和蒙古族人民的宽阔胸怀。此主题全曲共出现三次，每一次都有所变化。"鸿雁"主题首先在大提琴上奏出，在不同的音区重复两次后，由乐队演奏主题，大提琴则以复调旋律和分解和弦对答。快板部分，采用蒙古族的舞蹈体裁，大提琴与乐队先后呈示舞蹈主题，表达人们载歌载舞、兴高采烈地欢庆丰收的喜庆场景和欢乐形象。之后，乐队演奏"鸿雁"主题的变化形式，大提琴演奏分解和弦，进入全曲高潮。此后是"再现"，悠扬的歌声"鸿雁"主题再次响起，大提琴与乐队相互交织对话，并在散板主题中结束。

　　此次人民音乐出版社出版了两个版本，钢琴伴奏版（金刚伴奏）和管弦乐队版（中国歌剧院交响乐团伴奏）。均附有演奏光盘。

　　担任大提琴独奏的，是学生本人。

　　满天星业余交响乐团的一位乐友写诗赠我：

　　　　官场磨砺久，依然赤子心。

　　　　清新去浮饰，磊落超凡尘。

　　　　妙手文章著，《鸿雁》天下闻。

　　　　琴弓起落处，依然少年人。

　　我已年届七十。每次外出，都带着大提琴，一路上好抽空练一练。乘飞机不敢将琴托运，怕摔坏了，只能随身携带。一次，一位空姐好奇地问我，很少见到这么大年纪还到处奔波的演奏家啊？这倒是真的，中国的大提琴演奏家很少有过了六十岁还东奔西跑的。我当然不是演奏家，怎么回答呢？想起了黄永玉的一段话：

　　三十而立，四十而不惑，五十而知天命，六十而耳顺，七十而从心所欲不逾矩，八十脸皮太厚刀枪不入。

听古琴：精神富有

　　2020 年 11 月 5 日，在全国政协举行了一场 "'让古琴醒来'：委员读书漫谈群线下交流暨文化艺术界界别活动"。我借担任活动主持人之便，先谈了如下体会——

　　　　今天政协有雅集，
　　　　田青教授展古琴。
　　　　漫谈群里风光好，
　　　　枯木逢春若龙吟。①

　　　　此时彼岸正起哄，②
　　　　此地幽幽如凤鸣。
　　　　两岸猿声啼不住，
　　　　一叶轻舟已远行。

　　接着，高山流水觅知音，古琴一醒遇高人。古琴新声，穿越千年，来到了

---

① 有一把珍贵的唐琴名 "枯木龙吟"。
② 美国选战正酣。

全国政协的大雅之堂。虽古拙朴素却又精美绝伦，虽饱经风霜却又历久弥新，因为找到了知音，枯木逢春若龙吟，穿山越海达汪洋。

古琴作为中国历史最悠久、文化负载最丰厚的乐器和艺术，传承着其特有的人文精神，田青教授将之提炼为一个"敬"字，要敬己、敬人、敬天地、敬自然、敬圣贤、敬后人。大家说，听了古琴，我们更要敬，敬仰华夏民族传统音乐的长江大河。她在我们世世代代休养生息的辽阔领土上激起过无数绚丽灿烂的浪花。她不择涓涓细流，像百川归海那样地容纳吞吐着华夏各民族的汗、血、泪以及沁人肺腑的湿润气息。她的深邃足以汲取异地远域的清泉而不变水质。她的乳汁哺育过我们多少祖先，还将在新时代喷放不已。她的千姿百态，或作高山流泉，或作水云激荡，安如渔歌，静若春江，幽愤时如广陵潮涌，咆哮时若黄河怒吼！

委员们在热烈的讨论中，还引出了一个极为深刻的话题。

党的十九届五中全会对文化建设高度重视，从战略和全局上作了规划和设计。其中，最重要的，就是明确提出到2035年建成文化强国。这是党的十七届六中全会提出建设社会主义文化强国以来，党中央首次明确了建成文化强国的具体时间表。公报宣布，全面建成小康社会胜利在望，我们即将开启全面建设社会主义现代化国家新征程。因此，人民对美好生活的向往当然也有新的要求，不仅物质富裕，也要精神富有。大家幽默地说，我们今天富起来了，但物质富裕更要精神富有。今天我们都以极大的"雅兴"，在这里高雅地欣赏古琴。我们虽然富裕了，也不是"土豪"，不当"土豪"。就算是"土豪"吧，也要转成"贵族"。

物质富裕、精神富有，是中华民族的古训。"穷且益坚，不坠青云之志"（王勃），"穷不失义，达不离道……穷则独善其身，达则兼善天下"（孟子），"君子食无求饱，居无求安，敏于事而慎于言，就有道而正焉"（孔子），"仓廪实而知礼节"……这些格言至今掷地有声。历史上我们也曾富过。中国是文明古国，书香门第，再富也不能浮躁。沉静、从容、大气、平和，有其境界。不应该有了钱就狂了、疯了，不知道该怎么办了。

物质富裕、精神富有，是马克思主义的真谛。马克思、恩格斯多次论证，"当人们还不能使自己的吃喝住穿在质和量方面得到充分供应的时候，人们就根本不能获得解放"①。"通过社会生产，不仅可能保证一切社会成员有富足的和一天比一天充实的物质生活，而且还可能保证他们的体力和智力获得充分的自由的发展和运用"②，"不但客观条件改变着，而且生产者也改变着，他炼出新的品质，通过生产而发展和改造着自身，造成新的力量和新的观念，造成新的交往方式、新的需要和新的语言"③。因此，它"需要一种全新的人，并将创造出这种新人来"④。

物质富裕、精神富有，是中国发展的必然。从全党来说，在百年的奋斗征程中始终保持昂扬向上的精神风貌，得到了广大人民群众的拥护和爱戴。但执政时间延长、执政环境变化，成绩、鲜花、掌声诱惑多了，精神懈怠、意志衰退的现象难免相伴而来，虽乃局部，无碍大局，但任其蔓延也会瓦解党员干部的斗志，动摇执政根基。从全国来看，"富"，是使用频率最高的字眼，因为我们实在是穷惯了、穷怕了，穷病穷病，多是穷出来的病。但富，也会富出病来。改革开放极大地根治了穷病，但如果大家虽物质富裕却精神贫乏，就会"富得丢掉了魂，穷得只剩下钱"，心浮气躁不思进取，心烦意乱不知所从，心高气盛欲壑难填。信仰的动摇是危险的动摇，信念的迷茫是最大的迷茫，理想的摇摆是根本的摇摆，思想的滑坡是致命的滑坡。在心灵和信仰的荒漠上，立不起伟大的民族。一个民族的衰落或覆灭，往往以民族精神的萎靡为先兆。一个民族的崛起或复兴，常常以民族精神的崛起为先导。

---

① 《马克思恩格斯全集》第42卷，人民出版社2016年版，第368页。
② 《马克思恩格斯选集》第3卷，人民出版社1995年版，第332页。
③ 《马克思恩格斯全集》第46卷，人民出版社2016年版，第494页。
④ 《马克思恩格斯选集》第1卷，人民出版社1995年版，第223页。

　　物质富裕、精神富有，是中国特色社会主义的应有之义。在中国还相对贫困的四十多年前，邓小平就强调，"我们要建设的社会主义国家，不但要有高度的物质文明，而且要有高度的精神文明"。在中国经济总量跃居世界第二的当下，我们重申：中国特色社会主义是全面发展、全面进步的事业，是物质文明和精神文明相辅相成、协调发展的事业。物质贫乏不是社会主义，精神空虚也不是社会主义。我们一定要建成社会主义文化强国。

　　物质富裕、精神富有，已如春潮扑面滚滚而来，我们分明闻到了它的气息，听到了它的呼唤，感受到它的脉动。再过数年且看它，必将席卷、覆盖、深入、渗透于全中国。

第六辑

众缘和合

———————————

2020 年 11 月 11 日，在全国政协十三届十四次常委会上，汪洋主席指出，深入学习宣传贯彻五中全会精神，是当前和今后一个时期人民政协的首要政治任务。要深入研究和深刻把握全面建设社会主义现代化国家的精髓要义，紧紧围绕中国式现代化人口规模巨大、全体人民共同富裕、物质文明和精神文明相协调、人与自然和谐共生、走和平发展道路等重要特征，发挥人民政协人才荟萃优势，深化对相关重大理论和实践问题的研究，更好为制定实施"十四五"规划纲要精准建言、凝心聚力。在这一系列需要深化研究的重大问题中，也包括怎样认识我国五大宗教在精神文明建设中的作用，如何发挥好宗教的积极作用问题。

东方的微笑

每去浙江奉化，都听说这里颇重"弥勒文化"，还说这文化的传神之处，乃弥勒的微笑。这微笑，是"东方的微笑"。

何以此亦"文化"，且这号称"东方的微笑"之"文化"，生于此时、此地、此神？

生于此时，是因为要积极推动中外文化交流互鉴，加强与"一带一路"沿线国家的文化交流合作。这里是"海上丝绸之路"的起点。弥勒文化——"东方的微笑"，正当其时。

生于此地，是因为据称弥勒菩萨的化身——布袋和尚出生于奉化。且近代佛教革新家太虚曾任奉化雪窦寺的住持，提议应将雪窦山奉为"弥勒道场"，后来赵朴初也赞同此说。宁波作为海上丝绸之路的起点之一，自古以来对外交流频繁、影响深远。而作为宁波地域文化的代表，千百年来，布袋弥勒的形象被认为是中华文明的一种象征，在全世界得到广泛认可。近年来，雪窦山积极开展对外交流，通过弥勒文化节系列活动的"中华弥勒海外行"活动，弘扬和传播弥勒文化，慈行天下，和乐人间。

生于此神，即弥勒菩萨。弥勒菩萨是个"人道主义者"。他是神，更是人，也食人间烟火、重人间真情。你看他，和蔼可亲，笑口常开，肚子大大，人见人爱。有的弥勒像上，还爬着很多小孩嬉戏。他重视人性人情，主张建立"人间净土"，弘扬"人间佛教"。可以说，弥勒文化是"以人为本"的文化。

弥勒的微笑，为何称是"东方的微笑"？弥勒菩萨是个"乐观主义者"。佛教的"四谛"——"知苦、断集、慕灭、修道"，认为"有漏皆苦"，主张"苦修苦行"才是"解脱之道"。但并非一味地"苦海无边"，又主张要"慈悲为怀"，以"悲"来拔众生之苦，以"慈"来予众生之乐。弥勒信仰一改佛教侧重讲"苦"的规矩，偏喜以"大慈"予众生欢乐。他大肚能容，容天下难容之事；笑容可掬，让人感受和睦、和乐。弥勒的笑容被称为"东方的微笑"，是世间最美好的表情：乐观、和善、包容，展示了中国人乐观向上的精神面貌、战胜疫情的勇气信念、和谐和乐的文化自信。

当前，正面临百年未有之大变局。党的十九届五中全会公报，要求全党、全国人民，"善于在危机中育先机、于变局中开新局，抓住机遇，应对挑战，趋利避害，奋勇前进"。这就很需要一点乐观主义精神来提振信心、摒弃慌乱，才能沉着应对、稳健前进。每临大事有静气，每临难事先打气。逆境中不怨气冲天，顺境中不盛气凌人，微笑中更有定力。包容、大度，和善、和谐，便会生出不尽的幽默和快乐，就会有凡事"面对它、处理它、接受它、放下它"，然后再拿起和应对新的事情、面对新的挑战的"勇猛精进"的境界。这是弥勒菩萨总能笑口常开的奥秘。可以说，弥勒文化是乐观向上的文化。

弥勒菩萨还是个"面向未来者"。每个宗教都有关于世界和人类起源的解释，《圣经》的第一章就是"创世纪"。弥勒则偏偏着眼未来、看重未来，而且对未来充满希望。据称他只是"菩萨"（佛教认为"菩萨"就是"觉悟了的生命"，人皆可成菩萨），尚未成佛，就总期盼着下生世界成佛，龙华树下讲法。老百姓总认为弥勒是"未来佛"，能带来未来的光明和希望，因此喜欢他，崇敬他。可以说，弥勒文化是放眼未来的文化。"东方的微笑"，总是面向未来，面向光明，面向美好的希望。

一个弥勒信仰，原来其中确有文化。这文化，其实不是"神"的文化，而是"人"的文化，是要借神来想人之所想，言人之所言。改革开放以来，奉化、浙江乃至全国，经济社会发展蒸蒸日上，人民奋发努力、安居乐业，大家都喜从中来。

党的十九届五中全会公报宣布，全面建成小康社会胜利在望，我们即将开启全面建设社会主义现代化国家新征程。因此，人民对美好生活的向往当然也有新的要求，不仅物质富裕，也要精神富有。

众所周知，《蒙娜丽莎的微笑》是一幅享有盛誉的肖像画杰作。它成功地塑造了资本主义上升时期一位城市有产阶级的妇女形象，是意大利文艺复兴时期著名画家达·芬奇的最高艺术成就。这幅画画了四年。端庄美丽的蒙娜丽莎脸上那抹神秘的微笑使无数人为之倾倒。后即以"蒙娜丽莎的微笑"喻指迷人的微笑或神秘莫测的微笑。科学家通过多光谱扫描发现了三种不同的绘画，他们就隐藏在蒙娜丽莎的微笑背后。如果我们将这些图像还原，会看到一个动态的蒙娜丽莎的微笑，不得不佩服达·芬奇的天才创作。

在中华民族实现伟大复兴的时期，我们又看到了弥勒文化里的"东方的微笑"。它体现人本、人道，充满乐观、向上，具有新人文主义精神。展望未来，如梦如歌，"我们的理想，在希望的田野上"；我们的复兴，在微笑的东方。

好将佛事助文治①

　　2009 年 5 月 9 日，陕西扶风县法门寺规模恢宏的"合十舍利塔"落成启用，相传为释迦牟尼的"佛指舍利"隆重入塔安奉，几万群众冒雨前去瞻仰。盛唐时期"玉棺启见佛指骨，曾使唐皇泪盈目"，"举国上下争迎拜，倾城遍野持香华"的场面似又重现。当地群众喜悦地说，此时、此地、此景，是"千载一时，一时千载"，承载着"千载佛家圣地，万世人文经典"的重托，乃"秦人自豪，国人骄傲，众人欢喜"。

　　赵朴初有一首感人肺腑的《扶风法门寺佛指舍利出土赞歌》，为佛指舍利隐藏千年后的现世反复高唱低吟："重现庄严争寸阴，护持法物重微尘；心光常注近及远，事业毋忌后视今……"且让我们从这里把眼界放开，由远及近：

　　——三千年前，这里是周朝的发祥地，中华文化人文精神的源头。中华文明在这里发酵、积淀、聚合、流传。

　　——两千年前，佛祖释迦牟尼选择了这片神奇的土地，世界上唯一一枚佛指舍利从印度来到了岐山——今天的宝鸡，在这里扎根久住，与中华文化结下不解之缘。

---

　　① 本文为 2009 年 5 月 15 日法门寺合十舍利塔落成典礼上的致辞，原题为《陕西"合十舍利塔"落成有感》，作者时任国家宗教事务局局长。文中引文均出自赵朴初《扶风法门寺佛指舍利出土赞歌》。

——一千年前，经历过大唐盛世数次的供奉，佛指舍利神奇地藏而不露。

——新千年、新世纪到来之际，中华欣逢盛世之时，佛指舍利再现人间，"从地涌出多宝龛，照古腾今无与并；凝视莹莹润有光，不同凡质千年藏"。

"佛指舍利"，凝聚着世界上数亿佛教信徒的精神信仰，见证了中华民族盛唐气象、由盛而衰，又重新崛起、民族复兴的沧桑历史。佛指指向的不仅是佛教倡导的慈悲、智慧，也是中华文化的和谐、和合精神。佛指安住法门寺。按佛教的意思，不二法门，是摆脱烦恼的解脱之门、内涵丰富的文化之门。

合十舍利塔，阐发着"和谐世界，众缘和合"的道理。五个指头各有长短，只有不争短长，屈指抱拳，才能积聚力量；只有相互依靠，"合十"祈福，才能皆大欢喜。

合十，代表着尊重，不同文明、不同民族、不同国家之间需要尊重。合十舍利塔的建成，也体现着中国政府对宗教信仰自由的尊重和保护。

合十，代表着欢迎，法门寺、宝鸡市、陕西省、全中国，欢迎四海宾朋。这里将成为海峡两岸沟通的又一个窗口，中国与世界进行佛教文化交流的又一个胜地。

合十，代表着祈愿，愿善缘广结，愿亲缘珍惜，愿法缘殊胜，愿顺缘具足，愿助缘相资，愿良缘即至！

"心光常注近及远，事业毋忌后视今。"我在合十舍利塔落成暨佛指舍利安奉的现场，浮想联翩，恍如梦景。此为何时、何地、何景？

——此时，在中国海峡两岸刚刚圆满举办第二届世界佛教论坛之后，我们更加感到，时代对中国佛教寄予了殷切希望。

——此地，从佛教上讲，是"荷担如来家业"的宝地；从文物上讲，是珍藏稀世国宝的重地；从政府来讲，是"护持法物重微尘"，联系和团结信教群众的圣地。

——此景，"千载胜缘逢盛世，好将佛事助文治"，中国佛教界会为弘扬传统文化精华、构建和谐社会、共建和谐世界，发大愿力，擂大法鼓，放大光明。

潮平两岸阔

我曾作为中国宗教文化交流协会会长，多次应台湾宗教界朋友邀请去台湾，和台湾同胞一起阅读中国文化这本大书，畅谈同根同脉同胞深情。这里选录五段：

一、兄弟和合钟（终）相连

苏州寒山古刹的钟声，天下闻名。

"月落乌啼霜满天，江枫渔火对愁眠。姑苏城外寒山寺，夜半钟声到客船。"一声撞击心坎的钟声，带来一个不朽的失眠。这钟声从唐朝敲响，是我们共同的祖先传下来的。它穿越一千多年的时空，经历了中华民族的多少曲折坎坷，见证过骨肉亲人的多少离合悲欢。如今，这钟声又跨海到台湾，声声入心田。

大家都喜欢听寒山寺的钟声。在中华民族盛唐气象再现的今天，寒山寺的法师们齐发大愿，精心铸成两口仿唐古钟，一口名为"和合钟"，安奉大陆；一口名为"和平钟"，来到台湾。两岸佛门兄弟同结法谊，共续前缘，兄弟和合钟相连，也是两岸骨肉至亲终究要相连、要团圆啊！于是我们一行人，就有缘从海峡这一边，来到海峡那一边，来到9月9日在台北林口体育馆、台南高雄佛光山总部和台中彰化体育馆三地同时举行，有6万多佛教信徒参与的、庄严隆重的"祈求两岸和平人民安乐回向法会"中间，来到主会场台北林口体育馆，为这千年一音来随喜赞叹，共襄这件佛门盛事，见证这桩禅门公案，成就这段人间佳话。

千年等一回。此刻，"兄弟和合钟"在两岸同时敲响。这是千年诗意、千年钟声的因缘汇聚；绵绵法情、浓浓乡情的融合交响；同胞兄弟、骨肉至亲的深切思念；和合共生、合则安乐的时代潮音。让我们一起来倾听——倾听自己的心音，倾听佛陀的法音，倾听兄弟的呼唤，倾听时代的潮音。

钟，乃礼乐之器，始创于中华先祖黄帝之时，"钟鼓干戚，所以和安乐也"。钟，乃佛教法器，是佛门寺院报时警世的讯号，"欲觉闻晨钟，令人发深省"，听到钟声能祛除人之百八烦恼。大家齐颂的《叩钟偈》云："干戈永息，人民安乐"，表达了和平、和谐、和合的祈愿；"所求满愿，诸事吉祥"，呼唤着平安、幸福、快乐的向往。两岸之间，和则两利，斗则俱伤。听信蛊惑同胞分离的邪见，会让我们中华民族痛上加痛、苦上增苦；放任挑动兄弟相煎的逆行，会把我们骨肉亲人推向地狱，投入火坑！和平安定，共同发展，是华夏儿女最大的愿望、中华民族最大的福报！

佛教讲，世间有"八苦"。我们中华民族当下最大的苦、最深的痛、最重的烦恼，就是我们仍然处于"八苦"之一的"爱别离苦"的煎熬之中，这是两岸多少骨肉同胞的国之大殇、乡之深愁啊。正如台湾一位高僧为此次赠"兄弟和合钟"赋诗所云："两岸尘缘如梦幻，骨肉至亲不往还；苏州古刹寒山寺，和平钟声到台湾。"我也和诗一首："一湾浅水月同天，两岸乡愁夜难眠；莫道佛光千里远，兄弟和合钟相连。"骨肉兄弟也是"终相连"啊！

请听这千年钟声，那么恢宏、悠扬、响亮、激荡，山为之和，水为之应，眼为之亮，心为之鸣，天为之颤，地为之动。愿它能驱除几十度春秋的乡愁与离散，能唤起几千年血脉交融的乡情与亲情，能带来海峡两岸持久的和平、安宁与繁荣。

闻钟声，烦恼轻；智慧长，菩提增；离地狱，出火坑；愿成佛，度众生。

二、同出一源，以桥相通

游过杭州西湖的人，难忘"断桥残雪"的"断桥桥不断，残雪雪未残"以及"半山桥"的"欲泛仙槎向何处，偶传红叶到人间"。杭州的桥，有说不尽的诗情画意，道不完的深情厚谊。杭州灵隐寺为了表达大陆同胞和台湾同胞的血脉相连，为了寄托对兄弟寺庙——台湾中台禅寺的无尽思念，特地打造了一座"同源桥"，专程送到台湾。

此桥，用 10 吨铜铸成，桥长近 10 米，桥洞跨度 2 米。桥上一百零八罗汉熠熠生辉，桥身一侧雕刻着杭州西湖和灵隐寺景观，以及灵隐寺木鱼法师的诗："西湖桃柳喜逢春，燕子将归认主人。拂面和风生暖意，山光水色见精神。"另一侧雕刻着台湾日月潭和中台禅寺景观，以及中台禅寺惟觉法师的诗："金桥庄严通两岸，迷悟即在一瞬间。悟时登桥到乐土，迷时寻找桥不现。"

今天，12 月 22 日，我们随着这尊凝结着友谊和祝福的金桥，来到中台禅寺迎接"同源桥"的 7 万人群众大会中间。跨越一湾海峡，历览万重溪山，家国事，乡亲情，随着一桥飞渡，一起涌上心来。

中国是桥的故乡。"逢山开路，遇水架桥。"破尽重重阻隔，自然路路畅通。"造舟为梁，不显其光。"水势汹汹，阻不断求通之愿。三千年前，文王造舟为桥，以断渭水，周人颂其英明。三千年来，我们的先人留下了无数桥梁杰作，四通八达于神州大地。

桥，已成为一种意象，一种象征。有人处就有山水，有山水处就有桥。桥，是中国文化中一道美丽的风景。闻溪声，连山色，诗情画意，相映生辉。与桥有关的诗词数不胜数。念着古人的"二十四桥仍在，波心荡，冷月无声……"轻诵徐志摩的《再别康桥》："轻轻的我走了，正如我轻轻的来；我轻轻的招手，作别西天的云彩"，"那河畔的金柳，是夕阳中的新娘；波光里的艳影，在我的心头荡漾……"我们仿佛还听到桥上的放歌、河边的踏梦。

桥之用在"通"，通东西南北，通此岸彼岸。无论关山险阻、江河阻断，有桥则可以飞津济渡、跨水行空。佛教认为，桥可以通今生来世、上下十方，所以要修桥铺路，普度众生。现在海峡两岸之间，缺的是心灵之桥，缺的是沟通、理解。不通则痛，痛则不通。人与人相隔，族与族相别，群与群相分。族群被撕裂，民意被玩弄。其实只要我们找到一个合适的桥，没有沟通不了的事情，没有化解不了的恩怨，没有解不开的疙瘩。人渡桥，桥渡人，度尽劫波兄弟在，度尽烦恼成大觉。觉，就是要走出迷误，"金桥庄严通两岸，迷悟即在一瞬间"。中国是两岸同胞的共同家园，两岸同胞理应携手维护好、建设好我们的共同家园。

灵隐寺赠送的这座桥名为"同源"。两岸佛教同根同脉、同出一源。念的是同一本经，传的是同一个法，走的是同一座桥，拜的是同一个佛。念佛的人虽然是"小桥流水人家"，却要成就大千世界的无量功德。隔山隔水不隔音，13亿大陆同胞和2300万台湾同胞是血脉相连的命运共同体。

日月潭边听风雨，西湖影里念家国。一桥两岸通三界，直教人心出娑婆。

三、访问台湾答客问

2009年我以中华宗教文化交流协会会长身份应邀访台，参加台湾佛教界举办的赈灾义演等活动。刚抵台北桃园机场，就被记者围着提问。以下是答问的实录，已见诸报端。

问：您这次为何事来台湾？

答：我是为一群孩子、一位老人，以及我们挂念的台湾同胞而来。

一群孩子，是指就要到台湾中台禅寺新建的普台中学念书的孩子。《法华经》说："无垢清净光，慧日破诸暗，能伏灾风火，普明照世间。"明天，普台中学迎着台风岿然屹立，向着阳光隆重开学。让我们为孩子们祝福。

一位老人，是指一位年逾八旬的慈祥老人。他为了建这座中学，每天三四次去工地，甚至在工地上摔伤了腰。这位老人，就是中台禅寺的惟觉长老。

两岸同胞血浓于水，有难同当。2009 年 8 月 8 日，"莫拉克"台风骤起。8 月 9 日，星云长老、惟觉长老都给我打来电话告急。8 月 10 日，作为第二届世界佛教论坛主办方的中华宗教文化交流协会、中国佛教协会和香港佛教联合会，紧急募集了约合 5000 万新台币的捐款，立即汇到台湾。此后，中华宗教文化交流协会又与中国道教协会及香港、台湾道教界，再次捐款 4000 万新台币。昨天，中华宗教文化交流协会再通过台湾慈济基金会捐款 1000 万新台币。今晚，在赈灾义演晚会上，中华宗教文化交流协会和中国佛教协会，还要再捐助 1000 万新台币。

岛内不是也在说，台风酿灾，不分"蓝绿"，洪水滔滔，不管"朝野"吗？我们要说，灾难当头，又何必分"两岸"？大陆同胞纷纷伸出援手。我们是来为台湾同胞战胜风灾、重建家园尽心尽力的。

四、潮平两岸阔，风正一帆悬

当前的台海形势，是"潮平两岸阔"；文化交流之船，应"风正一帆悬"。

2008 年"台独"势力策划的"入联公投"遭到挫败后，台海局势度过高危期，两岸关系出现和平发展势头，海峡两岸经济合作框架协议付诸实施。我们要巩固两岸关系发展基础，推进两岸交往机制化进程，构建两岸关系和平发展框架，需要在继续深化两岸经济合作的同时，"积极扩大两岸各界往来，加强两岸文化、教育等领域交流合作"。

中华文化渗透到中华儿女的血液中，镌刻在我们的生命历程中，根植于我们的精神生活和物质生活中，体现在我们的价值观、伦理道德、行为方式的各个方面。

中华文化的浩瀚大海，无疑也容纳了台湾文化的滚滚川流。台湾与大陆有着相同的史前文化。在远古时代，台湾与大陆完全连成一体，后来桑田变沧海，使台湾成为大陆边缘的一个岛屿。近年来考古学的研究证明，台湾先民所创造的原始文化，与大陆东南地区的史前文化有着割不断的血肉联系。中华文化是包括大陆文化和台湾文化的统一体，台湾文化是中华文化长河中的一个支流。例如：

——台湾主要讲闽南话和客家话，"国语"及普通话也相当普及；

——汉字是台湾通行的文字；

——台湾的民俗，无论是节日习俗、喜庆婚丧、日常俚俗还是饮食习惯等方面"处处表现闽粤风尚，事事彰显中华色彩"。台湾居民喜爱的地方戏和歌曲，基本上与闽东南地区相似。

中华文化在台湾根深叶茂，台湾文化丰富了中华文化内涵。台湾同胞爱乡爱土的台湾意识不等于"台独"意识。共同的传统价值观念、语言文字、民俗风情、民间信仰，成为两岸同胞无法割舍的血缘情感，也成为相互沟通的桥梁和相互联系的纽带。两岸以中华文化为主题、为纽带、为载体的交流，是心与心的沟通，是深刻、持久、坚实、广泛的交流。我曾与台湾佛教界广受尊崇的三位高僧有过多次的直接交往，当面向他们请益。记得：

——圣严法师说，两岸佛教界一直在相互交流。两岸人民同一血缘，同一文化。我的师父就曾在南普陀寺闽南佛学院上过学。

——星云法师说，感谢中华文化养育我，让我成为一个中国人。两岸关系的发展必须加强来往。来往就是你来我往，来往多了，谁来谁往就搞不清了，谁是大陆谁是台湾也搞不清了，两岸自然就统一了。

——惟觉法师说，两岸使用同一种文字、同一种语言，有共同的文化。两岸就像两兄弟，过去为了一点事情分家了，现在时过境迁，此一时也、彼一时也，过去了就过去了。现在应该团结合作，重新开始，要通达无碍。两岸不仅要"三通"，还要"四通"，心灵、文化相通。

中华文化在促进两岸人民的文化认同、民族认同和国家认同上一定能发挥重要作用，在文化认同、心灵相通的基础上构建的两岸关系和平发展框架，会更加稳定、坚固，充满生命活力。

潮平两岸阔，风正一帆悬。让两岸的文化交流之船，长风破浪会有时，直挂云帆济沧海！

五、中华文化多元一体，美美与共

海峡两岸经济合作框架协议实施后，如何进一步加强两岸文化交流？相对而言，经济合作互利共赢的标准较为分明，而文化交流是非曲直的共识则较难形成。文化交流更需要求同存异的气度、和而不同的大度、美人之美的风度。

中华文化深深融入海峡两岸人民的血液中，镌刻在我们的生命历程中，根植于我们的精神生活和物质生活中。它生生不息、枝繁叶茂、百花齐放，有多元一体之"体"、和而不同之"同"、美美与共之"共"。中华文化在台湾根深叶茂，台湾文化丰富了中华文化内涵。两岸以中华文化为主题、为纽带、为载体的交流，作为人民群众心灵的沟通，更为深刻坚实、广泛持久。

但有一种观点，认为"台湾才是中华文化的领航者"，并列出诸种理由加以证明。想做"领航者"的宏愿固令人可叹，但观其理由则有失偏狭。例如，认为因"台湾没有大陆的'文革'动乱"而"保存了中华文化的深厚底蕴"。我们并不否认台湾的文化成就，也并不讳言我们的"文革"错误。知错改错的教训更为深刻，一个民族从磨难中可以学到更多的东西。经过拨乱反正和四十多年的改革开放，现在祖国大陆不仅经济发展、社会繁荣，文化复兴、文化建设的成就也有目共睹。而且，中华文明作为世界四大古文明中唯一没有中断过的文明，也并非一遇磨难就会夭折。又如，认为"台湾更有海洋文化的开放与创新"。且不说不必以海洋文化为先进文化的标准，去矮化"西被流沙、东渐大海"的中华文化。就以海洋文化而论，国际人类学、考古学、语言学界有一种说法，包括台湾地区甚至有关国家的"南岛语系"民众，其祖先乃福建史前先民。台湾主要讲闽南话和客家话，普通话也相当普及。台湾的民俗，无论是节日习俗、喜庆婚丧、日常俚俗还是饮食习惯，"处处表现闽粤风尚，事事彰显中华色彩"。台湾居民喜爱的地方戏和歌曲，与闽东南地区相似。要讲海洋文化，论历史，福建省比台湾地区更有资格；看现实，海峡西岸（包括目前行政区划的福建省、浙江省东南部、广东省东北部与江西省的东南部）是中国海洋文明发达的地区，也是商业发达且与国际经济较早接轨的地区。当下"海西经济区"对外开放、协调发展、全面繁荣，其建设更是如火如荼。

中华文化的浩瀚大海，无疑也容纳了台湾文化的滚滚川流。地理上，台湾与大陆曾紧密相接，桑田沧海的变化，使台湾成为大陆边缘的一个岛屿。文化上，考古学的研究证明，台湾文化的源头在大陆，"问渠那得清如许，为有源头活水来"。多元一体的中华文化包含了台湾文化，汇聚了包括台湾文化在内的不同个性、各具特色的各地域、各民族文化，形成了兼收并蓄、有容乃大，美人之美、美美与共的特质。

在两岸文化交流面前，人为区分什么"领航""跟班"，厚此薄彼，扬此抑彼，这是有碍两岸文化交流的。

和气东来

吴小莉曾是香港凤凰卫视著名记者。下面是我任中华宗教文化交流协会会长时，就世界佛教论坛诸事接受她的专访。

吴小莉：日前，第二届世界佛教论坛在无锡盛大开幕，在台北隆重闭幕。此次论坛，凤凰卫视深度参与，在我们录制的电视论坛中，主持人曾问净慧长老，论坛筹备了多长时间，净慧长老的回答非常精彩：千年积淀，瞬间辉煌！佛教文化历经千年积淀，与中国传统文化水乳交融。您怎么评价本届论坛的文化价值？

叶小文：我赞成净慧长老的话。这次由中国佛教协会、国际佛光会、香港佛教联合会、中华宗教文化交流协会主办，由江苏省组委会等承办的第二届世界佛教论坛，无锡开幕壮丽吉祥，台北闭幕辉煌圆满，确实反映了"大中国有佛，佛在大中国"的大气象。几百篇论文、几十个大会发言、17个分论坛、五大展览、两个发布会，精彩接着精彩，令人目不暇接；妙语跟着妙语，使人增长见识。参加论坛者为来自近50个国家的1900名代表，"人人怀灵山之珠，个个持瑾山之玉"。佛教文化历经千年积淀，与中国传统文化水乳交融，今天果然是"太湖三万六千顷，八功德水绕灵山"，果然是"千年积淀，瞬间辉煌"！

论坛已经闭幕，但很多人问我，为什么在此时，在此地，办成了这样一个令人难以忘怀的世界佛教论坛？无论信教不信教者，无论是否信仰佛教者，论坛给人的印象，很少有宗教的回味，更多是文化的思考。

纵览世界发展史，一个国家、一个民族的兴旺和强盛，不仅是经济繁荣，必有一定的文化、文明为其依托。而宗教文化在构成这种文化、文明依托上，起过重要的历史作用。中国的盛唐以儒释道文化、文明为依托。中世纪阿拉伯帝国以伊斯兰文化、文明为依托。近代西方之所以强大，除了经济、政治的原因，还有文化的原因。文化的原因很多，其中不可忽视的一点是，在西方的大众文化中往往有一个全民的宗教（基督教）作为其联络民众情感精神的核心。因此，康有为曾主张，中国要强大，应提倡"孔教"。现在的一些"新儒学家"仍持此论。章太炎则认为，中国要强大应倡导佛教。还有人提出要"以儒治国，以道治身，以佛治心"。

这些当然都是一家之言，未必合乎中国的文化传统和现实情况。我们今天并无必要以什么宗教去代替民族文化。但这些"家"都是"大家"，对其言，扬弃其具体结论而关注合理内核，我们则看到一种面对深刻的人文危机的责任感，体会到大师们人文关怀的精气神。

当前我们存在的问题是两个方面的，或者在全球化的浪潮中老想着"中学为体，西学为用"，我们就难以融入全球，或者在学习西方时又忘记中国文化的人文关怀的传统和根脉，我们就难以走到前列。

当今世界，各种文化相互激荡，中华民族要自立、要崛起于世界民族之林，应该有自己文化的中流砥柱和文化基础。面对着深化改革、扩大开放带来的社会变革，我国思想文化领域正在发生深刻变化，人们受各种思想观念影响的渠道明显增多、程度明显加深，人们思想活动的独立性、选择性、多变性、差异性明显增强，社会思想空前活跃，宗教亦呈增长趋势。这种景象，是"江南草长，杂花生树，群莺乱飞"，充满了生机，令人以喜；也是泥沙俱下，鱼龙混杂，人心浮躁，潜伏着不安，给人以忧。

文化是民族的根。一个民族的崛起或复兴，常常以民族文化的复兴和民族精神的崛起为先导。一个民族的衰落或覆灭，则往往以民族文化的颓废和民族精神的萎靡为先兆。

精神是民族的魂。中华民族的伟大复兴，要在现代化的艰难进程中实现，现代化则要靠民族精神的坚实支撑和强力推动。文化的力量，深深熔铸在民族的生命力、创造力和凝聚力之中。21 世纪中华民族的伟大复兴进程中，应该包括并不逊色于 16 世纪意大利"文艺复兴"的，我们新时代、新中国的"文化复兴"。

传统是民族的本。时代精神强调时代的理性认同，民族精神却立足于民族的情感认同。民族认同不是逻辑推理或理性构造的结果，而是民族传统中长期历史和文化积淀的产物。现代化呼唤时代精神，民族复兴呼唤民族精神。时代精神要在全民族中张扬，民族精神就要从传统文化的深厚积淀中重铸。

在经济全球化、文化多元化的世界里，认准先进文化的前进方向，保持和发展自己民族的文化特性，着力弘扬其契合时代的智慧，为世界文明做出新的贡献，这应当是历史悠久、博大精深的中华文化应有的作为。

由此说开去，就提出了一个大问题：中国的和平崛起，中华民族的伟大复兴，要有推动中华民族"文化复兴"的大作为，要有推动世界文明建设的大贡献。

我们把目光投向世界文明的现状，立即看到，曾经盛极一时的基督教文明和伊斯兰文明都遇到了很大的困扰。当代新保守主义的确盛行于基督教"普世化"的大势中；当代宗教极端主义的确孕育和发展于伊斯兰复兴大潮中。随着西方强势文化的扩张，自我中心主义、西方至上主义的思潮连绵不断，"单边主义"也就"理直气壮"地招摇于世。与此同时，与之相抗衡的"恐怖主义"也会相伴而来。"恐怖主义"和"单边主义"，其实是在对立和对抗中各执一端；其共同的实质，都是要以自我为中心，都要求对方绝对服从自我，我方必欲取而代之。冤冤相报何时了？它们都有自身的困扰和危机。当然，我们不会因人家的不幸而幸灾乐祸，但也要敏感地看到，人家"文明依托"错乱的危机，正是我们"文明依托"构建的契机。讲"抓住机遇发展自己"，这个契机也是一种机遇。

中国的发展离不开世界的发展。中国的和谐离不开世界的安宁。就像中国作为一个大国的和平崛起，必须为世界做贡献、为世界所接受一样，中国和平崛起的"文明依托"，也应该为世界做贡献、为世界所接受。

两岸合办世界佛教论坛，多方支持"众缘和合"，大家其实就是基于这样一种抱负，寻觅一个角度，进行一点探索。这就是本届论坛的文化价值。

吴小莉：我们也看到，您就本次论坛的开幕发表文章说，论坛"期解当前危困，重树人类信心，与几天后的二十国集团伦敦金融峰会不谋而合"。那么，在您看来，中国的宗教对于当前席卷全球的金融危机有着怎样的关切？宗教又可以通过哪些努力为和谐世界做出贡献？

叶小文："和谐世界，众缘和合"的主题，把"和谐""缘""和"与"合"几个凝练东方神韵、佛教智慧的理念融于一体。佛教重"缘"，相信恶有恶报，善有善报。奥巴马就职演说承认，当前经济危机"来源于部分人的贪婪和不负责任"，其言也通此理。世界需要以"和"的精神去化解矛盾、消弭纷争，中国古圣人说，"礼之用，和为贵，先王之道斯为美"；以"合"的愿望去营造和谐、维护和平，西方谚语说，"上帝把人分为男人和女人，不是要他们扯皮，而是要他们相爱；把世界分为东方和西方，不是要它们争斗，而是要它们合作"。的确，无规矩不成方圆，无"和合"不成"东西"。如果只会扯皮、争斗、折腾，算什么东西？

论坛围绕"和合"主题，探寻和谐之道，期解当前危困，重树人类信心，与几天后的二十国集团伦敦金融峰会不谋而合。尽管和尚与政要所见不同，却都关切着席卷全球的金融危机。

"众缘和合"，是本届论坛的主题，大家都心领神会。五指各有长短，只有不争短长，屈指抱拳，才能积聚力量；只有相互依靠，"合十"祈福，才能皆大欢喜。佛陀拈花一笑，问弟子花是什么香？是花瓣香、花粉香？不，是众缘和合的香，这才是花香的源头和真谛。世界佛教论坛闭幕，恰逢二十国集团伦敦金融峰会开幕。论坛主题"众缘和合"，与峰会呼吁团结合作不谋而合。当前还未见底的国际金融危机，是在经济全球化深入发展、国与国相互依存日益紧密的大背景下发生的，任何国家都不可能独善其身，唯有加强沟通、相互支持、携手合作，才能共克时艰、共谋振兴、转危为安。

吴小莉： 我们注意到，江苏省组建了论坛组委会，政府、企业都给予了支持，开幕式期间有 600 多名志愿者参加了论坛服务，这是否意味着中国政府和中国社会对宗教的态度越来越开放了？

叶小文： 宗教自身追求真善美、追求和谐的一面得到发挥，就会产生一定的积极作用。宗教问题处理得好，可以对社会发展和稳定产生积极作用。

在当今纷繁复杂的国际形势中，宗教到底是和谐因素还是冲突因素？令人困惑。一方面，宗教大都主张仁爱、慈善、和平，为维护世界和平做出了积极的努力；另一方面，宗教问题成为热点，实际的经济、政治利益的冲突常常从宗教中"借光""借力"，披上宗教的神圣外衣，甚至被某些极端势力和恐怖主义利用。我国已进入经济社会快速发展和改革攻坚的关键时期，经济体制深刻变革，社会结构深刻变动，利益格局深刻调整，思想观念深刻变化，人们思想活动的独立性、选择性、多变性、差异性明显增强。空前的社会变革给我国发展进步带来强大动力和巨大活力，又难免引发种种矛盾和问题。人民群众的精神文化需求日趋旺盛，宗教作为人们精神文化生活的一种传统方式，也随之活跃。

在当今这个不安宁的世界里，在我国的发展机遇期和矛盾凸现期，构建和谐社会，必须使已经存在的宗教发挥积极作用，为发展"帮忙"；而不是释放消极作用，在矛盾中"添乱"。有两种选择：或者对宗教的消极作用消极防范，但可能防不胜防；或者通过主动工作，注重放大宗教的积极因素，发挥宗教的积极作用，引导、化解和抑制宗教可能释放的消极因素。科学发展观指导我们转换思路，以更多地发挥宗教的积极作用来更好地抑制其消极作用。崇尚和谐的思维取向，要求我们正确认识无神论与有神论的关系，改变过去你死我活的两极思维模式，告别以"斗争哲学"为主导的思维方式。以人为本的价值导向，要求我们在观察宗教问题时眼中有"人"——信教群众和宗教界人士；在宗教工作实践中围绕着"人"——把做好信教群众工作作为宗教工作的根本任务。协调关系的基本要求，促使我们善于化解宗教方面的人民内部矛盾；善于学会运用统筹协调与社会管理、公共服务的手段来处理宗教方面的关系；善于发挥宗教团体作为社会组织在"提供服务、反映诉求、规范行为"方面的积极作用。统筹兼顾的科学方法，要求我们总揽全局，统筹规划，把宗教工作放到全局中去谋划；立足当前，着眼长远，把当务之急与长远工作结合起来；全面推进，重点突破，善于在纷繁复杂的矛盾中抓住根本，把握方向；兼顾各方，综合统筹，把握宗教工作的协调与平衡。

吴小莉： 我们的记者也记录了八百名高僧包机四架飞越海峡的壮观场面。很多媒体都报道说，本届论坛一大亮点就是两岸共同举办。您是否认同这一说法？

叶小文： 第二届世界佛教论坛在无锡开幕、台北闭幕。几十个国家近千名与会者，同日从无锡经南京飞抵台北。吴伯雄先生在闭幕致辞中感言："去年这个时候，有人说，第二届世界佛教论坛有没有可能跨越海峡共同主办，开幕在大陆，闭幕在台湾。我当时觉得不可能，难度很高。但由于过去一年，两岸关系和平发展的进程，使得原来认为不可能的事情今天实现了。这是非常有意义的一件事。去年7月4日两岸开始包机直航，12月开始'大三通'，所以可以在无锡举行开幕典礼后，从南京只花一个多小时的时间飞到台北举行闭幕典礼，这不只是距离的缩短，更表示彼此之间心跟心更加紧密。"

吴小莉： 在闭幕式上，有一个画面我们印象很深刻，就是吴伯雄提到佛光山、慈济、中台、法鼓时，小巨蛋体育场内来自台湾各大道场的近三万佛教信众热烈回应。我们感觉，台湾佛教界此次联手举办论坛，正契合了本届论坛的主题"和谐世界，众缘和合"。对此您怎样评价？

叶小文：佛陀是以"六和敬"摄众的。即身和同住，口和无诤，意和同悦，戒和同修，见和同解，利和同均。我高兴地看到，世界佛教论坛使台湾佛教各大山头聚集一堂。

吴小莉：我们知道两岸佛教界同根同源，法乳一脉，在过去的几年中交往频繁，随着海峡两岸关系的发展，您对两岸佛教交流有哪些展望？

叶小文：这次两岸合办世界佛教论坛，给人们很多启示。

一是要加强沟通。不通则痛，痛乃不通，血脉、经络不通则百病生焉。两岸一家怎能阻隔？高山也好，大海也好，对情谊、对血缘、对传统、对文化、对心灵，是隔不开的。老百姓讲"走亲戚"。亲戚之间走多了，隔阂就淡了，亲情就浓了，心也就通了。在这种走动中，包括两岸的宗教交流。两岸佛教界一直致力于"三通未通，宗教先通；宗教未通，佛教先通"。2002年佛指舍利赴台供奉，引起全台轰动，400万人瞻仰。2003年佛乐赴台湾、港澳和美国巡演。2007年苏州寒山寺赠送台湾佛光山"和合钟"，一湾浅水月同天，两岸乡愁夜难眠。莫道佛光千里远，兄弟和合钟相连。杭州灵隐寺赠送台湾中台禅寺"同源桥"。日月潭边听风雨，西湖影里念家国。一桥两岸通三界，直教人心出娑婆。

现在好了，两岸全面直接双向"三通"，迈出历史性步伐，两岸同胞往来之频繁、经济联系之密切、文化交流之活跃、共同利益之广泛前所未有。两岸佛教界趁势而上，共办国际论坛，广邀世界宾朋，共享一个伟大国家的尊严和荣耀，以做堂堂正正的中国人而骄傲和自豪。

二是要求同存异。求同应存异，和而不同。古人说，"声一无听，色一无文，味一无果，物一不讲"。只有一种声音不会好听，只有一种颜色没有文采，只有一种味道难以果腹，只有一件物品难言好坏。存异需求同，以和为贵。两岸之间可以先办有共识的事，先说有共识的话。哪个话题好说，就多说。哪个话题不好说，就少说，或者放一放，以后再说。一家人总有能说到一起的话题吧？不说今天说明天，不说今人说古人，说孔夫子，说释迦牟尼，总能说到一起。"台独"势力叫嚣"去中国化"，但他们无论如何去不掉中国文化的根、民族文化的魂。佛教传入中国两千年，与中华文化一脉相承、水乳交融，是求同存异的一个好话题。

三是要"以和为尚"。难怪僧人被称为"和尚"！两岸"和尚"合办论坛，给我们吹来一股和风，带来一团和气，让我们都来"以和为尚"。

吴小莉：这次的"众缘和合"，据说也有一个转折。本来说好去年就开办第二届的佛教论坛了，因为北京要办奥运，然后台北又在进行选举，所以决定要推迟一下。结果想不到推迟以后，台北的选举有了另外一个结果，马英九上台了，两岸和平进程就加快了，于是促成两岸"众缘和合"，情况是这样吗？

叶小文：是。正如吴伯雄先生在第二届世界佛教论坛闭幕式上所说，一年前有人给他提这个建议，两岸来办，在大陆开幕，在台湾来闭幕，他说这个难度太高了，不大可能啊，"台独"分子那么闹，你办什么论坛，根本想都不要想。但3月大选后形势变了，吴伯雄先生"雨过天晴之旅"给我们一振，大陆和港台佛教界都认为，这时把台湾拉进来合办论坛，更有意义。

这是一种尝试，两岸毕竟还没有统一，一起来办一个国际会议，几十个国家参加，会有一些敏感问题，需要做的工作很多。当然我们也要感谢吴伯雄先生，包括马英九先生，对我们的理解、支持、合作。

吴小莉：有人说这次活动是不是有统战的意味存在？甚至有人提到，星云大师也变成统战的工具了。

叶小文：星云大师跟我说过，有人打电话给他，说什么要去"包围你佛光山"。大师就问他，你有多少人呢？说我有二十几个人。大师说你二十几个人最多只能骚扰佛光山，包围不了佛光山，我们这个世界佛教论坛，小巨蛋体育馆里可有两万多人。

吴小莉：星云大师说过，要有包容的智慧。

叶小文：是的，大师在送我离开台北时，在机场对我说，对于不满的声音要包容、要理解，用智慧去理解。有点不同的声音是正常的，我们也欢迎这种不同的声音，欢迎他的批评，我们将来把好事做得更好嘛。

吴小莉：这次世界佛教论坛，在无锡开幕，有好多要人来了。有很受瞩目的人，就是十一世班禅，您可以说是全程陪同他。这次不论是他的语言能力，还是他讲的佛法的道理，都挺让大家敬佩、惊叹。您在陪同他参加这次大会的过程中，对他的看法是什么？

叶小文：班禅大师是一个杰出的宗教领袖，现在从各个方面都在很快地成长。记得那天大会一场精彩的演出结束后，有人突然跑过来，说能不能请班禅大师上台给演员送一个花篮啊？我就问班禅大师去不去，他说当然可以。我陪着他，他落落大方到中间站定。花篮送上后，突然有个人拿话筒过来，"叶局长请你讲几句"，我就有点慌了，我说："班禅大师，你能不能讲几句？"他接过话筒，落落大方地相继用藏文、英文、中文三种语言，为世界祈福，愿世界平安。全场掌声如雷。

吴小莉：现场多少人？

叶小文：大概是两千多人。

吴小莉：面对高僧？

叶小文：面对各国高僧。班禅大师确实是相当成熟，相当有水平。我们祝愿他学问更加长进，作为我们藏传佛教的领袖，更好地发挥作用。

和谐世界　众缘和合

时惟春和，万象更新。2009 年 3 月 28 日，来自 45 个国家和地区的佛教和社会各界代表近两千人，集聚第二届世界佛教论坛。

论坛不仅盛况空前，有十七分坛、五大展览；还要"远走高飞"，于太湖之滨开幕，赴台湾宝岛闭幕。

"和谐世界，众缘和合"的主题，把"和谐""缘""和"与"合"几个凝练东方神韵、佛教智慧的理念融于一体。佛教重"缘"，相信恶有恶报，善有善报。奥巴马就职演说承认，当前经济危机"来源于部分人的贪婪和不负责任"，其言也通此理。世界需要以"和"的精神去化解矛盾、消弭纷争，中国古圣人说："礼之用，和为贵，先王之道，斯为美"；以"合"的愿望去营造和谐、维护和平。西方谚语说："上帝把人分为男人和女人，不是要他们扯皮，而是要他们相爱；把世界分为东方和西方，不是要它们争斗，而是要它们合作。"的确，无规矩不成方圆，无"和合"不成"东西"。

论坛围绕"和合"主题，探寻和谐之道，期解当前危困，重树人类信心，与几天后的二十国集团伦敦金融峰会主题不谋而合。尽管和尚与政要所见不同，却都关注着席卷全球的金融危机。

论坛所收五百余篇论文，要意如下：

纵览天下风云，和平发展合作乃世界主流，浩浩荡荡；天灾人祸争斗也暗流涌动，波诡浪急。二者相互激荡，众生悲欣交集。

人无远虑，必有近忧。所虑之：环境污染加剧，贫富差距拉大，暴力冲突频仍。更忧者：金融海啸突袭全球，经济衰退弥漫诸国，信心剧减，恐惧陡增。

此源于贪欲不止，嗔痴难消。人心迷乱，必须放下妄心。首届世界佛教论坛高呼：和谐世界，从心开始。

此囿于善恶流转，因果不虚。应对危机，端靠协力合作。本届世界佛教论坛力求：和谐世界，众缘和合。

世间万物相恃而有，此有故彼有，密切相关；人类社会多元共存，此生故彼生，和合共生。顺缘汇聚，同一世界变梦想为现实，中华首办北京奥运，无与伦比。善缘同构，海峡两岸化天堑为通途，两岸共开佛教论坛，功在千秋。万事万物，皆因缘而起，顺缘而生。惜缘结缘，身和多元同住，口和赞叹无诤，意和慈悲同悦。众缘和合，乃力量之所源，希望之所在，生命之所住。

本届世界佛教论坛，太湖之滨，阿里山下，十七分坛，一个共识：和合必显生机，特以六愿聚人心：

愿善缘广结，求同存异，以包容解仇怨；

愿亲缘珍惜，平等互谅，以协商化对抗；

愿法缘殊胜，相互赞叹，以尊重断争斗；

愿顺缘具足，增进希望，以勇气担责任；

愿助缘相资，共克时艰，以和合聚力量；

愿良缘即至，转危为安，以信心度危机。

——和谐世界，众缘和合。

藏经工程^①

开头语

这次研讨会的主题是讨论大藏经编纂及其电脑化问题，简称"大藏经工程"。我先谈几点意见。

开这个会，主要是想推进这项工程的完成。其实更有资格、更有权威主持这件事的是中国社会科学院、中国佛教协会等。由于大德长老、专家学者的建议，这一工程涉及宗教文化、宗教事业，作为宗教事务的大事，宗教事务局理应做一些协调、服务工作。这次会议就是为大家提供一个场所议一议。

从宗教事务的角度，就大藏经工程，我们有三个方面的考虑：

1. 从做功德的角度看，这是盛世修典。当然我们不是从信仰者的角度来说的。大家知道，我们文明古国有着悠久深厚的文化传统，既重武功，也重文治。所谓文治，其中重要的一项就是始终十分重视对我们祖先积淀下来的文化的继承与整理。从先秦孔子整理儒家六经开始，历代有志于文化典籍整理的人士前赴后继，层出不穷，孜孜以求。历朝历代也把古籍的搜求、编目、整理作为大事，从而吸收融合了各种文化，融汇了各种学派，体现了中国文化恢宏的

---

① 1996 年在大藏经编纂及电脑化研讨会上的发言。原载于《藏外佛教文献》第二辑，宗教文化出版社 1996 年版。

气魄和博大的胸怀。中华民族之所以有如此的凝聚力，主要来源于各民族统一的文化，正是她维系了我们中华民族的魂魄和精神。文献典籍是文化遗产的载体，佛教大藏经是我国文献典籍中数量最多、影响最大的部分之一。

经过十多年的改革开放，社会稳定，经济繁荣。特别是在面对跨世纪的宏伟目标，我们中华民族要实现伟大复兴，自立自强于世界民族之林的历史机遇的时候，重新编印大藏经这份宝贵的文化遗产，特别是运用现代科技手段，实现电脑化，对于弘扬中华民族优良传统，吸收人类文明优秀成果，重构中华民族的人文精神，有着极为深远的意义。

佛教产生于印度，但由于种种原因，在印度已经衰落。就目前而言，中国是佛教的真正故乡，完整的佛教及其典籍都保存在中国，所以配合现代科技，重编一部最完备、最精要的大藏经，非常必要。以前，很多专家已做过这方面的工作，像任继愈先生等，积累了很多经验。特别是赵朴老，很早就有志于此，特派五位比丘赴斯里兰卡留学，为此做准备。

2. 从功利角度来说，当然不是为了赚钱，而是为了引导宗教与社会主义社会相适应。赵朴老多次提到，宗教是一种文化，对我们有很大启示。我们通过办这件事，可以促进宗教提高其品位，引导宗教的文化取向、伦理取向、哲学取向。

3. 从功用角度看，世界上都在搞互联网，搞信息高速公路建设。虽然信息高速公路已被西方所垄断，但若把大藏经电脑化，推向信息高速公路，对世界文化也是做出了贡献。亨廷顿提倡"文明冲突论"，但我们认为，如能把这项工程完成，其实是一种"文明的对话论"，这将具有很高很深的含义。以中华民族恢宏的气魄和博大的胸怀，是能够与西方文化对话的。我们不怕渗透，也需要更积极、更主动地吸收外来文化的优秀成果，有效地抵制渗透。

大藏经工程是否有这几方面的意义，还要请在座的专家学者论证。

国家宗教局在这件事上将起到什么样的作用呢？这项工程作为重要的宗教文化事业，将涉及许多宗教事务，我们将尽我们的力量，做推动、协调工作。

通过开这个研讨会，争取形成一个可行性的报告；与有关部门联系，取得他们的支持；请高僧大德领衔挂帅；还要发挥社会主义办大事的优势；最后落实到专家学者们艰苦卓绝的劳动上。宗教局就是具体办事，具体服务。

结束语

讲三句话。

（一）见仁见智，很受教益

通过两天的研讨，碰到一系列矛盾：说起来，做这件事功德无量，但如何具体操作，工程浩繁，非常艰巨；我们想要搞一个最完备、最精要、最通行的藏经，但人才、经费都是举步维艰；既要抓住良机，努力去做，又不能轻举妄动；做这件事，官方不能不管，但主要又得靠信仰者；既要出书册版，又要出光电版，也是个矛盾。但这些矛盾都体现了必要性和可行性的辩证统一。老祖宗留下的宝贵遗产不能丢，电脑和信息时代给我们提供的历史机遇也不能错过。古人云，"但存方寸地，留与子孙耕"，我们要为子孙留下方寸地。

（二）愚公移山，众志成城

这项工程要分三步走。

第一步，策动。要得到中央的重视，全国的关注，尤其是全体佛教徒的关注。一是要形成一个会议纪要，搞好宣传工作。二是要仔细研究，出一本书，对这项工程作出具体科学的论证。要写出报告。这项工程要采取民办官助的形式。以中国佛教协会、中国社会科学院世界宗教研究所、中国综合研究开发院联合起草一个报告，宗教局协助争取有关部门支持。

第二步，启动。如果各方面条件具备，宗教局出面做以下工作：（1）组织机构问题，组织佛教界和专家学者形成类似工程指导委员会的组织机构，并组成工作班子。（2）经费问题，有三条路：一是靠佛协吸引信仰者集资。二是依托某一名山大寺、高僧大德。三是实行自养。（3）具体实施按两条腿走路的方针，一方面电脑版先行，建立数据库；另一方面趁老专家健在，组织班子搞前期编纂工作。两方面要互补，佛学专家学点电脑，电脑专家粗通佛典。

第三步，滚动。这涉及对远景的规划。台湾杂志说，"电子佛典万马奔腾，亟待整合"。问题是如何整合，怎样保护知识产权。我们要占据制高点，把海内外、国内外的有关资料都汇聚到我们的大藏经之内，要海纳百川、有容乃大，要有大海吞云吐雾、百川归流的魄力。将来还可以考虑开一个国际性的会议，把世界范围的专家学者请到一起，达成一致意见，成立一个国际性的协调机构。当然这属于浪漫主义的远景目标。

（三）民族精神，誓愿精诚

我们要实现民族的伟大复兴，这一大藏经的工程就属于民族复兴工程。像吴立民先生说的，要有三力和合：既要有功德力，发本誓悲愿；又要有"佛的加持力"，得到信仰者的广泛支持；还要有法界力，要靠中央、靠政府、靠社会主义社会的优越性。总之，这一工程困难会很大，但正因为它难，才更有价值。我们要有信仰者那样的执着追求精神。就像恩格斯在马克思墓前说，马克思做了那么多努力，他还是死了，但后人在他的成就面前会流下崇高的眼泪。

第七辑

美美与共

毕竟一衣带水　总有鉴真精神

2016 年 12 月 22 日，我作为中日友好 21 世纪委员会中方委员，在日本奈良的"鉴真精神与中日文化交流研讨会"上，作了主旨演讲。

中国和日本，是一衣带水的近邻，在地缘环境上隔海相望，在佛教信仰上一脉相承，在文化习俗上同多异少。

正因一衣带水，常有走动、交流、亲近，成就了长期以来中日关系史上一段段友好往来的佳话。

也因一衣带水，时有猜忌、摩擦、冲突。尤其是 20 世纪三四十年代日本侵华战争，给两国人民带来了一段惨痛、不幸的历史。近年来，两国关系又呈现诸多隔阂和麻烦。中日关系如何走出困境？大家都感到困惑。

毕竟一衣带水，总有和平、友好、合作。总有同一缕春风同时吹绿大洋彼岸，总有同一域海水不分国界来回流动。鉴真精神，就是至今还在吹拂的"一缕春风"，就是可以重修旧好的"一域海水"。

这次中国江苏演艺集团由冯柏铭、冯必烈编剧，唐建平作曲的大型原创歌剧《鉴真东渡》，来日本几个城市演出，广受欢迎。今天大家又在奈良相聚一堂，讨论"鉴真精神与中日文化交流"。我们歌颂鉴真、怀念鉴真、再议鉴真精神，分明是要通过文化交流，唤回那"同一缕春风"，再渡那"同一域海水"。

毕竟，《鉴真东渡》歌剧中的千古绝唱，还在我们耳边回荡：

一片心，一带水，一声慈悲之音。

一千年，一万载，一道轮回的梦。

让苍梧飘过沧海，让他乡皆为故乡，

让光明照耀众生，永远将迷途引领。

毕竟，当年礼请鉴真、客死他乡的日本遣唐僧荣睿，他那不忘初心的儿时歌谣（古时日本儿童习字之初，必书《难波津之歌》），也使我们热泪盈眶：

辽阔难波津，寂寞冬眠花；

和煦阳春玉，香艳满枝丫。

……

毕竟，一衣带水；总有，鉴真精神！

一

想起在惊涛骇浪中毅然挺立船头的那位目盲老人——鉴真和尚，想起奈良唐招提寺里盛开的樱花，想起中国扬州大明寺的一轮明月，想起日本来唐的最澄大师、空海大师……一衣带水的中日两国，有着两千年友好交往的中日两国，有着一千多年佛教传承和相互学习的中日两国佛教界，我们彼此间要说的话、要倾诉的情太多，太多。

1999年，我作为中国国家宗教事务局局长，也是中国佛教协会会长赵朴初博士的使者，有幸遍访日本佛教界，从此与日本许多长老大德结下殊胜因缘。2002年，我带着赵朴初先生"花落还开，水流不断"、深化中日佛教交流和促进中日两国友好的遗愿，再度访日，与旧友新知再续前缘。2007年，我在东京"庆祝日宗恳成立四十周年纪念集会"上，发表了《诚恳相待 平等对

话 世代友好 共创未来》的演讲。此后，我又作为中日友好21世纪委员会中方委员，随唐家璇会长几次访日。刚才，还与几位艺术家一起演奏了由唐建平、李岚清创作的钢琴与四重奏《鉴真东渡随想曲》，并独奏了《鸿雁》。难言之语之情，以乐和其之声。

此刻，多少中日两国佛教界友好交往的佳事，多少为此做出卓越贡献的先贤，一齐涌入思绪。

20世纪50年代，由于日本侵华战争，经历了战争劫难和创伤的中日两国人民几乎中断接触。为表达中国佛教界期待着及早恢复与日本佛教界的交流往来，共同努力重建和平友好的睦邻关系的心愿，1952年在中国北京召开的亚洲及太平洋地区和平会议上，中国佛教界向日本佛教界赠送一尊佛像。于是，这尊药师如来佛像漂洋过海，东渡扶桑，标志着战后中日两国佛教界的友好交往重新起航。

1953年，日方第一次护送中国在日死难烈士遗骨代表团佛教界代表访问了中国佛教协会。

1955年，日中佛教交流恳谈会即日中友好宗教者恳话会前身在日本诞生；同年，以赵朴初为团长的中国佛教协会代表团首次访问日本。

1957年，日本佛教协会向毛泽东主席敬献一尊观音菩萨坐像。中日两国佛教界的友好交流与时俱增。

但好事多磨，两国关系又遇坎坷和波折。面对严峻形势，1967年，50余位维护中日两国佛教界友好关系、两国人民友谊的日本佛教界人士，毅然决然地在东京小石川的传通院，成立了日中友好宗教者恳话会。

1972年，中日两国邦交正常化，"日宗恳"等日本佛教友好组织发挥了积极作用。

1980年，中日两国人民、两国佛教界耳熟能详、永敬不忘的鉴真大和尚坐像回归故里——中国扬州巡展，盛况空前。

1984年，惠果、空海纪念堂在中国西安落成。

1993 年开始，以中日韩佛教友好交流盛会为机制的"黄金纽带"不断巩固，影响日广。

中日友好交流往事数不胜数，中日两国佛教界的先贤大德也太多太多。让我们记住这一串闪闪发光的名字吧：大谷莹润、西川景文、小野冢润澄、大河内隆弘、菅原惠庆、椎尾弁匡、高阶珑仙、清水谷恭顺、山田无文、冢本善隆、大西良庆、宫崎世民、中岛建藏、武田泰淳、赤津益造、西川鉴海、道端良秀、山田惠谛、村濑玄妙、秦慧玉、丹羽廉芳等长老大德，大谷武、庭野日敬先生，以及中国的赵朴初、圆瑛、明阳、茗山长老，等等，这些现代中日佛教界友好关系的缔造者、推动者虽大都别我们而远去，但我们永远忆念他们的功德。

二

中日两国一衣带水，有着源远流长的相互交往、相互师从、相互倾慕的传统。两国友好交往历时之久、规模之大、影响之深，在世界文明发展史上也属罕见。两国佛教的友好历史，更值得点赞。

这是通过一个共同信仰、薪火相传培育而成的历史。佛教由印度传入中国，又由中国经朝鲜传入日本，法乳一脉，同根同源。佛教，这一两国之中多数人民的共同信仰，使两国之间有了许多相通的情感、相近的语言和相似的文明。山川异域法为缘，风月同天谊久长。

这是通过一种伟大精神、一以贯之凝聚而成的历史。佛教强调和平、正义、慈悲、博爱，主张宽广无私、相互理解。正是中日两国佛教界的高僧大德始终坚持鉴真精神，谱写出了中日两国佛教界悠久的法谊史，并总能在经历历史的风雨波折后再续法缘。是佛教的精神使我们跨越了国界和民族的樊篱，坚守了友情和正义；是佛教的精神让我们会聚在一起，共同去创造中日佛教界友好的历史。

这是通过一批伟大人物、承前启后铸就而成的历史。从鉴真大师、弘法大师、传教大师、隐元禅师这些往圣先贤到近现代中日两国佛教的友好使者赵朴初、大河内隆弘……一个接一个，一批接一批，一代接一代。时代不同，但佛心相通。正是他们前赴后继的努力，影响了一个又一个时代，感化了一群又一群的民众，串联成中日两国佛教友好的历史。

这是通过一批友好组织不懈努力谱写而成的历史。组织使一群信念一致、目标一致的人更富有凝聚力、耐力和韧力。日宗恳、日中友好佛教协会、日中韩国际佛教交流协议会、日中临黄友好交流协会、日中友好净土宗协会和中国佛教协会等这样一些民间组织，在中日两国关系面临阴霾的时刻，始终坚定不移、矢志不渝，不遗余力地做增进了解、促进理解的工作，致力于推动两国佛教界和人民之间的友好。而赵朴初先生经过多年的亲力亲为和反复思考，在20世纪90年代与韩日佛教界共同倡议发起成立了一个新的佛教友好组织，也是一个新的交流机制——中韩日三国佛教友好交流会议，并将中日韩三国佛教界的关系归纳为"黄金纽带"，始终在三个国家的山水之间熠熠闪光。

佛教交流受制于政治而又能够超越政治。20世纪60年代中日邦交尚未恢复正常化之时，经赵朴初先生提议，中日两国佛教界共同举办了鉴真大师逝世1200周年的纪念活动，在日本扩展成了全国规模的促进日中邦交正常化的活动，为中日关系正常化做了必不可少的铺垫和促进。

佛教交流存在于时空又能够飞越时空。每逢中日关系遇到困难时，文化的力量、民间的力量就会站出来，潜移默化、持续不断地努力。今天两国的佛教交流，是千百年前交往的延续，是代代相传而来的友谊的发展与继承。今天我们所做的一切，也正在为后人的交流埋下取荫之树的种子。

日本谚语说，尽管风在呼啸，山却不会移动。中日两国关系尽管经历着风雨和曲折，但两国人民友好的根基，如同不会移动的泰山和富士山。

三

中日两国多一点文化沟通、文化交流，有助于政治精英们把心态放平和，多一点登高望远、从长计议的理性权衡和政治互信，少一点浮躁浅薄的感情冲动和形势误判。

日本是亚洲最大的发达国家，中国是世界最大的发展中国家。发达的，要继续发达，而且欲全方位发达。发展的，正快速发展，而且是大块头崛起。发达，是日本的硬道理。发展，是中国的硬道理。都硬，是真的；都得讲道理，也是真的。两大国虽处于不同发展阶段，却走在"可持续发展"的同一条轨道上，只能相向而行，不可迎头相撞。如果发达的总想遏制发展的，天下只许我发达，不容人发展，只能自找麻烦，徒增烦恼。如果发展的总是与发达的对着干较劲，闷着头生气，也会引来麻烦，徒增干扰。大家都要摒弃冷战思维，客观理性地看待对方的发展。发达的，要有"包容性增长"的胸怀；发展的，要有坚持和平发展科学发展的定力。地球只有一个，亚洲本应一家，你要发达，我要发展，当然难免竞争。但相互竞争中还要相互合作，善于控制竞争、发展合作，在合作中求发展，在竞争中谋优势。竞争，不是在各种形式的动荡和地缘政治冲突中火中取栗，不是幻想美国"重返亚太"遏制中国而狐假虎威，更不是固守冷战思维甚至再打热战而拼死一搏。只能以"和"为贵，争取和谐发展，互利共赢；要致力于在不同领域和不同层次扩大和深化"利益汇合点"，构建"利益共同体"。

就日本来说，100多年前是沿着福泽谕吉提出的"脱亚入欧"路线崛起的。福泽谕吉在《脱亚论》中说："当今之策，我国不应犹豫，与其坐等邻国的开明，共同振兴亚洲，不如脱离其行列，而与西洋文明国共进退。对待支那、朝鲜的方法，也不必因其为邻国而特别予以同情，只要模仿西洋人对他们的态度方式对付即可。与坏朋友亲近的人也难免近墨者黑，我们要从内心谢绝亚细亚东方的坏朋友。"这样的"脱亚入欧"论，当时是说日本不愿与中国腐败的清朝政府为伍，虽有一点道理，但也一度催化过帝国主义意识在日本的发育。今天的日本，若还有人要把中国当作"从内心谢绝亚细亚东方的坏朋友"，那就太轻看了中国和其他亚洲国家的发展态势，太看不清当今的世界潮流了吧？中国已是世界第二大经济体、亚洲第一大经济体。亚洲和太平洋地区拥有庞大的人口和市场，有能力创造和掌握各种先进科技，是世界经济最活跃的地区，中日两国经济总量占亚洲经济总量的 60%。我们应该更好地把握亚洲的机会，为了中国也为了日本，为了亚洲也为了世界。

就中国来说，13 亿人的中国，总要发展。为什么真的会走和平发展道路，不对他国构成威胁？这不仅因为中华民族自古以来就是一个爱好和平的民族，更是因为中国人民从近代以后遭受战乱和贫穷的惨痛经历中，深感和平之珍贵、发展之迫切。尤其从现实来看，中国现代化是世界五分之一人口的现代化，中国块头大，难免动静大。13 亿人，是可以把一切成就缩小的"分母"，也是可以把诸多问题放大的"分子"。我们必须聚精会神推进现代化，集中精力解决发展和民生问题。即使中国将来强大起来，和平依然是发展的基本前提，没有理由偏离和平发展道路。中国坚持和平发展，乃其决定因素和内生动力所决定，是基于自己基本国情和文化传统、基于国家根本利益和长远利益、基于发展趋势和客观规律的，坚定不移的战略抉择，不是为了说服谁、取悦谁、忽悠谁，当然也不是因为害怕谁。"朋友来了有好酒。要是那豺狼来了，迎接它的是猎枪。"

近代大国经济的发展，大都涉及对煤、石油等不可再生资源不断增长的需求，以及不断扩大市场的需求。其崛起过程中为满足这种需求，往往靠坚船利炮、圈占土地、奴役他人来掠夺。要"以霸强国"，就会"国强必霸"。中国的发展，必须避免、也不可能再走这条路。中国正走出一条与以往大国崛起不同的、新的和平发展道路，坚持把发展的基本点放在主要依靠自身力量和内需拉动上，同时多层次、全方位、宽领域对外开放，充分利用国际国内两个市场、两种资源；坚持中国的发展与世界的发展相统一，顺应全球化发展趋势，努力实现与各国的互利共赢、共同发展、可持续发展。中国致力于打造周边命运共同体，秉持亲诚惠容的周边外交理念，坚持与邻为善、以邻为伴，坚持睦邻、安邻、富邻，深化同周边国家的互利合作和互联互通。中国积极倡导并与许多国家合作建设的"一带一路"，正走出一条共商、共建、共享，遵循平等、追求互利的新路。

中国国家主席习近平说过："邻居可以选择，邻国不能选择。'德不孤，必有邻。'只要中日两国人民真诚友好、以德为邻，就一定能实现世代友好。中日两国都是亚洲和世界的重要国家，两国人民勤劳、善良，富有智慧。中日和平、友好、合作，是人心所向、大势所趋。"

毕竟一衣带水，总有鉴真精神。它就是中日之间还在吹拂的"一缕春风"，它就是促进中日重修旧好的"一域海水"。

> 辽阔难波津，寂寞冬眠花；
> 和煦阳春玉，香艳满枝丫。
> ……

把中国宗教的真实情况告诉美国人民

读懂中国，不仅要读懂中国的政治和经济，也要读懂中国的宗教。

读懂中国的宗教，就要读懂中国文化"多元和谐"的基因、特征、传承和现状。

世界各国有不同的历史传统和文化背景，当然也包括不同的价值观念，宗教方面的情况也各有特点。这是历史发展和现实状况的多方面因素造成的，很难用优劣来区分，用高下来权衡，用是非来判断。世界本身就是丰富多彩的。不同社会的宗教信仰、宗教形态、宗教生活，难免有不同的模式、不同的理解。为此，避免宗教冲突或者以宗教名义、打着宗教旗号的冲突，实现多元和谐，就至关紧要。2000年《世界宗教与精神领袖千年和平大会宣言》指出："我们的世界被暴力、灾难、战争和各种毁灭行为所破坏，而这些行为常常被说成'以宗教的名义'。"

实现宗教的多元和谐，需要大家都提倡"文化自觉，和而不同"（费孝通语）的精神。"文化自觉"指的是生活在一定文化中的人对自己的文化有"自知之明"，生活在不同文化中的人对其他的文化能"有容乃大"，从而达到"和而不同"——"各美其美、美人之美、美美与共、天下大同"的境界。

西方谚语说，"上帝把人分为男人和女人，不是要他们扯皮，而是要他们相爱；把世界分为东方和西方，不是要它们争斗，而是要它们合作"。其实中国人也认为，如果有"上帝"把地球分为东方和西方，应该不是要它们冲突不断，而是要它们加强沟通、促进和谐，否则"东与西"就不成其为一个"东西"。人类只有一个地球。尽管地球上不同的种族、不同的国家都有各自的命运，对命运也有不同的遭遇、理解、期望、寄托和努力方向，但同一个地球上的人类，毕竟也只能朝着共建同一个"人类命运共同体"的方向努力。同一个地球，同一个梦想。

但凡真善美的事物总是相通的，不论它们以宗教的方式存在还是以世俗的方式存在，不论它们以东方的价值观念衡量还是以西方的价值观念衡量。一个心胸狭窄的灵魂，总是把不同视为对立，将差异变成仇敌；而对于一种襟怀博大的精神来说，不同意味着多姿多彩，差异包含着统一与和谐。

中国宗教为什么是多元和谐的？

"历史上与中国文化若后若先之古代文化，或已转易，或失其独立自主之民族生命。唯中国能以其自创之文化永其独立之民族生命，至于今日岿然独存。"（梁漱溟语）这其中的奥秘，包括中国宗教的多元和谐。

中国的宗教为什么不是"一元独大"而是"多元和谐"的？不少人不信，不少人疑虑。我当了14年的中国国家宗教事务局局长，常和世界上一些不信者、疑虑者打交道。

故事一：我与华人的讨论：百余年前美国的排华决议

这种不信和疑虑，非至今日始。

我到美国访问，常听到那里的华人给我讲起百余年的一个故事。

1882年5月6日，美国国会通过了美国史上第一个限禁外来移民的法案：《关于执行有关华人条约诸规定的法律》，即通常所谓的"排华法案"。这一法案声称，美国政府认为，华工的到来使得美国境内一些地方的良好秩序受到威胁，规定从任何外国港口将华工带至美国的船只将被认定为犯罪，美国州法院和联邦法院不得给予华人美国公民身份，与此相悖的法律均被废除。1902年，该法律被无限期延长。美国自诩是个开明国家，历史上为什么要如此大规模地排华，甚至通过立法来排华？

排华首先是因为经济的竞争而起。华人是在 1848—1855 年加利福尼亚的淘金热中开始大量进入美国的，一直持续到随后的一些大的劳工密集的工程，例如跨大陆铁路的修建。他们中的大多数来自在太平天国运动后陷入贫困的华南地区，来美找寻他们的财富。起初，那里有着充足的表层金，所以华人的到来被容忍，如果不算是热情接纳的话。然而当容易获取的金的储量缩小，淘金竞争加剧的时候，对华人的憎恶也随之加剧。本土主义者团体开始声称，加利福尼亚的金子是美国人的，而后开始对外籍淘金者进行肉体侵害。华人们在被强行驱逐出金矿之后迁入了城市，主要是旧金山，从事薪酬劳动和仆役工作。随着美国经济的衰败，针对华人的憎恨被州长约翰·比格勒政治化，他将美国的不幸归咎于华人苦力和 1864–1869 年间签约建造中央太平洋铁路（Central Pacific Railroad）的华人劳工。

但主张排华者的主要依据，却是因为"华人有诸多的恶习和偏见，不可能在生活上美国化，更不可能接受美国建立在基督教基础之上的伦理道德标准"，其次才是"华工的大量涌入，造成了同美国工人抢饭碗的紧张态势"。他们说，一群连上帝都不信仰、都不敬畏，连礼拜天都不去礼拜，还在不停工作的人，真是太可怕了！

直到 1943 年，在罗斯福总统的敦促下，美国国会才撤销了此前的议案，允许中国人成为美国公民。2011 年 10 月 6 日美国参议院以全票通过一项法案，为 19 世纪末 20 世纪初的排华法案等歧视华人法律表达歉意。2012 年 6 月 18 日，随着众议院全票表决通过，美国才正式以立法形式就 1882 年通过的"排华法案"道歉。

"可是直到今天，中国人还大多是一群连上帝都不信仰、都不敬畏，连礼拜天都不去礼拜的异类"，我的华人朋友感叹道。于是，"非我族类，其心必异"，在一些西方人眼中，中国人仍然是一群缺少宗教信仰的、难以理喻的异类，并想当然地认为，中国政府似乎也有不容忍宗教，甚至迫害宗教的嗜好。

偏见比无知更远离真理，偏见比万水千山更能阻挡沟通和交流。偏见成为历史的沉重包袱，就更难以放下。

故事二：我与美国驻华大使的讨论：您了解中国文化吗？

2003 年，当时的美国驻华大使雷德先生，拿着一个所谓的"中国抓捕基督教徒名单"，专程到国家宗教事务局来拜访我，要跟我谈"中国的宗教问题"。因为时任美国总统布什马上要访问中国，大使带着清单来了——我美国总统来访问中国，中国你得表示友好，所以你们中国政府得按照我这个清单上的名字放人，中国政府得给我美国总统面子。

我对雷德大使说：中国绝对不会因为宗教信仰抓人，不是你信仰什么宗教我们就随便抓人，抓人肯定就是因为那个人犯了法。他就问我，他犯了什么法？我说：这个你得去问司法部门，我这里是宗教局，不是司法部门，你问我一个宗教局局长被抓的人犯了什么法，那你可是问错人了。但雷德大使还真有一股锲而不舍的精神。我就先请他去喝茶。宗教局所在的办公地点原先是清初大学士明珠的府第，到了乾隆时期就改为亲王府，光绪时期就变成了醇亲王府。那个地方有好几座古代建筑，我带着大使到大殿喝茶。坐在大殿的椅子上，我端着茶也不说话，对着房顶看。大使问，你在看什么呢？我说，大使先生，你看到屋顶上那个大梁了吗？他问，大梁有什么好看的？我说：咱们看到的那一根大梁，有 300 多年历史。我想那个大使先生应该明白，你美国 1776 年建国，到现在才有不到 230 年的历史；我在这个大殿里随便找一根木头都比你美国的历史还长。世界四大古文明，只有中华文明基本不变地延续至今，就因为中国是个文化大国，其中就包括多元和谐的中国宗教。中国什么时候因为宗教的原因打过仗？今天中国政府为什么要迫害宗教呢？您了解中国的文化吗？

雷德先生说，我来中国当大使，当然关注中国的文化。他和我谈起了《孙子兵法》，果然有一番见地。

我说，谈完孙子，咱们再谈老子吧。

他问，老子在哪里？

我答，老子就在这里。我给你念一段老子的话，你看能不能听懂："常有司杀者杀，夫代司杀者杀，是谓代大匠斫，夫代大匠斫者，希有不伤其手矣。"（《道德经》七十四章）您知道这是什么意思吗？大使摇摇头。那我给您解释一下老子的意思，是说本来专门管杀人的人，才去杀人，而那代替专管杀人的去杀人，这就好比是代替高明的木匠去砍木头；那代替高明的木匠去砍木头的人，很少有不砍伤自己手的。难得大使先生在美伊战争这个非常时期，还如此耐心地关注中国的宗教问题，而中国的宗教界此时更关注伊拉克战况。我们希望战争尽快停止，伊拉克的主权和领土完整得以维护，希望重新回到政治解决问题的道路上来，减少伊拉克人民遭受的非人道主义灾难。美国出兵伊拉克，难免伤害无辜平民的性命，这也是对人权的践踏啊。

雷德先生辩解说，美国在联合国框架内寻求解决伊拉克问题已经12年了，但萨达姆的错误行为并没有得到有效遏制。联合国1441号决议指出伊拉克将面临"严重后果"，但萨达姆照样我行我素，美英联军不能不打伊拉克。现在萨达姆的军队混在妇女和儿童当中，拿老百姓做人体盾牌。

我说，伊拉克是有问题，但这些问题应由联合国去讨论，去帮助和督促伊拉克解决，也完全可以通过政治手段解决。美国偏要代替联合国去行使职权，还要诉诸武力，这就叫"夫代司杀者杀，是谓代大匠斫，夫代大匠斫者，希有不伤其手矣"，小心砍伤自己的手！现在美国士兵每天都在伊拉克流血，看来你们已经伤手了，后面的麻烦还会更多，赶快停手吧！

这话被我不幸言中了。现在美国、英国都在对这场战争进行反思了。

中国古人是非常有智慧的，中国文化也是很厉害的。岂能"只知孙子，不知老子"？不听老子言，吃亏在眼前。

故事三：我与美国"国务卿国际宗教自由特别代表"
赛普尔先生的会谈：您要当"世界警察"吗？

美国国会 1998 年 10 月通过了《国际宗教自由法》，赛普尔（Robert Seiple）就是据此法任命的"国际宗教自由无任所大使"和"国务卿国际宗教自由特别代表"（Special Representative of the Secretary of State for International Religious Freedom）。

1999 年 1 月 8 日，时任国家宗教局局长的我会见赛普尔一行六人（包括美驻华公使麦克海等使馆官员三人）。

叶：欢迎赛普尔先生。近年来中美两国元首进行了历史性的成功互访。发展中美两国之间的友好关系，需要两国政府和两国人民的共同努力。我先就两个你关心的问题谈谈看法：

第一，关于美设置"国务卿国际宗教自由特别代表"一职的问题。

你这次到中国国家宗教局来会谈，我们之间确有一些需要讨论的问题，因为我们都是负责宗教事务的。但作为中国国家宗教事务局的局长，我负责的是国内的宗教事务，概括地说就是贯彻我国的宗教信仰自由政策，协调我国宗教界与社会各界的关系，维护信教与不信教群众间的和睦团结，维护社会的稳定。当然我们的工作也会涉及与国外的关系：我们支持中国宗教界的对外友好交往；我的部门也同外国的政府部门、外国的宗教界发展友好关系。

而据我所知，你的工作似乎不同。你的职责是专门"关注其他国家的宗教自由"。在我看来，你的工作难度很大。世界上那么多国家，有各自不同的历史、文化传统，有不同的政治制度和不同的社会环境，宗教也是千姿百态。对宗教信仰自由的理解也有差异。我很愿意知道，你面对这样复杂的局面，怎样既履行你的职责，又保证尊重别国的主权，不损害有关国家之间的关系，进而促进国家间友好关系的发展？当然我相信，你作为美国国家的官员，无疑愿意通过你的工作，为中美改善关系而努力，而不是为之设置干扰、制造麻烦，甚至挑起对抗。

我在你们的《国际宗教自由法》上看到这样的说法："宗教自由权利是美国建国之本和立法基础。我们建国之父中的许多人逃避海外宗教迫害，在他们的内心和头脑中憧憬着宗教自由的理想。"我对此表示理解和尊重。这与我们所奉行的理念和原则的基本精神并不冲突。据说你这个职务就是根据此法设立的。中国俗话说，"新官上任三把火"，我希望你上任的"第一把火"，是首先处理好美国自己的事情，维护美国公民的宗教自由权利。比如，据美国媒体报道，1997 年 7 月，加利福尼亚"天堂之门"教（HEAVEN'S GATE）39 名成员服毒自杀。昨天我从 BBC 的报道里得知，以色列警方宣布，美国丹佛市有一个名叫"忧心的基督教"的宗教组织，计划在耶路撒冷老城、圣殿山进行极端暴力活动，那里既有犹太教和基督教的神庙遗迹，也有伊斯兰教的清真寺。这不能不使全世界关心宗教信仰自由的人们担心。有人说美国已经成了邪教组织蔓延的温床。我建议你关注这些事情，防止邪教组织对美国、对国际社会造成危害。又如，基督教在美国具有很大影响和特殊地位，如何保障信仰其他宗教的人也享有同等的权利，我想这大概也是需要你操心的事情。如果你作为"国务卿国际宗教自由特别代表"是"主外不主内"，只管国外的事情，我也建议你在尊重别国主权、遵循国际有关宗教—人权的基本原则的基础上，通过与别国的合作、对话来履行你的职务。

在当今世界，由某一个国家来充当"世界警察""世界牧师"，或者充当如你们的《国际宗教自由法》所说的"宗教警察"，不管他持有何种理由、打什么旗号，肯定都是行不通的。当然，也不会为中国所接受。

第二，关于美国《国际宗教自由法》。

美国要制定和执行什么法律，是美国自己的事情。但需要指出的是，按照国际法公认的原则，一国制定的法律只适用于本国，不能以本国的法律为依据来对别国指手画脚，甚至干预别国的内政。

宗教信仰自由权利作为一项基本人权，作为人权不可分割的重要组成部分，一直受到国际社会的普遍关注。联合国通过的一些重要国际人权文书，如《联合国宪章》《世界人权宣言》《公民权利和政治权利国际公约》《消除基于宗教或信仰原因的一切形式的不容忍和歧视宣言》《维也纳宣言和行动纲领》等之中，都有明确的有关宗教信仰自由的规定。中国政府尊重这些原则，并根据中国的宪法和法律，保障中国公民的宗教信仰自由。中国政府愿意与各国政府、人民合作，共同促进世界的宗教信仰自由。

对于如何保障宗教信仰自由权利的实现，各国的做法各异，分歧难免。由于各国的政治、经济、文化、社会发展历史不同，同一人权原则的表现形式必然会有不同，这是很正常的。如果只能有一个模式，那倒是不正常的，也是不可能的。人权问题本质上是属于主权国家内部管辖的事情。正如国际公约有关其他的人权规定需通过国内法律来实现一样，宗教信仰自由也需要通过各个主权国家的国内立法、司法及有关行政措施付诸实现并加以保障。人权的普遍性原则必须与各国的具体情况相结合。应当允许各个国家从自己的实际出发，采取各自认为适合自己国情的政策、方式，来处理好自己国家出现的宗教—人权问题。各国应当以对话而不是对抗、以平等而不是强权的方式，来协调本国与别国之间在宗教—人权方面的分歧。正如《消除基于宗教或信仰原因的一切形式的不容忍和歧视宣言》所指出的："深信宗教自由或信仰自由还应该有助于实现世界和平、社会正义和各国人民友好等目标，应该有助于消除殖民主义和种族歧视的意识形态或行为。"

各国的事情要由各国人民自己做主，国际上的事情要由大家商量解决。把宗教问题政治化，或随意与政治、经济问题挂钩，以宗教问题为借口干涉别国内政，是与 21 世纪和平与发展的主流背道而驰的。

赛普尔（下简称赛）：非常感谢你们愿意邀请我来访，使我有机会了解中国的宗教情况。我首先要对你谈的这些作出回应。我们相信"普遍性"这个原则，但这要与人权相结合。宗教自由不仅仅是美国的，也不仅仅是中国的，而应该由全世界每个国家每个人分享。正如我国前总统卡特所指出的，美国并没有发明人权，但人权创造了美国。《世界人权宣言》发表已 50 周年，在过去几十年中，美国有意促进世界人权的发展，我十分珍惜美国促进人权发展这一伟大的传统。正如你所说，解决世界 196 个国家的人权问题本身是一项艰难的任务。你又给我加了一项任务，要我关注美国自己的问题。我向你保证，在美国已经有很多人在处理这些事情，不需要再加上我一个人。我感谢你所提到的"新官上任三把火"：就我来说，"第一把火"是在国际层面促进宗教自由；"第二把火"是缓和国际上因宗教原因而引发的冲突；"第三把火"是把前两点纳入美国的外交政策中去。

我想特殊强调一下"促进"或"推动"这个词。我们的《国际宗教自由法》并不是针对某一个国家或针对某一个宗教，相反，我们是为了促进全球范围内的宗教自由。因此，我从来没有把自己看成是一个警察，而实际上我总是帮助或服务于他人。我们的《国际宗教自由法》也是同样目的。

叶：我也想强调一个词。你去过故宫，看到太和殿、中和殿、保和殿，都有一个"和"字，以和为贵。这个"和"字就是"和解"的"和"，就是你要烧的"第二把火"——"和解"。这把火，中国的祖先一直在那里烧着。薪火相传，我们今天还在烧着。和解，是中国文化的真精神，我相信也符合世界宗教的精神。中国是世界上最大的发展中国家，美国是世界上最大的发达国家，两个国家的和解对人类是一个贡献。我们作为各自政府的官员，都愿意为此不断地努力。

赛：我想指出两点：第一，你们签署了《公民权利和政治权利国际公约》，这在国际上受到欢迎。签署这样一些国际人权文书，就意味着你们愿意所有签署这个公约的国家相互监督，保证互相遵守这些人权公约所规定的原则。实际在某种意义上，所有这些签署条约的国家都愿意为了整个国际社会的大局而让渡出部分主权。这并不是干涉某个国家的内政，相反，是为了促进文明社会的自由。第二，联合国从 1986 年就设立了一个关于宗教事务的特别报告员，这个报告员曾去美国调查过宗教自由的情况，他也到过中国。这再次说明，关心别国的宗教自由并不是干涉一个国家的内政，相反，它是整个国际社会团结到一起，为了一个最高的价值观而共同做一些事情，以便共同促进共同的、普遍的、非常好的价值观——宗教自由。

叶：我国政府确实已签署了《公民权利和政治权利国际公约》，这是因为这个公约的基本精神与我国宪法的有关规定相一致，因为贯彻这个公约符合中国人民的基本利益，当然也因为我们要为世界建立一个合理的新秩序做贡献，而不是因为要"让渡"什么主权。我们也欢迎并接待了联合国（当然他是联合国的而不是某一国的）特别报告员，并且尽我们可能给他提供情况，与他合作。这充分显示出我们实行宗教信仰自由的坦诚。至于关心别国的宗教自由是不是干涉该国的内政，要看你以什么为原则基础来"关心"，怎样"关心"？

赛：我觉得中方好像不太愿意同美方进行宗教自由方面的对话。实际上我们两国在很多层次上都进行了对话，比如说，你们购买了我们的波音飞机，还有其他东西，在美国，我们购买了中国制造的玩具，在农业方面、环境方面、妇女权利方面，及其他很多方面，我们都保持了接触。为什么在这样一个至关重要的、非常根本性的有关人类价值的问题即宗教自由的问题上不愿意同我们接触呢？

尽管我们两人是第一次见面，但非常重要的是我们可以在这种场合进行自由的交锋。

叶：你说中方不愿意在宗教问题上和美国对话、不愿意同你们接触，这恐怕是误解。事实上，我已去过美国两次，贵国麦克海公使先生还特地为我饯行。由于我们两个国家相隔太远，过去又隔绝太久，所以接触要反复进行，对话也要反复进行。但接触和对话必须本着双方平等交往、互相尊重、求同存异的诚意。

有些人不愿意看到中美关系改善，总想借宗教问题节外生枝，甚至不惜歪曲事实、颠倒黑白。中国改革开放以来，是贯彻宗教信仰自由政策最好的历史时期，中国的宗教界也认为这是"中国宗教的黄金时期"。为什么反而在这个时期特别是最近两年，美国在宗教问题上对中国的批评却突然增多？如果有时间，我可以举出大量事实向你介绍中国宗教信仰自由的状况。当然我们也不否认我们存在一些问题。我们宗教事务局，就是要按照国家的法规、政策去解决这些问题。我们设立的各级宗教事务部门的职责之一，就是对侵犯公民的宗教信仰自由权利的事件进行检查处理。按照我国刑法，不管是什么人，只要证据确凿，就要依法追究其刑事责任。

赛：过去20年对中国来说的确是黄金时代。很多造福于中国人民的事情在过去都发生了。当中国人民为此感到高兴的时候，全球的人民也感到高兴。我敢肯定，正是由于过去20年的发展，才使我们两国能走到一起，也就是我们所称的建设性接触。建设性接触是我们一个非常长久的政策，这就意味着，不管发生什么样的问题、不管出现什么样的分歧和变化，我们总要沿着同样的轨道前进。但是没有人敢预测未来到底是什么样的情况。因此，要使一种长久的政策得以实行，重要的是要使人们有所期待，期待在某些重要的、具体的问题上会出现积极的进展。

比如，我们关注的问题包括，在西藏有一些佛教徒遭到了殴打，在河南有警察袭击了一些家庭教会，同时又有一位河北的罗马天主教神父遭到拘捕并受到女性警察的骚扰。这些做法，同我们之间长久的战略目标是不一致的。

叶：刚才你提到的河南的事情，李肇星大使可能已经把有关情况告诉过你。最近好几个美国朋友都来对我说，《华盛顿邮报》对河南逮捕人讲了很多。我把有关情况向他们做了介绍，并认为《华盛顿邮报》应该澄清这件事情，应该对这种误传负责并道歉。这可不是像说"某个总统有一个私生子"那样可以随便谣传。如果你感兴趣，我可以把你刚才提到的几件事情的真相详细地告诉你。

赛：我曾给中国驻华盛顿的大使写过信，他告诉我说这些人被抓起来，主要是对他们进行教育。

叶：你理解有误。我们不是把这些人抓起来进行教育，而是进行了教育但一个人也没有抓过。

你们如果根据一些不负责任的报道，根据一些不负责任的传闻就来进行指责，这不恰当。既然我们要对话，互相之间就应该有一种信任，对事情首先要问清楚是否真实，听听对方的说明。中国现在正在健全各种法规，其中有一条，即对无端诬陷的行为可以举报，直至追究其刑事责任。我能否向你举报《华盛顿邮报》？因为它的报道有诬陷别人之嫌。

中国清朝有位学者打过一个比喻：中美两国因太平洋相隔太远，互相看要用望远镜。现在，中国把美国当成最发达的国家，向你们学习，希望用望远镜把你们看得很清楚。但不幸的是，美国有些人看中国时，总是把望远镜倒着拿，把中国看得很小很糟。你们使馆的麦克海先生住在北京，不需要这样倒着拿望远镜，就告诉我北京变化真快，他的观察是客观真实的。当然北京也有缺点和不足，如大气污染最近变得严重起来。但毕竟我们正在改进，着手解决这些问题。宗教问题也是如此。我们确实存在一些不足和缺点，但我们实行宗教信仰自由政策是真心诚意的，我们取得的成绩也是有目共睹的。如果是真朋友，就应该公正、客观地介绍中国的宗教情况，而不是倒拿着望远镜把一切看得很糟糕，然后自作多情地去表示什么"同情"，自找麻烦地去鼓吹什么"制裁"。我希望你对美国的议员们、对美国的公众说清真相。

不同国家对宗教信仰自由难免有不同的理解。各国、各种宗教之间应该在交流和相互借鉴中，通过文明的对话而不是什么"文明的冲突"，共同来促进人类社会的发展进步。国家无论大小，都有责任现实地、客观地、理智地来看待这种多样性，宽容地对待这种多样性。中国有句话叫"求同存异"，这对你履行职务可能是一个高超的、聪明的主张。"求同"不易，"存异"往往更难。"求同"要有海纳百川的肚量，"存异"要有兼容并蓄的胸怀。寸有所长，尺有所短。每个国家、每个民族都有自己的历史文化传统，都有自己的长处和优势，只有相互尊重，取长补短，才能发展自己，共同进步。事实上文化的不同，正是人类社会相互加强了解、相互砥砺、相互融通、相互交往和借鉴的动力，也是促进国际宗教信仰自由的动力。

这就是我——中国国家宗教事务局局长，对作为我的朋友的美国"国务卿国际宗教自由特别代表"赛普尔先生的一点忠告。

故事四：我与美国海关官员的问答：中国有宗教信仰自由吗？

20 年前，我时任国家宗教局局长，受美国宗教界邀请赴美访问，被美国海关官员拦下，问道："您在国家宗教局工作？我们美国就没有这种机构，我们美国的教徒那么多，都没有这种机构。"

我说："中国和美国的国情不同，美国有的中国可以没有嘛，中国有的美国可以没有嘛！你的教徒多，我的教徒也多，但是有点不同，你的那个教徒主要是基督教徒，都到基督教堂去做礼拜，你到基督教堂去看空空如也，最多有个圣母像而已，上帝在哪里谁也看不见啦。

"中国是佛教徒多嘛，你到中国的寺庙去看看，一进去，弥勒佛！欢迎，欢迎！两边站着四大天王。后面进去，大雄宝殿，佛祖端坐中央，底下多少个罗汉你可以去数。尤其弥勒佛的后面还站着一个菩萨，他拿着一个棍子，或者拿着一柄宝剑，叫金刚杵，他就是韦陀菩萨。韦陀菩萨，就是在庙里维持秩序的嘛。他就是古代的'宗教局长'，我就是当代的'韦陀菩萨'。所以你美国的教堂里没有，中国的庙里有嘛，美国没有宗教局，中国有啊。"

美国官员问："你是'韦陀菩萨'？你是佛教徒？"

答："我是共产党员！我不信教！"

问："你不信教你还来管宗教，可见你们就是'控制'宗教！"

答："这你又不懂了，国情又不一样嘛，我们中国就和你们美国不一样。我们就是烟草局长他就不吸烟，体育局长他就不打球，宗教局长他就不信教，你管得着吗？再说，你叫我信哪个教啊？你叫我信基督教，佛教徒愿意吗？你叫我信佛教，伊斯兰教干吗？我都不信，我就是为他们服务的嘛！政府管理，管理也是提供服务。"

美国官员仍不依不饶："你怎么服务啊？"

我便把当时正在落实宗教政策，宗教局如何干预修复教堂的几件事跟海关讲了一下，美国人这才理解说："原来你是做这个的呀，误会啦，误会啦！欢迎，欢迎！"咔！一盖章，放行。

故事五：我在美国水晶大教堂的演讲

2005 年 11 月 20 日，我应美国著名的洛杉矶水晶大教堂创始人舒乐博士的邀请，在水晶大教堂用英文发表演讲。此时恰好紧接美国"国际宗教自由委员会"再次在媒体上鼓噪"中国迫害宗教"之后，尤其是在布什总统去北京基督教教堂的同一天。刚访问过中国的美国"国际宗教自由委员会"，在布什访华前几天抛出《中国政策报告》，不顾访华中所见的真实情况和其在华时比较友好的表态，出尔反尔，污称此次访问看到了"中国正在系统地进行宗教迫害"，要求布什总统访华时就中国宗教自由和人权议题对中国领导人施加压力。据《纽约时报》报道，布什总统在参加完北京缸瓦市教堂的礼拜后特意宣称："中国政府不必惧怕基督教徒的活动。"

舒乐博士在介绍我时说："我是第一个到共产党国家——苏联公开发表演讲的牧师。而叶大概是第一个到美国的大教堂里直接面对这么多信众，并通过电视面对全世界，发表公开演讲的共产党国家的部长。我非常荣幸能够亲自见证中国政府官员与美国、与全世界基督教徒交流的这个历史时刻。让我们热烈欢迎这位来自中国的贵宾。"

我向数千听众简述了中国实行的宗教信仰自由政策及其实践成果，表达了以对话求理解、以共识求团结、以包容求和谐的美好理念。演讲数次被热烈的掌声所打断，并向 186 个国家现场播放。以下是演讲记录。

亲爱的罗伯特·舒乐博士，各位早上好！

我叫叶小文，是中华人民共和国国家宗教事务局的局长。两天前，为了这个博士称之为"中国日"的特别的日子，我从太平洋彼岸飞到这里。

作为中国的一个部长级官员，这是我第一次用英语给这么多美国朋友做演讲，我很高兴和你们分享这一时刻。为此，我在飞机上抓紧每一分钟练习英文。希望你们从这个"中国日"起也开始学习中文，或许有一天到北京访问时，你们也能用中文给我们做演讲。

现在，让我们开始。

女士们、先生们：首先要感谢罗伯特·舒乐博士，感谢他邀请我来到你们中间，来到这座辉煌的水晶大教堂。

此时此刻，布什总统刚去过北京的一座小教堂。我比他幸运，因为我到了美国的一座大教堂。我和布什总统一样，都有机会分享和基督教信徒们在一起聚集的美好时光。在今天的中国，众多的基督教徒，以及天主教、佛教、道教、伊斯兰教的教徒们，都在法律的保护下享有宗教信仰的自由。20多年来，由中国基督教协会印刷发行的圣经已达4000万册。明年春天，就在这里，在水晶大教堂，将会有一个"中国圣经事工展"。感谢舒乐博士为我们提供了这样一个漂亮的场所。

亲爱的朋友们，我从东方来到这迷人的西方。我相信上帝把世界分成东方和西方，不是要让彼此对峙冲突，而是要让彼此团结和睦；把世人分为男人和女人，不是要让他们争吵不休，而是要让他们相亲相爱。我们应该尊重事实，摒弃偏见。偏见比无知更远离真理，偏见比万水千山更能阻挡我们之间的沟通和交流。我们都赞成特蕾莎（Teresa）修女的话："微笑是和平的开始，教人们去微笑吧，宗教需要欢乐。"

我也相信舒乐博士的话："编织你的梦想，梦想就会成就你。"1968年，当身无分文的舒乐博士立志要在加州用玻璃建造一座水晶大教堂的时候，是在编织他的梦想。但12年之后，梦想就变成了辉煌的现实。

朋友们，正在准备迎接 2008 年奥运会的中国，也在编织她的梦想，奥运会的口号就是"同一个世界，同一个梦想"。

同一个世界——一个"不同文明互相尊重、多元文化和谐共存"的"和平的世界"；同一个梦想——能够"以对话求理解，以共识求团结，以包容求和谐"的"美好的梦想"。

让我们共同来实现建设和谐世界的梦想。12 年不行，我们就奋斗两个 12 年，三个 12 年，奋斗十个 12 年。

"你能成为你想成为的人"（舒乐博士语），世界也一定能成为我们梦想成为的世界。

接下来，我要向舒乐博士和水晶大教堂赠送一点小小的礼物。就在布什总统访问中国的前几天，有五个小天使降临了中国，她们是 2008 年北京奥运会的五个吉祥物。第一个是一条鱼，她的名字叫"贝贝"。第二个是一只熊猫，她的名字叫"晶晶"。第三个是奥运火炬，她的名字叫"欢欢"。第四个是一只藏羚羊，她的名字叫"迎迎"。第五个是一只京燕，她的名字叫"妮妮"。这五个吉祥物的名字排列在一起，就是"北京欢迎您"。希望大家喜欢。

故事六：我在美国举行中国圣经事工展时的演讲

2006 年 5 月 19 日，我在亚特兰大中国圣经事工展开幕式上的致辞。

中国的圣经事工展，像一只快乐的小鸟，带着美国西海岸的春风，怀着即将飞向东海岸的喜悦，在一个美丽而独特的地方——乔治亚州的亚特兰大市，停了下来。

亚特兰大，对于中国是一个有独特意义的地方。中国人通过电影《飘》和马丁·路德·金博士的讲演《我有一个梦》，认识历史的美国。通过 CNN 和可口可乐，认识今天的美国。我希望现在亚特兰大的美国人，又要通过来自中国的圣经展，进一步了解中国。

亚特兰大，对于中国是一个有历史意义的地方。27 年前带领中美建交的两位老人，邓小平和卡特，其中一位现在还站在我们中间，昨天下午，我荣幸会见了卡特总统先生，我们进行了深入友好的交谈，另一位——邓小平先生，则是通过亚特兰大认识美国，而美国也曾通过邓认识中国。

中国几十年来居然印刷发行了 4000 万册圣经！这很奇妙，不是吗？或许有人会心存疑问：这不是一个无神论者执政的国家吗？这个国家难道允许基督徒存在吗？他们的圣经不是需要从国外偷运进去吗？他们不是还需要美国人派出传教士帮助他们建立和发展教会吗？

27 年前，邓小平先生就告诉卡特先生：在中国，宗教信仰自由，可以；圣经，可以；外国人来传教，不行（Freedom of Worship，OK；Bible，OK；Foreign Missionary，No）。邓阐述的是两个原则：维护宗教信仰自由与坚持独立自主自办。这就像一个硬币的两面，它们被同时写进宪法，保证了中国教会健康顺利的发展。

圣经在中国，为这个发展见证，也为这个发展祝福。

圣经来自同一个上帝，却有多种版本、多种语言。教会是同一个上帝的肢体，却有多种模式、多种组织。中美两国相距遥远，历史背景、文化传统、发展水平各异，需要加强沟通，求同存异。我相信，上帝把世人分为男人和女人，不是要让他们争吵不休，而是要让他们相亲相爱；同理，上帝把世界分成东方和西方，不是要让彼此对峙冲突，而是要让彼此团结和睦。我们应该尊重事实，摒弃偏见。偏见比无知更远离真理，偏见比万水千山更能阻挡我们之间的沟通和交流。中美两国教会真诚友好的交流，会跨越万水千山，不仅对两国基督教的弟兄和姐妹有着重要的影响，也有助于推进两国政府和人民，在"利益攸关者"的基础上，向着建立新世纪的建设性合作关系的目标迈进。

亚特兰大对于中国，不仅是一个有历史意义的地方，还是一个充满梦想的地方。43 年前，来自亚特兰大的牧师马丁·路德·金说，我有一个梦，有一天，黑人儿童能够和白人儿童情同手足，携手并行。27 年前，邓小平先生大概也有一个梦——从此结束中美间的敌对和隔绝。今天，和卡特先生一起站在这里的我们，是否也有一个梦？

愿圣经展成为中美建设性合作关系的一个新见证！让我们张开双臂迎接她！

我的美国朋友库恩先生如是说

前面六个故事，说明无论是从历史还是从现实，无论对中国持有好意还是恶意，要读懂中国，就要读懂多元和谐的中国宗教。可是在这个问题上，西方一些人的偏见太多、太深、太固执。

怎么才能减少、消除偏见？我找到长期在中国，不是用望远镜，而是用放大镜，用自己的眼睛观察、用自己的头脑思考中国问题的美国朋友——库恩先生。

罗伯特·劳伦斯·库恩（Robert Lawrance Kuhn）博士是一位国际投资银行家。自 1989 年起，库恩博士就在重组、并购、经济政策、产业政策、科技、媒体、文化、中美关系、外交事务和国际传播等方面向中国政府提供咨询。他致力于向世界讲述真实的中国，尤其关注中国的改革开放。

库恩先生写过一篇题为《叶小文：中国新思维》的文章，摘录如下：

中国急需具有创新性思维的思想家

中国历史性的经济发展是 21 世纪初一部伟大的史诗——它不但提高了 13 亿人民的生活水平，而且让中国重新登上了国际事务的中心舞台。在人类活动的每个领域，中国不断增长的国力都具有全球影响——从贸易、商业和金融，到外交、国防和安全；从科学、技术和创新，到文化、媒体和体育，概莫能外。这一切归功于伟大的中国人民，同时也给中国带来了巨大的机会和责任。今日中国，从内政来说，正处于改革开放的关键时刻；从外交来说，正重新屹立于世界民族之林。面对日新月异、错综复杂的形势，中国急需具有创新性思维的思想家。他们一方面要具备对不同行业和学科的广泛理解；另一方面要长于在社会、政治、经济、科学、文化和国际事务等不同领域中，将严谨的思维方式付诸实践。叶小文部长正是一位这样的思想家。

叶小文先生集诸多优秀品质于一身：知识分子的孜孜求知，学者的献身研究，科学家的严于分析，以及社会学家的紧跟时代。作为管理不同（甚至相对的）宗教的国家宗教事务局前局长，他视野开阔，忠于职守；作为一名思想家，他大胆创新，勇于进取；作为一名爱国者，他对祖国忠心耿耿，始终不渝。在我的人生中，像叶小文先生这样为现代思想的发展、分析和论证注入如此多知识与活力的人，可谓屈指可数。每次来到中国，我都期待着与叶小文先生见面。我们无所不谈，甚至偶尔还会辩论。

叶小文对我如此谈中国宗教

我最初认识叶小文先生并管窥他对中国的杰出贡献是在他担任国家宗教局局长期间。当时，我正在撰写前国家主席江泽民的传记《他改变了中国——江泽民传》。20多年来，我和合作伙伴朱亚当先生一直致力于通过各种方式向世界介绍真实的中国。中国对宗教的管理方式不断发生着变化，这不仅对我个人的求知欲产生了巨大吸引力，而且对于增进世界对中国的了解也至关重要，尤其是国际社会普遍存在着对中国宗教发展的误解。叶小文先生的思想和工作帮助我向世界展示了中国宗教的真实情况，包括阐述宗教在中国的发展，重点就是介绍叶小文先生的远见和工作。

时至今日，叶小文先生仍然形容自己是"一半学者，一半官员"。他强调，他在宗教局工作的一部分是"教育我们的官员"。他说："有些官员容易把宗教问题看成一个简单化的问题，因此处理起来工作手段简单化。他们必须了解宗教的复杂性。"

"多年来，"他说，"导致我们政策失误、摇摆的病根就是我们缺乏对宗教的了解。在美国，由于宗教强大的影响力，你不需要对官员讲宗教有群众性，会长期存在。"但是在中国，他说，他需要向官员们解释"宗教如何与社会主义社会相适应，如何正确看待宗教"。虽然大家都认可并赞赏他的工作为建设和谐社会做出了很大贡献，但是"这确实是个挑战"。

叶小文先生告诉我："有人批评我爱讲话，但是，我们党要正确地认识和处理宗教问题，就要把很多话讲明白。从历史上看，党的主导意识里，宗教是落后、愚昧的。中共早期领导人认为，宗教是一个短期现象，信教的人是少数的落后群众。"他说，坦率地讲，共产党认为"不能让宗教影响青少年。我们希望青少年要成为无神论者"。

他向我解释这种观点来自传统马克思主义。"在社会主义运动早期，它是批评宗教的。在马克思看来，当时的德国日耳曼帝国，神学成了封建统治的堡垒，政治革命首先要从批判宗教开始。正是在这个意义上，马克思说，'宗教是人民的鸦片'。"

不过，他也明确表示，"文化大革命"期间对宗教的憎恶是不对的。

但是，改革开放以来，我们开始进行重新思考。"我们要拨乱反正，就必须这样做。这意味着对传统马克思主义的逐步调整。如果我们仍然按照马克思的话做事，我们会遇到很大的困难。"

叶小文说，邓小平强调，对待宗教，不能用行政命令的办法，但是宗教也不能搞狂热。美国前总统吉米·卡特告诉叶小文，他与邓小平会见时，曾经问过邓小平三个与宗教有关的问题。邓小平告诉卡特，他想一想，第二天再告诉他答案。第一个问题："中国能不能有宗教信仰的自由？"邓小平说："好的，当然。"第二个问题："中国可不可以印刷和发行圣经？"邓小平回答："好的，没问题。"第三个问题："中国是不是欢迎美国的传教士去中国传教?"邓小平坚定地回答:"不行。"

但是,邓小平也没有明确指出社会主义应该如何对待宗教。现在,叶小文说,"我很高兴地告诉你,这个难题已经破解了"。

叶小文表示,最早的破题来自邓小平和胡耀邦。他们组织人撰写了《关于我国社会主义时期宗教问题的基本观点和基本政策》,承认了宗教在社会主义社会是一种合法的存在。该文发表于1982年,提出要认真贯彻宗教信仰自由的政策。但是,它根据马克思主义的传统观点预言:随着社会主义事业的发展,宗教的阵地会逐渐"缩小"。"因此,20年来,中国一直认为宗教会衰退。"

"但是,结果怎么样呢?"叶小文自问自答,"你可以看到,一方面中国改革开放的事业在蓬勃地发展,经济在很快地成长;另一方面,你也可以看到,宗教也在跟着发展。"

此后,胡锦涛主席把宗教纳入了科学发展观与和谐社会的愿景中。叶小文部长对胡锦涛主席的四个宗教工作基本方针进行了阐释:第一,全面贯彻党的宗教信仰自由政策。这是公民的一项基本权利,体现了党"以人为本"的政策及其对人权的尊重。第二,依法管理宗教事务,政府不能用行政权力或消除或鼓励宗教,但任何人或组织不得利用宗教反对共产党的领导和社会主义制度,或危害国家统一、民族团结和社会稳定。第三,坚持独立自主自办的原则。中国的宗教事务应由中国的信徒独立自主处理,不受外国势力的支配。中国信徒应该抵制外国势力的宗教渗透。中国鼓励与国外平等、合法的宗教交流。第四,积极引导宗教与社会主义社会相适应。充分发挥宗教人士和信教群众在促进经济和社会发展方面的积极作用,引导宗教共建和谐社会。

但是,叶小文指出,对于宗教在社会中的作用,"还有很多问题需要研究"。"比如,市场经济发展需要极大地激发大家赚钱的活力,"他说,"但是我们需要面对两个挑战:第一,中国传统的信仰道德价值观受到剧烈的冲击。不少人会感到空虚，感到迷茫，很多人选择信仰宗教。那么，我们怎么样去看待这种客观现象，并且怎样去引导、规范这种现象呢？

"第二，市场经济需要诚信。如果人只会赚钱，没有诚信，那就不好打交道了。如果人没有商业头脑，这个社会就很难进步了。这种商业头脑和诚信品质如何才能在一个人的身上结合好呢？"

叶部长以我的合作伙伴朱亚当先生为例："亚当先生是一位成功的商人，但是我把他看成一位真正的朋友的原因是他很有诚信。作为一名虔诚的基督徒，他认为上帝的眼睛在监督他。"

叶小文说，中国的领导人越来越认识到道德系统的向心作用了。"胡锦涛主席教导我三句话，我奉为圭臬：'常思贪欲之害，常修为政之德，常怀律己之心。'——我们必须重塑中国伟大的文化、文明传统。"他认为，这一切都意味着宗教在可预见的将来会扩大。"按我们官方的观点，中国的文化将会实现复兴，核心价值和共同理想占主流，包括中国特色社会主义、爱国主义、集体主义等。我当然赞成这种判断，"他说，"但是我觉得真正的文化复兴是多种文化的融合——更多的是和谐、复合的文化，其中宗教文化将发挥很大作用。"

他展望道："再过20年，宗教将融合进社会，发挥其积极的文化功能和一定程度的道德功能。现在，宗教还太弱，做不到这一点。"他认为，"宗教在中国的未来更多是文化的、道德的、伦理的，较少的是神圣的和精神的。在中国盛行的宗教更多的是比较理性的、人性的，而非原教旨主义和福音派的宗教。"他为中国的信徒提出了一个"良性循环"的发展道路："服从国家，国家就会善待你；适应社会，社会就会宽容你；融入文化，文化就会接纳你。"

叶小文是向世界展示新中国形象的优秀代表。我们可以一起来看看他是如何幽默而有力地回击外国批评的。有西方人批评叶小文作为一名公开的无神论者，没有资格管理宗教事务。在一次访美途中，有人问他："局长先生，您的宗教信仰是什么？"他的回答是："在中国，体育局长不一定打球，烟草局长不一定吸烟，宗教局长不一定信教。"太巧妙了！

也有人说，他"自己不信教"，所以也"不会尊重或善待宗教"。他回答："作为国家宗教事务局局长，如果我信基督教，佛教徒可能会不高兴；如果我信佛教，伊斯兰教可能会不高兴。由于我个人没有宗教信仰，我对每种宗教都同样尊重，我为他们服务。这不很好吗？"西方批评家们只好闭嘴了。

叶小文是中国新一代官员的典型代表：受过良好教育，可以游刃有余地对很多议题发表看法，自信，敢于提出自己的观点，而且拥有良好的幽默感。他之所以能对各种议题提出自己的观点，从社会、经济问题，到国际事务和台湾统一问题，是因为他既拥有极强的求知欲，更是长于研究、精于分析。他讲话时不用讲话稿。在今天，国际交流的一举一动都可以通过 24 小时滚动新闻和互联网传播出去，这种能力也就显得更为难能可贵。官员按照讲话稿照本宣科往往让人觉得是在宣传国家政策，即使内容准确无误，也不能有效打动听众。但叶小文的交流方式让人放下心防：眼睛熠熠发光，偶尔自嘲，不时发出自信的大笑，让他很快与听众心心相通。这就是有效沟通的巨大力量。

叶小文拓宽了中国官方对宗教的理解。他向人们证明，宗教不会逐渐消亡，而是人类和社会的一种固有存在，因此它可以促进社会和谐，鼓励爱国精神。宗教为培养良好的道德和行为提供了一种外在动机。在社会转型时，旧有价值观渐次崩塌，宗教则可以提供一个稳定的力量。虽然他是一名无神论者，但是叶小文对宗教问题高度敏感，致力于使其成为一种传达精神的工具，从而丰富人们的生活。叶小文独具深刻的洞见，通过这样的方式来展现宗教可以与共产党领导的中国相适应。由于共产党致力于发展全体中国人的福祉，那么宗教对于信徒来说，则是和谐社会的一个重要组成部分。

第八辑

协商民主

协商民主：中国特色社会主义新篇章 ①

习近平总书记在庆祝中国人民政治协商会议成立 65 周年大会上的重要讲话，着眼于完善和发展中国特色社会主义制度、推进国家治理体系和治理能力现代化的总目标，从全面认识社会主义协商民主是中国社会主义民主政治的特有形式和独特优势这一重大判断，深刻把握社会主义协商民主是中国共产党的群众路线在政治领域的重要体现这一基本定性，切实落实推进协商民主广泛多层制度化发展这一战略任务三个方面，科学回答了社会主义协商民主何以必要、何以重要、何以有效等重大理论和实践问题，是中国特色社会主义实践和理论的新篇章。

一、从保证和支持人民当家做主看协商民主何以必要

人民民主的实质，就是人民当家做主。中国共产党执政，不是代替人民当家做主，而是保证和支持人民当家做主，以实实在在的民主形式，在国家政治生活和社会生活之中，保证人民依法有效行使管理国家事务、管理经济和文化事业、管理社会事务的权力。

习近平总书记指出："人民是否享有民主权利，要看人民是否在选举时有

---

① 此文为作者与张峰合写，原载于《光明日报》2014 年 9 月 23 日第 1 版。

投票的权利，也要看人民在日常政治生活中是否有持续参与的权利；要看人民有没有进行民主选举的权利，也要看人民有没有进行民主决策、民主管理、民主监督的权利。"选举投票是人民的权利，包括民主决策、民主管理、民主监督在内的政治参与也是人民的权利，而且是必不可少的权利。要把"实现人民最广泛、最有效的政治参与"作为最大追求，在我国，就要保障人民民主权利是持续行使，而不是一时一事的。习近平总书记指出："保证和支持人民当家做主，通过依法选举、让人民的代表来参与国家生活和社会生活的管理是十分重要的，通过选举以外的制度和方式让人民参与国家生活和社会生活的管理也是十分重要的。"选举民主是人民通过选举出自己的代表进行授权委托参与国家和社会生活的管理，是间接性的而非直接性的政治参与。而且选举民主具有阶段性的特点，用政治学的术语讲，是一种起点民主或断点民主。由此就会产生在投票之后或非选举期间人民如何行使权利问题，也就是习近平总书记所指出的"人民只有在投票时被唤醒、投票后就进入休眠期"的问题。协商民主则能使人民持续而直接地进行政治参与。

二、从坚持贯彻党的群众路线看协商民主何以重要

"一切为了群众，一切依靠群众，从群众中来，到群众中去"的群众路线，是党的生命线。社会主义协商民主，是党的群众路线在政治领域的重要体现。回顾中国共产党的历史和新中国的历程，我们之所以能够取得事业的成功，靠的是始终保持同人民群众的血肉联系，靠的是"跟人民商量办事"的好传统。"商量办事"曾经被毛泽东称为"新民主主义的议事精神"，今天，"在中国社会主义制度下，有事好商量，众人的事情由众人商量，找到全社会意愿和要求的最大公约数，是人民民主的真谛"。商量是个好东西，于事多有补，于民更有益。当然，现在人们思想活动的独立性、选择性、多样性、差异性明显增强，人民群众需求的多层次、多方面、多样化的特征更加明显，今天要商

量办的事复杂起来了。这就要更耐烦、更细致、更频繁、更深入地商量。涉及全国各族人民利益的事情，要在全体人民和全社会中广泛商量；涉及一个地方人民群众利益的事情，要在这个地方的人民群众中广泛商量；涉及一部分群众利益、特定群众利益的事情，要在这部分群众中广泛商量；涉及基层群众利益的事情，要在基层群众中广泛商量。

中国共产党来自人民、服务人民，党的人民性决定了党必须紧紧依靠人民治国理政、管理社会。习近平总书记指出："全心全意为人民服务，始终代表最广大人民根本利益，是我们能够实行和发展协商民主的重要前提和基础。"执政长了，最大的危险就是脱离群众。"为官"久了，最易忽略的就是群众的呼声。对于群众正常、合理、善意的批评和监督，不论多么尖锐，我们都要欢迎，不仅"忠言不能逆耳"，更要"敏于行"。作为执政者，我们政治智慧的增长、治国理政本领的增强，无不源于人民群众的实践。坚持把实现好、维护好、发展好最广大人民的根本利益，作为我们一切工作的出发点和落脚点。重大工作和重大决策识民情、接地气，以人民群众利益为重、以人民群众期盼为念，知民情、解民忧、纾民怨、暖民心，这些都离不开多商量、会商量。

三、从推进协商民主广泛多层制度化发展看协商民主何以有效

协商民主要切实管用、作用实在，就要上下互动、左右相连，形成多样化、立体化、程序合理、环节完整的体系。习近平总书记强调："社会主义协商民主，应该是实实在在的、而不是做样子的，应该是全方位的、而不是局限在某个方面的，应该是全国上上下下都要做的、而不是局限在某一级的。"

如何使社会主义协商民主实实在在地推进，习近平总书记强调了三点：一是坚持协商于决策之前和决策实施之中的重要原则。"协商就要真协商，真协商就要协商于决策之前和决策之中，根据各方面的意见和建议来决定和调整我们的决策和工作。"凡事预则立，决策之前进行协商，有利于集中民智，实现

决策的科学化、合理化，使决策的效益覆盖全体社会成员。决策实施之中进行协商，有利于集中民力，保证决策的完整性、可操作性，使决策更具有执行效力。二是坚持使协商成果真正有用的制度保障。"从制度上保障协商成果落地，使我们的决策和工作更好顺乎民意、合乎实际。"三是坚持在全社会开展广泛协商的发展方向。"要通过各种途径、各种渠道、各种方式就改革发展稳定重大问题特别是事关人民群众切身利益的问题进行广泛协商，既尊重多数人的意愿，又照顾少数人的合理要求，广纳群言、广集民智，增进共识、增强合力。"

如何使社会主义协商民主全方位展开，习近平总书记强调了三点：一是拓宽协商渠道，将十八届三中全会概括的五种渠道细化为中国共产党、人民代表大会、人民政府、人民政协、民主党派、人民团体、基层组织、企事业单位、社会组织、各类智库等十种协商渠道。二是丰富协商类型，深入开展政治协商、立法协商、行政协商、民主协商、社会协商、基层协商等多种协商。三是建立健全协商方式，包括提案、会议、座谈、论证、听证、公示、评估、咨询、网络等多种方式，不断提高协商民主的科学性和实效性。

如何使协商民主真正落实，切实"落地"，习近平总书记强调了基层民主协商的工作重点，指出："涉及人民群众利益的大量决策和工作，主要发生在基层。要按照协商于民、协商为民的要求，大力发展基层协商民主，重点在基层群众中开展协商。"涉及群众切身利益的实际问题大多是在基层发生的，群众利益无小事，协商民主如果不从基层搞起来，就难显现出它的作用，获得广泛的民意基础，保持持久的生命力。协商民主是人民群众的民主权利。宪法规定的公民言论自由的基本权利，党的十八大报告提出保障人民"表达权"，都应落实到人民群众在协商活动中的发言权。

如何开展基层民主协商？习总书记强调三点：一是凡是涉及群众切身利益的决策都要充分听取群众意见，通过各种方式，在各个层级、各个方面同群众进行协商。二是要完善基层组织联系群众制度，加强议事协商，做好上情下达、下情上传工作，保证人民依法管理好自己的事务。三是要推进权力运行公开化、规范化，完善党务公开、政务公开、司法公开和各领域办事公开制度，让人民监督权力，让权力在阳光下运行。

推进协商民主广泛多层制度化发展，要坚持发挥人民政协在发展协商民主中的重要作用。习近平总书记指出："人民政协以宪法、政协章程和相关政策为依据，以中国共产党领导的多党合作和政治协商制度为保障，集协商、监督、参与、合作于一体，是社会主义协商民主的重要渠道。"人民政协是我国专门协商机构，在推进协商民主广泛多层制度化、构建我国协商民主体系中发挥着不可或缺的重要作用。人民政协具有巨大覆盖面的组织架构，可以为构建我国协商民主体系提供基础性的组织作用；人民政协丰富的协商民主经验，可以为在党的领导下在全社会开展广泛协商提供有力的实践支持；人民政协比较成熟的协商议事规则和比较完备的制度体系，可以为构建程序合理、环节完整的协商民主体系提供坚实的制度基础；人民政协的政治协商，可以对其他协商渠道起到配合支持作用；人民政协长期形成的平等、宽容、友善的民主氛围，可以对发展社会主义协商起精神引领作用。按照习近平总书记对人民政协提出的新要求，人民政协把协商民主贯穿履行职能全过程，推进政治协商、民主监督、参政议政制度建设，建立健全协商议题提出、活动组织、成果采纳落实和反馈机制，更加灵活、更为经常开展专题协商、对口协商、界别协商、提案办理协商，探索网络议政、远程协商等新形式，提高协商实效，努力营造既畅所欲言、各抒己见，又理性有度、合法依章的良好协商氛围，人民政协必将在谱写社会主义协商民主新篇章的伟大事业中有所作为、大有作为。

四、中国特色社会主义实践和理论的新篇章

中国特色社会主义推动中国快速发展，已是"高峡出平湖，当惊世界殊"。但西方有人还是在不断责难，好像西方制度总是比我们多了点"民主"。

此论谬也。民主是个好东西。中国的社会主义，物质财富不能少，民主也

一点不能少。中国特色社会主义特就特在，唯有这个主义、这个制度、这条道路，既能在一个最大的发展中国家更有效地发展经济，也能更有效地实现民主。1980 年邓小平同志在《党和国家领导制度的改革》中指出："我们进行社会主义现代化建设，是要在经济上赶上发达的资本主义国家，在政治上创造比资本主义国家的民主更高更切实的民主。""高"在哪里，"实"在何处？习近平总书记说："'名非天造，必从其实。'实现民主的形式是丰富多样的，不能拘泥于刻板的模式，更不能说只有一种放之四海而皆准的评判标准。人民是否享有民主权利，要看人民是否在选举时有投票的权利，也要看人民在日常政治生活中是否有持续参与的权利；要看人民有没有进行民主选举的权利，也要看人民有没有进行民主决策、民主管理、民主监督的权利。"中国特色社会主义的民主建设，有完整的制度程序，也有完整的参与实践，使人民当家做主"具体地、现实地体现到中国共产党执政和国家治理上来，具体地、现实地体现到中国共产党和国家机关各个方面、各个层级的工作上来，具体地、现实地体现到人民对自身利益的实现和发展上来"。

因此，我们的民主不是比西方"少一点"，而是比西方更高明、更切实，更"多一点"。"中国社会主义协商民主丰富了民主的形式、拓展了民主的渠道、加深了民主的内涵。"这集中体现在，"人民通过选举、投票行使权利和人民内部各方面在重大决策之前进行充分协商，尽可能就共同性问题取得一致意见，是中国社会主义民主的两种重要形式。在中国，这两种民主形式不是相互替代、相互否定的，而是相互补充、相得益彰的，共同构成了中国社会主义民主政治的制度特点和优势。"

优势所在：一是达成共识的优势，可以广泛达成决策和工作的最大共识，有效克服党派和利益集团为自己的利益相互竞争甚至相互倾轧的弊端；二是畅通渠道的优势，可以广泛畅通各种利益要求和诉求进入决策程序的渠道，有效克服不同政治力量为了维护和争取自己的利益固执己见、排斥异己的弊端；三是纠错机制的优势，可以广泛形成发现和改正失误和错误的机制，有效克服决策中情况不明、自以为是的弊端；四是群众广泛参与的优势，可以广泛形成人民群众参与各层次管理和治理的机制，有效克服人民群众在国家政治生活和社会治理中无法表达、难以参与的弊端；五是凝心聚力的优势，可以广泛凝聚全社会推进改革发展的智慧和力量，有效克服各项政策和工作共识不高、无以落实的弊端。

协商民主之所以是中国特色社会主义的民主政治中独特的、独有的、独到的民主形式，在于它独具"天时、地利、人和"，有深厚的文化、理论、实践、制度基础。它来源于中华民族长期形成的天下为公、兼容并蓄、求同存异等优秀政治文化；来源于在马克思主义与中国实际相结合，中国共产党领导人民进行革命、建设、改革的长期实践中积累的丰富经验；来源于新中国成立后在政治制度上实现的伟大创造和改革开放以来在政治体制上的不断创新。因此中国社会主义的协商民主，可以"天行健，君子以自强不息；地势坤，君子以厚德载物"。

学习习近平总书记有关社会主义协商民主的系统阐述，我们看到了中国特色社会主义实践和理论的新篇章。

从国家治理与政协功能看协商民主^①

推进国家治理体系和治理能力现代化有多方面的内容，其中一个重要途径，就是全面深入推进协商民主。

现代治理和协商民主，内里相通、相辅相成。现代治理不同于传统控制、管理和统治的紧要处在于，治理的权威既来自政府，也来自其他相关社会主体；治理不是自上而下、单向度的命令——服从，而是由政府主导和公众参与彼此互动、相辅相成。因此，治理本身即包含了对于协商民主的要求。现代治理和协商民主都依托于民主的深化，都遵循"官民"合作与共治的相同逻辑，两者实际上是一体两面、如影随形的关系。协商民主离不开现代治理，现代治理也离不开协商民主。没有协商民主，就不会有有序、有效的政治参与，就不会有持续互动的沟通对话，就不会有广泛的共识、科学的决策，政府因此而缺乏必要的权威，那自然就谈不上有效的治理，更遑论善治。

协商民主是国家治理现代化的应有之义。国家治理及其现代化的根本问题，在于确立和完善各领域的基本制度，保障这些制度良性运转，以维护由核心利益关系、核心价值观共同搭建起来的基本的社会秩序。我们的国家治理体系怎样完善？治理能力从何而来？答案是，既要坚持共产党和政府的正确领导，又要依靠社会各个方面和广大人民群众的积极参与。我国是人民民主国

① 此文为作者与袁廷华合写，原载于《光明日报》2014 年 9 月 21 日第 1 版。

家，人民群众是国家的主人，是国家治理的主体。我们的国家治理必须走群众路线。走群众路线，就是要努力实现共产党领导和人民当家做主的有机统一。群众路线在国家治理中的具体落实，是实行包括协商民主在内的人民民主。协商民主汇集和依靠群众智慧，形成和尊重人民意志，致力于有效参与和有效治理的有机统一，因而是治理体系、治理能力现代化必不可少的重要内容。质言之，协商民主以尊重差异、多元兼容为前提，以理性平和的对话协商为方式，以化解矛盾、规避风险、增进共识、促进和谐为目的。因此，协商民主有利于构建和完善结构合理、系统完备、科学规范、行之有效的国家制度体系，有助于开启民智、汇聚民意、凝聚民力，促进党和政府决策的科学化、提高治理社会各方面事务的能力，有益于保障人民群众有序、有效的政治参与，有助于维护社会公平正义，协调社会关系，增进社会和谐。从这个意义上讲，协商民主既是实现人民当家做主的有效途径，又是推进国家治理体系和治理能力现代化、完善和发展中国特色社会主义制度的重要载体。

协商民主是在中国共产党领导下，通过政权机关、政协组织、党派团体、基层单位等渠道，就国家重大方针政策、经济社会发展重大问题，特别是涉及群众利益的实际问题进行广泛协商，以求增进共识、增强合力、拓展公民有序政治参与的人民民主的重要形式和工作机制。协商民主作为一种制度化体系，渗透到国家根本政治制度和基本政治制度运行的各个环节以及基本单位政治生活中，主要包括三个层面的协商：政治协商（中国共产党同各民主党派以及各族、各界代表人士就国家重大方针政策和国家重大事务进行协商）、社会协商（执政党、人大、政府等国家权力中枢与社会公众、社会组织就社会发展重大问题和涉及人民群众利益的实际问题进行协商对话）、基层协商（基层领导机构与基层广大群众之间进行的一种协商议事和对话的制度）。其中，人民政协以其鲜明的特点和独特的功能，成为协商民主的重要渠道和载体。

人民政协作为中国人民的爱国统一战线组织，是中国共产党领导的多党合作和政治协商的重要机构，是我国政治生活中发扬社会主义民主的重要形式。

人民政协在协商民主中的重要地位体现在：

其一，人民政协由各政党、各民族、各团体、各阶层、各方面的代表性人士组成，具有极大的广泛性和包容性，能够比较全面、系统、综合地反映社会各个方面的诉求，实现最广大人民的民主权利，成为我国人民代表大会制度以外又一重要的民意吸纳、提取的制度机制。

其二，人民政协是我国特有的专事协商的政治组织，有着民主协商的优良传统和制度化的组织形式，有着人才荟萃、智力雄厚、位置超脱、下通上达的优势和特点。人民政协的协商，以宪法、政协章程和相关政策为依据，以中国共产党领导的多党合作和政治协商制度为保障，集协商、监督、参与、合作于一体，实现人民知情权、参与权、表达权、监督权的有机结合，体现社会主义民主的本质要求。

其三，人民政协是连接国家与社会的最大的体制组织。人民政协将国家权威与各方面、各领域的社会精英联系起来，并通过社会精英的代表性功能的发挥，将国家权威与社会公众连接起来。通过协商与合作，国家权威被自觉认可并获得稳定的支持来源，社会不同利益群体也有序参与到政策形成过程中，从而建立起国家与社会的密切合作与良性互动关系。在社会多元发展的时代条件下，通过人民政协的改革和完善，能够架构起一座国家与社会良性互动、和谐发展的桥梁。

人民政协的政治协商作为一种民主形态，其功能主要有以下方面：

——价值引领、导向功能。政治协商的过程是中国共产党实现党的领导、推进政治社会化的过程。

——利益表达、协调功能。面对社会和利益多元化，通过协商进行利益表达，求同存异，协调关系。

——决策协商、咨询功能。政协委员中人才众多，分布层面广，知识层次高，社会联系广泛，他们通过协商和咨询，对决策方案提出意见和建议，提供决策参考信息和政策选择方案，推进决策科学化，降低决策失误导致的政策风险和社会问题，使决策更能够全面反映各个方面的利益和要求。

——社会疏导、稳定功能。人民政协的政治协商为社会提供了一种制度化、组织化的政治参与路径，使社会不同阶层利益的维护有了合法的代表，公众意愿的上达有了制度化的方式，从而有利于避免或减少无序的、非理性的、抗争性的政治参与，保持社会的稳定。

——凝聚共识、整合功能。中国共产党作为政治权力中枢，与具有一定代表性的其他各政治主体通过民主的、平等的、真诚的协商来讨论公共事务，在广泛参与的基础上寻求共识，实现公共利益最大化，增强公众对公共政策的认同。政治协商使决策更加符合社会各个阶层的利益要求，从而能够得到社会各种力量的合作与支持。协商和讨论，使参与者体验到决策是共同做出的，增强执行政策的责任感和主人翁意识，推动政策的输出和执行，更加自觉履行服从国家权威的义务，更加主动地参与和维护政治体系。

完善人民政协的政治协商制度，是协商民主建设的重要内容。要深入贯彻党的十八大和十八届三中全会精神，站在国家治理现代化、完善和发展中国特色社会主义制度的战略高度，加强人民政协的制度建设，使人民政协作为协商民主重要渠道的作用得到切实有效的发挥。

一是进一步明确人民政协的法律地位，增强人民政协制度效力。

二是加强人民政协政治协商的制度化、规范化、程序化建设，切实提高人民政协履行职能的有效性。

三是与社会结构的变化相适应，调整和充实政治协商的主体。在社会结构深刻变化的时代条件下，着眼于扩大团结面，增强包容性，认真研究人民政协界别的合理设置和调整问题，最大限度地把新的社会力量和各个方面的代表人士吸纳到人民政协中来。

四是完善人民政协的界别组成机制。人民政协是由界别组成的统一战线重要工作机构，界别不仅体现为政协参与单位的广泛性，而且体现为不同特色政治力量的代表。

　　五是进一步完善人民政协的协商形式。当前人民政协的协商形式主要包括议事协商（全体会议、常委会议和主席会议对国家和地方重大方针政策进行协商）、资政协商（政协及政协委员与党政等权力部门之间的协商如专题协商、对口协商、提案办理协商等）、政协内部协商（界别协商、双周协商座谈会等）。完善人民政协的政治协商形式，一要进一步完善议事协商，关键是党和国家以及地方党委和政府的重大决策，在决策前和决策执行过程中，要进入人民政协的协商程序。二要进一步完善资政协商，关键是强化人民政协与国家权力部门的良性互动，使民意能够迅速、准确地反映到党和政府政策制定和完善过程中，使人民政协在资政、监督方面发挥更加切实有效的作用。三要进一步完善政协内部协商，关键是要更加充分地开掘人民政协人才、智力积聚优势，汇聚各界别的智慧和力量。此外，还要探索政协委员与社会公众的协商和对话制度等各种新的协商形式，如政协信息公开制度、政协委员与社会公众对话制度、公众旁听和评议制度、应急协商制度等，搭建人民政协与社会公众联系的桥梁，扩大人民政治参与的深度和广度。

发挥社会主义协商民主重要渠道
和专门协商机构作用^①

习近平总书记指出："要全面认识社会主义协商民主是中国社会主义民主政治的特有形式和独特优势这一重要判断。"

民主，首先体现在民主管理，当然要对管理者、执政者进行监督。不受监督和制约的权力难免腐败。我们常忆及 1945 年毛泽东与民主人士黄炎培在延安窑洞的一段著名的对话。当毛泽东问黄炎培来延安所见所闻的感受时，黄炎培直言相告："我生六十余年，耳闻的不说，所亲眼见到的，真所谓'其兴也勃焉，其亡也忽焉'，一人，一家，一团体，一地方，乃至一国，不少单位都没有能跳出这周期率的支配力。"据黄炎培回忆，毛泽东沉思片刻后答道："我们已经找到新路，我们能跳出这周期率。这条新路，就是民主。只有让人民来监督政府，政府才不敢松懈。只有人人起来负责，才不会人亡政息。"毛泽东将通过民主强化人民群众对权力的制约和监督当作避免人亡政息、保持政权生机活力的"秘诀"。他所说的民主监督，既包括"让人民来监督政府"，也包括"人人起来负责"。"人人起来负责"与"人民监督政府"是相辅相成的。而"人人起来负责"之中，其实就包括后来我们建设中国特色社会主义的实践中，所探索和实践的"协商民主"之要义和雏形。中国共产党领导人民实行人民民主，就是保证和支持人民当家做主。协商民主是党的群众路线在政治领域的重

---

① 原载于《人民政协报》2018 年 9 月 6 日第 4 版。

要体现，是党执政和决策的重要方式。

民主，保证和支持人民当家做主，通过依法选举让人民的代表来参与国家生活和社会生活的管理是十分重要的，通过选举以外的制度和方式让人民参与国家生活和社会生活的管理也是十分重要的。选举民主是人民通过选举出自己的代表进行授权委托参与国家和社会生活的管理，是间接性的而非直接性的政治参与。而且选举民主具有阶段性的特点，用政治学的术语讲，是一种起点民主或断点民主。由此就会产生在投票之后或非选举期间人民如何行使权力问题，人民只有在投票时被唤醒，投票后就进入休眠期。协商民主则能使人民持续而直接地进行政治参与。

协商民主是在中国共产党领导下，通过政权机关、政协组织、党派团体、基层单位等渠道，就国家重大方针政策、经济社会发展重大问题，特别是涉及群众利益的实际问题进行广泛协商，以求增进共识、增强合力、拓展公民有序政治参与的人民民主的重要形式和工作机制。协商民主作为一种制度化体系，渗透到国家根本政治制度和基本政治制度运行的各个环节以及基本单位政治生活中，主要包括三个层面的协商，即政治协商（中国共产党同各民主党派以及各族、各界代表人士就国家重大方针政策和国家重大事务进行协商）、社会协商（执政党、人大、政府等国家权力中枢与社会公众、社会组织就社会发展重大问题和涉及人民群众利益的实际问题进行协商对话）、基层协商（基层领导机构与基层广大群众之间进行的一种协商议事和对话的制度）。其中，人民政协以其鲜明的特点和独特的功能，成为协商民主的重要渠道、载体和专门协商机构。

习总书记指出："人民政协以宪法、政协章程和相关政策为依据，以中国共产党领导的多党合作和政治协商制度为保障，集协商、监督、参与、合作于一体，是社会主义协商民主的重要渠道。"人民政协是我国专门协商机构，在推进协商民主广泛多层制度化、构建我国协商民主体系中发挥着不可或缺的重要作用。人民政协具有覆盖面广的组织架构，可以为构建我国协商民主体系提供基础性的组织作用；人民政协丰富的协商民主经验，可以为在党的领导下在全社会开展广泛协商提供有力的实践支持；人民政协比较成熟的协商议事规则和比较完备的制度体系，可以为构建程序合理、环节完整的协商民主体系提供坚实的制度基础；人民政协的政治协商，可以对其他协商渠道起到配合支持作用；人民政协长期形成的平等、宽容、友善的民主氛围，可以对发展社会主义协商起精神引领作用。按照习近平总书记对人民政协提出的新要求，人民政协把协商民主贯穿履行职能全过程，推进政治协商、民主监督、参政议政制度建设，建立健全协商议题提出、活动组织、成果采纳落实和反馈机制，更加灵活、更为经常开展专题协商、对口协商、界别协商、提案办理协商，探索网络议政、远程协商等新形式，提高协商实效，努力营造既畅所欲言、各抒己见，又理性有度、合法依章的良好协商氛围，人民政协发挥社会主义协商民主的重要渠道、载体和专门协商机构作用，可以大有作为。

民主，就是大家都可以说话；协商，就是既听取意见建议，也推动形成和凝聚共识。不能简单认为发扬民主就是向党和政府提意见建议，这样理解就片面了。通过协商民主促进全社会形成共识、形成合力，同样是发扬民主。习总书记强调，人民政协要"更好协调关系、汇聚力量、建言献策、服务大局"。建言献策要通过协商，发扬民主来实现；协调关系、汇聚力量、服务大局，也需要通过协商、发扬民主来实现。要积极引导各族群众，增强对伟大祖国的认同、对中华民族的认同、对中华文化的认同、对中国特色社会主义道路的认同，正确对待新形势下改革发展带来的利益格局调整，为改革发展添助力、增合力，凝聚13亿人民的磅礴之力。这都需要我们发挥政协作用，通过民主协商的方式，做大量艰苦细致的工作。

推进协商民主 走出民主新路

我们的民主新路，要有中国特色、中国创新

中央社会主义学院作为各民主党派的联合党校，在新建的大楼里耸立着一组由中国雕塑大师吴为山先生创作的雕像：毛泽东与黄炎培神采奕奕地在延安窑洞谈论民主问题。中国民主建国会中央主席陈昌智说，习近平总书记2012年12月走访民建中央时，特别谈到了毛主席和黄炎培在延安窑洞关于历史周期率的一段对话，说至今对中国共产党都是很好的鞭策和警示。1945年7月抗战即将胜利，作为国民参政员的68岁的黄炎培，应中共中央邀请赴延安考察。黄炎培对毛泽东说：我生六十余年，耳闻的不说，所亲眼见到的，真所谓"其兴也勃焉，其亡也忽焉"，一人，一家，一团体，一地方，乃至一国，不少单位都没有能跳出这周期率的支配力。大凡初时聚精会神，没有一事不用心，没有一人不卖力，也许那时艰难困苦，只有从万死中觅取一生。既而环境渐渐好转了，精神也就渐渐放下了……到干部人才渐见竭蹶、艰于应付的时候，环境倒越加复杂起来了，控制力不免趋于薄弱了。一部历史，"政怠宦成"的也有，"人亡政息"的也有，"求荣取辱"的也有，总之没有能跳出这周期率。毛泽东肃然作答：我们已经找到了新路，我们能跳出这周期率。这条新路，就是民主。只有让人民起来监督政府，政府才不敢松懈。只有人人起来负责，才不会人亡政息。

民主，是我们必须走好的一条新路，跳出"历史周期率"的不二法门！习近平总书记说："人民当家做主是社会主义民主政治的本质和核心。人民民主是社会主义的生命。没有民主就没有社会主义，就没有社会主义的现代化，就没有中华民族伟大复兴。"

今天的中国，民主这条新路怎么走？

世界眼光正向着如日东升、蓬勃发展的中国聚焦。既有百花争艳，也有莺飞草长。既有万众一心，也有吵吵嚷嚷。中国，能够持续发展、避免功亏一篑吗？聚焦的眼光，有惊叹号，也有问号。中国共产党执政时间长了，事业红火了，"环境渐渐好转，精神也就渐渐放下"者果不乏其人；"环境倒越加复杂起来"实在令人担忧。在新环境、新常态、新形势下，我们找到这条民主新路了吗？

民主是具有历史性的。西方学者把西方民主模式称为"自由民主"，其实西方民主在很长的历史时期也都是"非自由民主"，其"普选权"也是 20 世纪六七十年代才得以真正实现的。许多发展中国家都在探索，主动或被动地充当西方民主制度"实验品"的都有，结果政治动荡、经济停滞、民不聊生。一系列严酷现实告诉人们，选择适合本国国情的民主新路，是一个民族走向成熟的标志，是避免"其亡也忽焉"的关键。

我们的民主新路，要和平、稳定的民主政治，不要暴力连连、社会动荡；要统一、和谐的民主发展，不要国家分裂、一盘散沙；要繁荣发展的民主建设，不要经济停滞、生活倒退；要干部清正、政府清廉、政治清明的民主政治，不要官员腐败、政府变质；要吸收人类民主政治建设共同文明成果，又与本国实际结合，坚持党的领导、人民当家做主和依法治国的有机统一，避免封闭保守、简单照搬。

我们的民主新路，要有中国特色、中国创新。人民民主的实质，就是人民当家做主。中国共产党执政，不是代替人民当家做主，而是保证和支持人民当家做主，以实实在在的民主形式，在国家政治生活和社会生活之中，保证人民依法有效行使管理国家事务、管理经济和文化事业、管理社会事务的权利。

"发展人民民主必须坚持依法治国、维护宪法法律权威，使民主制度化、法律化，使这种制度和法律不因领导人的改变而改变，不因领导人的看法和注意力的改变而改变。"习近平总书记的讲话深刻揭示了依法治国与人民民主之间的辩证关系。

以协商民主做选举民主的重要补充

中国的民主实践和创新，既有选举民主，也有协商民主。

2006 年，中共中央明确提出："人民通过选举、投票行使权利和人民内部各方面在重大决策之前进行充分协商，尽可能就共同问题取得一致意见，是我国社会主义民主的两种重要形式。"政治参与并非简单的投票行为，在投票的背后，是对政治人物及其政策的理性选择。这就需要信息，需要比较，需要反复的思考和认真的磋商。从这个意义上说，协商民主也是选举民主的必要补充。而在努力改进、逐步完善选举民主的同时，将协商民主作为民主形式之一，还可以在国家权力中枢和社会公众之间建立起一道桥梁，增强政治体系的开放性和包容性，最大限度地反映民意，凝聚民智，维护人民群众的根本利益。选举民主和协商民主两种民主形式相结合，将有力推动民主政治的新发展。

习总书记指出："人民是否享有民主权利，要看人民是否在选举时有投票的权利，也要看人民在日常政治生活中是否有持续参与的权利；要看人民有没有进行民主选举的权利，也要看人民有没有进行民主决策、民主管理、民主监督的权利。"选举投票是人民的权利，包括民主决策、民主管理、民主监督在内的政治参与也是人民的权利，而且是必不可少的权利。要把"实现人民最广泛、最有效的政治参与"作为最大追求，在我国，就要保障人民民主权利是持续行使，而不是一时一事的。保证和支持人民当家做主，通过依法选举让人民的代表来参与国家生活和社会生活的管理是十分重要的，通过选举以外的制度和方式让人民参与国家生活和社会生活的管理也是十分重要的。选举民主是人民通过选举出自己的代表进行授权委托参与国家和社会生活的管理，是间接性的而非直接性的政治参与。而且选举民主具有阶段性的特点，用政治学的术语讲是一种起点民主或断点民主。由此就会产生在投票之后或非选举期间人民如何行使权利的问题，也就是"人民只有在投票时被唤醒、投票后就进入休眠期"的问题。协商民主则能使人民持续而直接地进行政治参与。

如何使社会主义协商民主实实在在推进？协商就要真协商，真协商就要协商于决策之前和决策之中，根据各方面的意见和建议来决定和调整我们的决策和工作。要从制度上保障协商成果落地，使我们的决策和工作更好顺乎民意、合乎实际。要坚持在全社会开展广泛协商的发展方向。通过各种途径、各种渠道、各种方式就改革发展稳定重大问题特别是事关人民群众切身利益的问题进行广泛协商，既尊重多数人的意愿，又照顾少数人的合理要求，广纳群言、广集民智，增进共识、增强合力。

以协商民主推进和完善现代治理

20 世纪 90 年代，福山提出"历史的终结"论，宣称人类社会的发展史就是一部"以自由民主制度为方向的人类普遍史"，自由民主制度是"人类意识形态发展的终点"和"人类最后一种统治形式"。因为实现了现代化的西方国家，都是按这种西式民主化推进国家治理体系和治理能力的现代化，所以它们要向世界各国广泛推销西式民主化道路。

然而，走上西式民主化道路的非西方国家，政治分裂、国内动荡成为普遍现象。西式民主并未能像人民期待的那样，带来公民的自由、平等以及国家的强盛、社会的进步，其中原因值得探究。

中国道路的答案则是，推进国家治理体系和治理能力现代化有多方面的内容，其中一个重要途径，就是全面深入推进协商民主。

现代治理和协商民主，内里相通，相辅相成。现代治理不同于传统控制、管理和统治的紧要处在于，治理的权威既来自政府，也来自其他相关社会主体；治理不是自上而下单向度的命令——服从，而是由政府主导和公众参与彼此互动、相辅相成。因此，治理本身即内涵了对于协商民主的要求。现代治理和协商民主都依托于民主的深化，都遵循"官民"合作与共治的相同逻辑，两者实际上是一体两面、如影随形的关系。协商民主离不开现代治理，现代治理也离不开协商民主。没有协商民主，就不会有有序、有效的政治参与，就不会有持续互动的沟通对话，就不会有广泛的共识、科学的决策，政府因此而缺乏必要的权威，那自然就谈不上有效的治理，更遑论善治。

协商民主是国家治理现代化的应有之义。国家治理及其现代化的根本问题，在于确立和完善各领域的基本制度，保障这些制度良性运转，以维护由核心利益关系、核心价值观共同搭建起来的基本社会秩序。我们的国家治理体系怎样完善？治理能力从何而来？答案是，既要坚持共产党和政府的正确领导，又要依靠社会各个方面和广大人民群众的积极参与。我国是人民民主国家，人民群众是国家的主人，是国家治理的主体。我们的国家治理必须走群众路线。走群众路线，就是要努力实现共产党领导和人民当家做主的有机统一。群众路线在国家治理中的具体落实，是实行包括协商民主在内的人民民主。协商民主汇集和依靠群众智慧，形成和尊重人民意志，致力于有效参与和有效治理的有机统一，因而是治理体系、治理能力现代化必不可少的重要内容。质言之，协商民主以尊重差异、多元兼容为前提，以理性平和的对话协商为方式，以化解矛盾、规避风险、增进共识、促进和谐为目的。因此，协商民主有利于构建和完善结构合理、系统完备、科学规范、行之有效的国家制度体系，有助于开启民智、汇聚民意、凝聚民力，促进党和政府决策的科学化、提高治理社会各方面事务的能力，有益于保障人民群众有序、有效的政治参与，有助于维护社会公平正义，协调社会关系，增进社会和谐。从这个意义上讲，协商民主既是实现人民当家做主的有效途径，又是推进国家治理体系和治理能力现代化、完善和发展中国特色社会主义制度的重要载体。

协商民主是在中国共产党领导下，通过政权机关、政协组织、党派团体、基层单位等渠道，就国家重大方针政策、经济社会发展重大问题，特别是涉及群众利益的实际问题进行广泛协商，以求增进共识、增强合力、拓展公民有序政治参与的人民民主的重要形式和工作机制。协商民主作为一种制度化体系，渗透到国家根本政治制度和基本政治制度运行的各个环节以及基本单位政治生活中，主要包括三个层面的协商：政治协商（中国共产党同各民主党派以及各族、各界代表人士就国家重大方针政策和国家重大事务进行协商）、社会协商（执政党、人大、政府等国家权力中枢与社会公众、社会组织就社会发展重大问题和涉及人民群众利益的实际问题进行协商对话）、基层协商（基层领导机构与基层广大群众之间进行的一种协商议事和对话的制度）。其中，人民政协以其鲜明的特点和独特的功能，成为协商民主的重要渠道和载体。

中国创造了协商民主。中国正沿着民主的新路，稳步前行。

【参考文献】

习近平：《在庆祝中国人民政治协商会议成立 65 周年大会上的讲话》，新华网，2014 年 9 月 21 日。

第九辑

为什么能

中国共产党为什么能保持先进性

先进性是共产党的本质属性。党章明确规定，中国共产党是中国工人阶级的先锋队，同时是中国人民和中华民族的先锋队。

先进性是共产党千锤百炼的优秀品格。95 年来，中国共产党团结带领人民在中国这片古老的土地上，书写了人类发展史上的壮丽史诗。一番番"障百川而东之，回狂澜于既倒"的历练，证明党的先进性，证明无数优秀共产党人始终在实践这种先进性。

先进性是人民拥护共产党的根本依据。立党为公、执政为民，以人为本、以民为重，全心全意为人民服务，把最广大人民根本利益作为党全部工作的出发点和落脚点，不断实现好、维护好、发展好最广大人民的根本利益。

成就辉煌、历史确证、人民拥戴、世界瞩目，但党却异常清醒地告诫自己：先进性不是一劳永逸、一成不变的，过去先进不等于现在先进，现在先进不等于永远先进。不要让鲜花掌声淹没群众意见，不要让成绩数字掩盖存在问题，不要让发展成就麻痹忧患意识。常怀忧党之心，才能恪尽兴党之责。中国共产党始终在不断推进和加强党的先进性建设。

先进性，来自依靠人民、心怀天下，敢为天下先；来自前仆后继、与时俱进，敢于担当和面对：

——面对深刻变化的国际国内形势。世界处在大发展大变革大调整时期；我国处于全面建成小康社会的关键时期，深化改革开放、加快转变经济发展方式的攻坚时期。战略机遇期，也是矛盾凸显期。

——面对改革发展稳定的繁重任务。我国已创造了三个十年连续增长的奇迹。但纵观一部近现代世界经济发展史，连续保持十年、二十年增长的国家有若干，三十年的也有，能继续走好第四个十年的经济体，当代几乎没有。

——面对人民过上更好生活的新期待。居民收入增长和经济发展要同步，劳动报酬增长和劳动生产率提高要同步，一部分人先富起来和社会公平正义要同步。

——面对党员队伍和党的建设遇到的新情况新问题。坚守信仰，革命时不容易，执政后更不容易。精神懈怠的危险，能力不足的危险，脱离群众的危险，消极腐败的危险，更加尖锐地摆在全党面前。

执政考验、改革开放考验、市场经济考验、外部环境考验，接踵而来。党不断告诫自己，执政时间越久，改革开放和社会主义市场经济发展越深入，国内外环境变化越深刻，越要高度重视保持和发展党的先进性，越要推进和加强先进性建设。坚定不移推进全面从严治党、依规治党，以零容忍态度惩治腐败，用铁的纪律维护党的团结统一。

共产党为什么能始终站在时代发展前列和中国社会发展进步的潮头？因为她始终能审时度势、把握大势，坚持真理、修正错误，拒腐防变、抵御风险，勇于变革、勇于创新，永不僵化、永不停滞，与时俱进、与民同在，不断提高党的建设科学化水平，不断加强党的先进性建设。

中国共产党为什么能促进民主

五位一体的总布局，是社会主义市场经济、民主政治、先进文化、和谐社会、生态文明的整体推进、全面发展。民主，乃题中必有之义。

革命时代无数共产党人抛头颅、洒热血，前仆后继，所为者何？就是为了争得民主，或曰让人民当家做主。

共产党最有资格谈民主。连当年司徒雷登在离开中国时也承认，"整个来讲，不论是对中国的民众（特别是农民），或者是对国内国外的观察家，共产党都能给他们这样一种印象：它是全心全意致力于人民事业的，它真正希望促进中国的民主事业，希望中国在世界各民族的大家庭中获得一个真正独立而强有力的地位"。

共产党取得全国政权，强调的首先是民主。毛泽东说，我们如何跳出"其兴也勃焉""其亡也忽焉"的周期率？就得靠民主。"只有让人民来监督政府，政府才不敢松懈，只有人人起来负责，才不会人亡政息。"

共产党推进社会主义现代化事业，强调的还是民主。邓小平同志说："我们进行社会主义现代化建设，是要在经济上赶上发达资本主义国家，在政治上创造比资本主义国家的民主更高更切实的民主。"

我们的民主"更高"，是因为：我们把坚持党的领导、人民当家做主与依法治国有机统一，形成了人民代表大会制度、中国共产党领导的多党合作和政治协商制度、民族区域自治制度以及基层群众自治制度。这是民主的制度保障。我们不仅重视选举民主，建立和完善有关投票、选举制度，扩大公民的选举权和被选举权；还创造了协商民主，中国有世界最大的协商民主的固定平台——各级人民政协组织，各党派、阶层、界别、民族、宗教的代表以及海内外华人代表，按照政治协商、民主监督、参政议政的要求，通过政协组织参与政治协商。选举民主加协商民主，是民主形式的创新。

我们的民主"更切实"，是因为：大多数发展中国家面临的不仅是民主的问题，更是按什么样的道路和方式实现民主的问题。俄罗斯和东欧国家一度接受西方的民主模式，希望通过激进的改革，效仿西方。经过诸多曲折之后，那里的政治人物和民众都意识到，尽管民主政治值得追求，但如果民主不能同时促进经济社会的发展，就会导致社会的不满和动乱，而政权也会处于低度合法性。那种导致社会动乱的"民主"最终害的是老百姓。前车之鉴，不可不察。中国共产党坚持把持续的经济发展和人民生活改善、和谐稳定的社会秩序、完备的法治建设与积极稳妥有序的民主建设紧密结合，为人民民主提供全面有力的法治保障和社会基础。2014年，福山修正了自己的观点："客观事实证明，西方自由民主可能并非人类历史进化的终点。随着中国崛起，所谓'历史终结论'有待进一步推敲和完善。人类思想宝库为中国传统留有一席之地。"

我们的民主"更高、更切实"，还因为：民主建设与时俱进。当前，我国进入经济社会快速发展和改革攻坚的关键时期，经济体制深刻变革，社会结构深刻变动，利益格局深刻调整，思想观念深刻变化。党必须面对深刻变化的国际国内形势，面对改革发展稳定的繁重任务，面对各族人民过上更好生活的新期待，面对党员队伍和党的建设遇到的新情况新问题。四个"深刻"，四个"面对"，推进和加强党的先进性建设，包括积极推进党内民主建设，着力增强党的团结统一，以扩大党内民主带动人民民主，以增进党内和谐促进社会和谐。

中国共产党的历史，是一个不断探索和推进民主建设的历史；建党百年的脚步，踏响的是中国民主进步的节拍。

中国共产党为什么能发展生产力

生产力最活跃，也最过硬、最现实。中国共产党领导的社会主义制度为什么能发展生产力？请比较一个事实：

众所周知，电力，是生产力水平的标志；日本，是生产力发达的国家。但一次强地震和海啸引发福岛核电站危机，进而导致关东地区电荒，日本却不能全国调剂电力。因为关西的大阪电力和关东的东京电力两大电网无法并网。包括东京在内的部分地区不得不实行三小时轮换停电，很多企业一度停产。

日本面积不大，电网何必还分东西？原来不同的公司代表不同资本家的利益，国家干预不了。相比之下，中国是共产党执政，代表全国人民的根本利益，不仅"车同轨，书同文"，而且是"政同令，人同心"，统一电网理所当然。

就这点简单的事，优势立显。

大电网全国调配，游刃有余。既可西电东送，优势互补；又可东电西输，支援西部。例如，青藏直流联网工程，从根本上解决西藏缺电问题，提升西部地区能源优化配置水平，促进西藏以及青海经济社会持续发展。

大电网带来大发展。我国已建成世界上第一条 ±800 千伏直流和 1000 千伏交流线路，特高压输电技术标准被国际电联确定为国际标准。

由电网说到发电。在发电机组领域，我国改革开放之初 30 万千瓦以上机组全部靠引进，而现在每年新增 1 亿千瓦发电机组全部由国内生产供应，有

33台百万千瓦超临界发电设备投入运行，是世界上百万千瓦机组最多的国家。我国发电设备在国际竞标中有绝对的性价比优势，印度、印度尼西亚1000万千瓦设备招标中几乎都是中国设备中标。

由发电再说到新能源。我国在这个领域异军突起，已自主设计制造了5兆瓦、6兆瓦风机，居世界领先地位。我国年生产太阳能电池800万千瓦，占全球的50%。奥巴马在国情咨文中多次提到中国新能源发展，惊呼又一个斯普特尼克时刻到来了。

由新能源，还可以说到许多"中国奇迹"。旧中国留下的是千疮百孔、一穷二白的烂摊子。旧貌换新颜，共产党建立了以生产资料公有制为基础的社会主义生产关系，人民群众成为生产的主人；日月换新天，通过改革初步建立起社会主义市场经济体制，调动广大人民群众的积极性和创造性，进一步解放生产力。改革开放以来，截至2016年中国经济总量从世界第十位跃升至第二位，共计7亿多人口摆脱贫困，对全球减贫贡献率逾70%；人均国民总收入从190美元连续翻番至7880美元，国内生产总值占世界比重从1.8%上升为15.5%，对世界经济增长的贡献率达30%。短短30多年，中国走完了发达国家几百年的发展历程，中国一跃而为世界第二大经济体。今天，即使在经济新常态的挑战下，中国仍被视为"世界经济发展的稳定器和重要引擎"。

毛泽东同志在中共七大上指出，中国一切政党的政策及其实践在中国人民中所表现的作用的好坏、大小，归根结底，看它对于中国人民的生产力的发展是否有帮助及其帮助之大小，看它是束缚生产力的，还是解放生产力的。今天的中国，活跃的生产力，以一个个鲜活、过硬的事实证明：共产党领导人民进行革命、建设和改革，都是为了促进生产力的解放和发展。社会主义的本质就是解放生产力，发展生产力。

中国共产党为什么能保障人权

人所以为"人"，就应享有人权。人所以为"本"，就要保障人权。以1789年法国《人权宣言》所宣称的"自由、财产、安全和反抗压迫是人的自然的和不可动摇的权利"为起点，世界上有三条各具特点的人权实现途径：一、形成于美国和法国大革命时期，激励个人意识高扬，鼓吹个性解放，重在保护公民自由免遭政府专横之害；二、形成于俄国革命、苏维埃政权时期，政府积极干预社会经济生活；三、形成于第三世界争取民族解放和国家独立富强时期，外争国权，内保人权。虽侧重不同，但反映一个逻辑："权利决不能超出社会的经济结构以及由经济结构所制约的社会的文化发展。"（马克思语）

共产党保障人权，不仅因其宗旨是全心全意为人民服务，更在于能自觉按照历史逻辑，立足中国国情，在争取民族解放和推进中国经济社会发展的进程中，选择正确的人权实现途径。

共产党领导的新民主主义革命，已推进了一场推翻三座大山压迫、争取人民当家做主的伟大人权运动。新中国成立后，人口多，底子薄，外部压力大，首要的是保障生存权、发展权等集体人权，但不等于可以忽视公民个人权利，更不应误把人权当作资产阶级的专利而加以否定。痛定思痛，教训深刻。那么，改革开放三十多年来，共产党是如何保障人权的？

其一，在重申党的宗旨、明确执政理念中保障人权。经过拨乱反正，党强调实现人民的意志、愿望和利益是立党之本、执政之基。权为民所赋，权为民所用，情为民所系，利为民所谋，共产党执政就是领导和支持人民掌握管理国家的权力，实行民主选举、民主决策、民主管理和民主监督，保证人民依法享有广泛的权利和自由。从党的十五大开始，将"尊重和保障人权"确立为新世纪新阶段党和国家发展的重要目标。

其二，在实行依法治国，建设社会主义法治国家中保障人权。"国家尊重和保障人权"写入宪法。中国的法律体系从不同角度不同层面对公民的政治权利、经济权利、社会权利、文化权利等人权做了具体规定，从法律和制度上切实保证公民享有广泛、真实、普遍的人权和基本自由。

其三，在促进科学发展、建设和谐社会中保障人权。传统的人权保障要么拘泥于公民权利本位，要么强调政府管理至上。科学发展观要求超越这种非此即彼的思维定式，按照历史逻辑，立足中国国情，建立一条全新的、平衡的人权实现途径：既尊重人权普遍性原则，又从基本国情出发，切实把保障人民的生存权、发展权放在保障人权的首要位置，在推动经济社会又好又快发展的基础上，依法保证全体社会成员平等参与、平等发展的权利；以自由为本、秩序为用，通过维护公共秩序来保障公民自由；以人为本，力促和谐，推动经济社会全面协调可持续发展，逐步实现人的全面发展和解放。

随着中国的经济社会发展，人权事业将不断进步。

中国共产党为什么能团结信教群众

共产党不信神，在指导思想上坚持辩证唯物论和历史唯物论（包括无神论），与一切唯心论（包括有神论）相对立。但不信神的共产党，为什么能把信教群众团结起来，把他们的意志和力量，与广大不信教群众凝聚在一起，一心一意谋发展，聚精会神搞建设？

这是因为：共产党真诚、全面、正确地实行宗教信仰自由政策。讲真诚，能说清真诚的理由让别人也让自己信服，能拿出真诚的措施促别人也促自己落实。

其一，这是由党的基本观点所决定的。既然坚信物质第一、客观第一、存在第一，就必然坚信客观事物的发展和变化是由其内在规律所决定的，任何违反其内在规律的外部干预，任何对复杂问题的简单处理，都是不能奏效的。所谓客观，除了自己的思想，其他都是客观，宗教的存在也是客观。宗教作为人类精神生活中的一种普遍、长期存在的现象，有其发生和发展的社会根源和认识根源，有其不以人的意志为转移的客观规律。宗教在社会主义社会也将长期存在，其存在可能比阶级和国家的存在还要久远。我们既然是唯物主义者，就要承认、尊重这一客观存在和客观事实，立足长远、着眼当前，按规律去做宗教工作。

其二，这是党的根本宗旨所要求的。党的根本宗旨是全心全意为人民服务，也就是为了多数人，团结多数人，依靠多数人。党的一切努力是为了实现和维护广大人民群众的基本权利，其中当然也包括了人民群众对自己信仰的自由选择权利。人民群众（包括信教的群众）不仅是社会物质财富的创造者，其实践活动也是社会精神文明发展的源泉和动力。马克思主义宗教观与马克思主义群众观的一致性，就在于正确看待、对待信教群众，相信人民群众自己解放自己，千方百计把人民群众团结在党的周围，为自身的根本利益而奋斗。

其三，这是引导宗教在我国社会中发挥积极作用所必需的。既然宗教是不以人的主观意志为转移的长期存在，既然信教者为数甚众且都是我们必须争取、必须依靠的基本群众，当然就要引导宗教发挥积极作用而不是释放消极作用。无神论者和宗教信仰者在政治上、经济上的根本利益是一致的，在思想信仰上的差异是次要的。坚持政治上团结合作，信仰上互相尊重，就能够发挥宗教在促进社会和谐中的积极作用。

其四，这也是与中国的历史文化传统相一致的。中国没有出现过政教合一的全国性政权，也没有发生过欧洲历史上那种宗教战争。中国又是一个讲求"和合"文化的国家，主张"以和为贵"，对各种文化兼容并包，包括看重若干宗教经典、教义，宗教道德、艺术中所积累着的人类生命繁衍的文化信息，所渗透着的历史积淀的体验和哲理，所孕育着的民族优秀文化因素，所镌刻着的人类精神文明发展的轨迹。宗教信仰自由政策符合中国的历史文化传统，符合信教群众的要求，也为占人口大多数的不信教群众所接受。

我国信教群众同不信教群众、信仰不同宗教群众团结和睦，宗教正在实践中发挥积极作用。在当今世界因"宗教发热""文明冲突"而困惑的时候，中国却是风景这边独好。这是当今中国在创造经济奇迹的同时，每天都在发生着的又一奇迹。

中国共产党为什么能凝聚中华民族

　　一位著名侨领——澳洲中国和平统一促进会主席邱维廉老人深情地说，共产党为什么能凝聚中华民族？我们远在海外的华人体会深切。近代中华民族有三个时期凝聚力特强。一是辛亥革命推翻清政府，二是抗日战争救亡图存，三是现在的祖国统一民族复兴。共产党是应势而生，顺势而上。天时地利，必有人和。

　　海外有知己。共产党凝聚中华民族的真谛何在？我带着这个问题，向海外华人请教。请听新加坡国立大学郑永年教授的一番见解。

　　郑永年认为，辛亥革命虽然推翻了清王朝，建立了中华民国，但中国摆脱不了一盘散沙、任人宰割的悲惨境地。孙中山先生痛感，要使中国大众产生民族主义国家意识，建立国家是首要任务。只有作为一种组织的国家才能把民族主义制度化；只有民族主义制度化后，才会体现出其政治力量来。组织政党，发动革命，就成了孙中山建设中国民族国家、救亡图存谋振兴的有力武器。他主张"以党治国"，这并不是说"要党员都要做官，然后中国才可以治；是要本党的主义实行，全国人都遵守本党的主义，中国然后才可以治"。但当时"并无国可治，只可以说是以党建国。待国建好，再去治它"。

　　为什么孙中山之后，国、共两党都要建国治国，国民党却最终败于共产党？因为国民党的主义和组织都不被中华民族所接受。新加坡学者郑永年认为，"简单地说，在社会基层，国民党所依靠的是地方精英，即地方绅士，而共产党则直接依靠农民，直接把中共的治国理念传达给了人民"，"走上了一条自下而上的民族主义建国道路"。他还引用美国学者弗兰兹·舒曼的话说，共产党"在重建一个伟大的国家，约束着她的人民，改善着人民的生活，打下了增长的基础。共产党中国犹如一栋由不同的砖石砌成的大楼，她被糅合在一起，站立着，而把她糅合在一起的就是意识形态和组织"。

当然，共产党也并非总有先知先明、永不犯错的神仙圣人。从清末改革运动到孙中山再到毛泽东，在改革开放之前，中国一直处于持续的革命之中，探索的重点在于建立一个什么样的国家。尽管毛泽东领导的共产党人最终建立了人民共和国，但对共和国应当是怎样的一个国家，一直处于艰难的探索之中，对很多问题的理解只能在实践中进行。如果不理解改革开放之前 30 年的历史，也很难甚至不能理解改革开放 30 年的成就。

经过建党 95 年艰苦卓绝的奋斗和新中国成立 67 年艰辛曲折的探索，中华民族终于走出了一条建设中国特色社会主义的道路，从苦难走向辉煌。沿着这条路，建设一个日益富强民主文明的中国——我们在这里凝聚，我们从这里复兴!

天时，天行健自强不息;地利，地势坤厚德载物;人和，睡狮一旦醒来力量就要爆发，民族走向复兴力量就要凝聚。

时代潮流，浩浩荡荡，中华民族正当此天时、地利、人和。应势而生，顺势而上，共产党必能凝聚中华民族。

中国共产党的"定力"所在

中国共产党有何奥秘使中国人民站起来？中国人民为何衷心拥护中国共产党？

答案很简单：民无信不立。中国共产党能以最明确实际科学的理想信念唤醒和凝聚人民，使人民"信"，使人民"立"；中国人民也坚信这个为实现崇高的革命理想而孜孜以求、前仆后继，为坚守崇高的政治信仰而赴汤蹈火、在所不惜的，全心全意为人民服务、为民族奋斗的伟大的马列主义政党。

民无信不立，是中华文明经久不衰的经典，泱泱大国颠扑不破的奥秘，百年中国焕然一新的活力，也是奋斗 95 年的中国共产党赢得全中国信赖、全世界尊重的根基。

民无信不立，语出《论语》："子贡问政。子曰：足食，足兵，民信之矣。子贡曰：必不得已而去之，于斯三者何先？曰：去兵。子贡曰：必不得已而去之，于斯二者何先？曰：去食。自古皆有死，民无信不立。"坐吃山空，食再多也吃空；一盘散沙，兵再强也溃散。民之有信，缺食，可努力丰衣足食；弱兵，可逐步富国强兵。所以，"民信"乃第一要件。

"民信"何解？康有为云："上下以信相孚，国乃能自立也。"钱穆认为，"立身立群同是一理，立身有舍生取义，导群亦有去食存信"。一个国家、一个民族、一个政党，任何时候、任何情况下都必须树立和坚持明确的理想信念。如果没有或丧失理想信念，就会迷失奋斗目标和前进方向，就会像一盘散沙而形不成凝聚力，就会失去精神支柱而自我瓦解。

中国共产党从成立那一天起，就在马克思主义世界观指导下把在中国实现社会主义、共产主义确立为自己的远大理想和奋斗目标，一代又一代中国共产党人确立了为之不懈奋斗的坚定信念。革命战争年代，革命先烈在生死考验面前所以能够赴汤蹈火、视死如归，就是因为他们对崇高的理想信念坚贞不渝、矢志不移。同样，在和平建设和改革开放时期，许许多多共产党员所以能够在平凡的岗位上做出英雄壮举，也是因为他们具有崇高的理想信念。

今天，无处不在的通信网络，快速更新的电器电脑，眼花缭乱的电视电影，使生活变得既丰富多样，又复杂多变。人类总体绝对生活水平在日趋提高，分布的相对差距却在日趋加大。生命科学的进步在增加人类的总体平均寿命，个体生命的感受不幸和实质痛苦却在同步增加。人们跑得更快，声音传得更远，看见的东西更多，移动的幅度更宽，变成满身都是机器的血肉之躯，但人们的精神似乎更加缺少了观照。欲望在吞噬理想，多变在动摇信念。当代西方社会在从"现代社会"向"后现代社会"转型的过程中，"上帝之死"带来了信仰迷茫和精神焦虑。当代中国社会在向现代化转型的过程中，也出现了某些"远离崇高"和"信仰缺失"的精神现象。无论社会怎么发展，无论经济怎么繁荣，如果放弃了对崇高理想信念的追求，大家都心浮气躁、不思进取，心烦意乱、不知所从，社会难以稳定和谐，发展又如何持续？

民无信不立。中国共产党最大的"定力"，就是使人民"信"，使人民"立"。

使人民"信"、使人民"立"的"定力"，是在领导13亿人建设中国特色社会主义的波澜壮阔的伟大实践中，与时俱进、与日俱增的。以习近平同志为核心的党中央，举旗定向，布局谋篇，坚持发展21世纪中国的马克思主义，紧紧围绕坚持和发展中国特色社会主义这个主题，进行了一系列逻辑严密的重大理论创新，形成了一系列治国理政新理念、新思想、新战略。

——为给实现中华民族伟大复兴明确发展路径，强调要坚持走中国特色社会主义道路，不惧任何风险，不为任何干扰所惑。

——为给实现中华民族伟大复兴规划战略布局，提出要协调推进全面建成小康社会、全面深化改革、全面依法治国、全面从严治党，每一个"全面"都深谋远虑。

——为给实现中华民族伟大复兴奠定坚实基础，提出要牢固树立创新、协调、绿色、开放、共享的发展理念，统筹推进经济、政治、文化、社会、生态文明五位一体建设。

——为给实现中华民族伟大复兴提供坚强领导核心，强调要坚定不移推进全面从严治党、依规治党，补足共产党人精神上的"钙"，以零容忍态度惩治腐败，用铁的纪律维护党的团结统一。

——为给实现中华民族伟大复兴营造良好发展环境，强调要推动构建以合作共赢为核心的新型国际关系，打造人类命运共同体。

关键的阶段　关键的一代

学习中共十九届五中全会精神，谈谈"五中全会与青年发展"。

一、今天的青年一代，是中华民族复兴大业关键阶段的最为关键的一代

2020年即将结束，面对错综复杂的国际形势、艰巨繁重的国内改革发展稳定任务特别是新冠肺炎疫情严重冲击，中国仍将如期打赢脱贫攻坚战，如期全面建成小康社会，实现第一个百年奋斗目标，开启全面建设社会主义现代化国家新征程。

中华民族伟大复兴向前迈出了新的一大步。

中国人民于"漏舟之中"走向"站起来"，于"濒临崩溃边缘"走向"富起来"，于"滚石上山"走向"强起来"。在中国共产党的坚强领导下，中华民族将所有屈辱和苦痛埋藏于记忆深处，让一个东方古国从贫穷落后走向繁荣强盛，创造了中华民族从沉沦而奋起、由苦难而辉煌的命运转折。曾经跌倒的中国人，最能体会"站起来"的欢欣；曾经贫穷的中国人，最是充满"富起来"的渴望；走向复兴的中国人，最是拥有"强起来"的自信。

中华民族近代100多年来历经磨难，现在终于离民族复兴的目标越来越近，距离已可以丈量了。但也正是因为越来越近，再往下走，每一步都是惊险

一跳，都是从量变到质变的巨大飞跃。历史上，一步走错满盘皆输、功亏一篑、积重难返的教训不少。国际经验表明，人均GDP在3000—10000美元的阶段，既是中等收入国家向中等发达国家迈进的机遇期，又是矛盾增多、爬坡过坎的敏感期。这一阶段内外挑战严峻，机遇不容丢失。从历史兴衰规律来看，一个国家往往在两个时期面临的压力最大，一个是积贫积弱之时，一个是发展振兴之时。

今天的中国处于由大到强的关键阶段，面临的内外压力越来越大。船到中流浪更急、人到半山路更陡，愈进愈难、愈进愈险，而又不进则退、非进不可。习总书记说："中华民族伟大复兴，绝不是轻轻松松、敲锣打鼓就能实现的，实现伟大梦想必须进行伟大斗争。在前进道路上我们面临的风险考验只会越来越复杂，甚至会遇到难以想象的惊涛骇浪。我们面临的各种斗争不是短期的而是长期的，至少要伴随我们实现第二个百年奋斗目标全过程。"我们必须统筹中华民族伟大复兴战略全局和世界百年未有之大变局，必须深刻认识我国社会主要矛盾变化带来的新特征、新要求，必须深刻认识错综复杂的国际环境带来的新矛盾、新挑战。

新特征、新要求，期待意气风发、坚韧不拔的世纪新人；新矛盾、新挑战，要求本领高强、开拓创新的应对新招。关键时刻，别无选择，担当冲刺的主力军和"种子选手"，无疑将是现在的青年一代。过去讲"不能输在起跑线上"，未来又"岂能倒在终点线前"？

二、今天的青年一代，是在"危机中育先机、于变局中开新局"的最为重要的一代

党的十九届五中全会要求我们，要增强机遇意识和风险意识，善于在危机中育先机、于变局中开新局，抓住机遇，应对挑战，趋利避害，奋勇前进。

危机危机，危中有机。机遇，常以偶然性的形式出现，稍纵即逝，但其中

蕴含着必然性，必然性通过偶然性为自己开辟道路。抓住和用好机遇，要善于从偶然性中发现必然性，善于抓住偶然性后面的必然性。如培根所说，"开始做事前要像千眼神那样察视时机，而在进行时要像千手神那样抓住时机"。能否抓住机遇，要看青年一代。

　　放眼世界，无论是地理大发现之后的工业革命，第二次世界大战后的科技革命，还是 20 世纪 70 年代的信息革命，乃至当今人类从工业化时代走向数字化时代的新科技革命，一些国家抓住机遇走在前列，一些国家痛失机遇被动落后。地球越来越小，发展越来越快，慢走一步，差之千里；耽误一时，落后多年。来而不可失者时也，蹈而不可失者机也，我们必须牢牢抓住和用好我国发展的重要战略机遇期。而重大机遇往往伴随重大考验，伴随着可以预见、不可预见的种种风险和挑战。如果说辛亥革命前的一百年，中华民族陷入悲惨沉沦之境，那么辛亥革命后的这一百年，中华民族则是在艰难曲折中昂扬奋起。这一百年来，中国共产党带领各族人民缔造新中国，开辟中华民族复兴的崭新纪元，在历史新时期开辟中国特色社会主义道路，创造了世人惊叹的传奇成就，迎来民族复兴的光明前景。而最后成功之一日，就在今后的这一百年里，成功的密码，就在于这两百年来一代代人前赴后继、矢志不移的民族复兴追求与梦想。

　　来了，一浪接一浪的"90 后""00 后""10 后"……来了，中国的这一代青年，他们意气风发，他们堪当重任，他们在关键的时候一定能够完成这关键的一跳。

我也在见证、参与和创造历史

嘀嗒，嘀嗒，嘀嗒，昨天，今天，明天，历史的脚步读秒走来，14亿中国心一起跳动。

新中国成立70周年，国庆10点钟，我也站在天安门城楼上，躬逢盛典。在红旗和鲜花的海洋中，在隆隆的礼炮声中，在万众高唱国歌之后，我屏住呼吸，聆听习近平总书记在庆祝中华人民共和国成立70周年大会上的重要讲话。每句话，每个字，都应和着历史的脚步，铿锵有力，掷地有声，现在还在我耳边回响：

"中国的昨天已经写在人类的史册上，中国的今天正在亿万人民手中创造，中国的明天必将更加美好。"

庄严时刻聆听这个讲话，我们有一个共同的感觉：昨天，今天，明天——我们正站在时间和历史的节点上。我是大海里的一滴水，我和我的祖国，我和伟大的14亿中国人民，正一起在见证历史、参与历史、创造历史。

"中国的昨天已经写在人类的史册上。"听着这句话，我眼前似乎跳出了电影《开国大典》记载的历史画面。70年前，在中国人民争取民族独立和人民解放取得历史性胜利的凯歌声中，毛泽东豪迈地宣布："我们有一个共同的感觉，这就是我们的工作将写在人类的历史上，它将表明：占人类总数四分之一的中国人从此站立起来了。"70年后的今天，我们可以再次豪迈地宣布：我们有一个共同的感觉，这就是我们的工作已经写在人类的历史上。新中国的70年，是一个古老民族赓续千年梦想、走向民族复兴的历史进程，也是一个国家带领全球近五分之一人口重新走向世界的时空进程。无论是在中华民族历史上，还是在世界历史上，这都是一部镌刻在历史年轮上的感天动地的奋斗史诗。

"中国的今天正在亿万人民手中创造。"听着这句话，在城楼上看着英勇的人民军队雄伟的阅兵方阵一排排走过，国产主战装备、新型武器装备、大国重器一批批驶过，多架次、多机型的现代战机群一队队从头顶掠过，我不禁想起毛泽东在新中国成立初期的感慨："现在我们能造什么？……一辆汽车、一架飞机、一辆坦克、一辆拖拉机都不能造"；想起周恩来当年阅兵时的叹息，"飞机不够就飞两遍"……如今，山河无恙，国富民强，我们可以向毛泽东、周恩来报告了：这盛世，已经如您所愿。中国人民于"漏舟之中"走向"站起来"，于"濒临崩溃边缘"走向"富起来"，于"滚石上山"走向"强起来"，新中国 70 年的发展，将中华民族所有屈辱和苦痛埋藏于记忆深处，让一个东方古国从贫穷落后走向繁荣强盛，创造了中华民族从沉沦而奋起、由苦难而辉煌的命运转折。曾经跌倒的中国人，最能体会"站起来"的欢欣；曾经贫穷的中国人，最是充满"富起来"的渴望；走向复兴的中国人，最是拥有"强起来"的自信。当习总书记庄严地向世界宣告，"今天，社会主义中国巍然屹立在世界东方，没有任何力量能够撼动我们伟大祖国的地位，没有任何力量能够阻挡中国人民和中华民族的前进步伐"，我们每一个中国人，最能体会到其中地动山摇的雷霆万钧之力。

"中国的明天必将更加美好。"听着这句话，在城楼上看着 10 万名群众、70 组彩车、36 个方阵组成的以"同心共铸中国梦"为主题的群众游行队伍依次而过，有如长安街上展开了一幅流动的新中国发展、新时代奋进的历史画卷。建国创业，改革开放，伟大复兴，每一个时间节点，都不仅让人回顾昨天，更让人立足今天、展望明天。我们的先辈们，多少代人在中国共产党的领导下浴血奋斗，打下了红色江山，成立了人民共和国。辉煌的 70 年，我有幸作为共和国的同龄人——"50 后"的一员，与"60 后""70 后""80 后"……

继续在党的坚强领导下一浪接一浪，一代接一代，与共和国一起成长，一起奋斗，一起见证历史、参与历史、创造历史。长江后浪推前浪，今天和明天，要"继续把我们的人民共和国巩固好、发展好，继续为实现'两个一百年'奋斗目标、实现中华民族伟大复兴的中国梦而努力奋斗"，主力应该或即将是"90后""00后""10后"……重任要落在当今青少年一代的肩上。

我们中华民族近代100多年来历经磨难，现在终于离民族复兴的目标越来越近，距离已可以丈量了。但也正是因为越来越近，再往下走，每一步都是惊险一跳，都是从量变到质变的巨大飞跃。历史上，一步走错满盘皆输、功亏一篑、积重难返的教训不少。国际经验表明，人均GDP在3000—10000美元的阶段，既是中等收入国家向中等发达国家迈进的机遇期，又是矛盾增多、爬坡过坎的敏感期。这一阶段内外挑战严峻，机遇不容丢失。从历史兴衰规律来看，一个国家往往在两个时期面临的压力最大，一个是积贫积弱之时，一个是发展振兴之时。

今天的中国，正处于由大到强的关键阶段，面临的内外压力会越来越大。我们现在所处的是一个船到中流浪更急、人到半山路更陡的时候，是一个愈进愈难、愈进愈险而又不进则退、非进不可的时候。习总书记说："中华民族伟大复兴，绝不是轻轻松松、敲锣打鼓就能实现的，实现伟大梦想必须进行伟大斗争。在前进道路上我们面临的风险考验只会越来越复杂，甚至会遇到难以想象的惊涛骇浪。我们面临的各种斗争不是短期的而是长期的，至少要伴随我们实现第二个百年奋斗目标全过程。"关键时刻，别无选择，担当冲刺的主力军和"种子选手"，无疑将是现在的青少年一代。过去讲"不能输在起跑线上"，未来又"岂能倒在终点线前"？

当群众游行达到高潮，高唱着《我们是共产主义接班人》的少年一起涌向天安门城楼时，我分明感到，来了，中国的这一代青少年。

古老中国，又见少年。少年中国，青春无限。昨天惊天起，今天动地来。明天更美好，少年尽英才。

集中精力办好自己的事情

2020 年新年伊始，习近平总书记在新年贺词中说："2020 年是具有里程碑意义的一年。我们将全面建成小康社会，实现第一个百年奋斗目标。2020 年也是脱贫攻坚决战决胜之年。冲锋号已经吹响。我们要万众一心加油干，越是艰险越向前……"千叮万嘱，语重心长。最重要的，还是要集中精力办好自己的事情。

两个"决战决胜"和两个大局

审时度势，2020 年是两个"决战决胜"之年和面对两个大局之年。

两个"决战决胜"之年：一个是全面建成小康社会要决战决胜，一个是脱贫攻坚要决战决胜。决战，没有退路；决胜，别无选择。无论战与胜，要点在"决"，关键在"决"。而"决"与"不决"，要点和关键在能否全党不忘初心、全民万众一心，集中精力办好自己的事情。

面对两个大局之年。一个是中国实现民族伟大复兴的大全局。我们中华民族这一百多年来历经磨难，现在离民族复兴的目标越来越近，距离已可以丈量。正因为越来越近，再往下走，每一步都是惊险一跳，都是从量变到质变的巨大飞跃。历史上，一步走错满盘皆输、功亏一篑、积重难返的教训不少。国际经验表明，人均 GDP 在 3000—10000 美元的阶段，既是中等收入国家向中等发达国家迈进的机遇期，又是矛盾增多、爬坡过坎的敏感期。这一阶段，经济容易失调，社会容易失序，心理容易失衡，内外挑战严峻，步子容易迈错，机遇容易丢失！习总书记告诫我们："中华民族伟大复兴，绝不是轻轻松松、敲锣打鼓就能实现的，实现伟大梦想必须进行伟大斗争。在前进道路上我们面临的风险考验只会越来越复杂，甚至会遇到难以想象的惊涛骇浪。"

一个是世界百年未有之大变局。新一轮科技革命和产业革命加快重塑世界，加上全球化进程深刻的传播、扩散、冲刷作用，使得世界正在形成新的政治、经济、社会、文化生态，正经历新一轮大发展大变革大调整。大国战略博弈全面加剧，国际体系和国际秩序深度调整，人类文明发展面临的新机遇新挑战层出不穷，不确定不稳定因素明显增多。大国在因应这些世界大势带来的机遇和挑战的过程中，顺势而进者走强、逆势而动者走弱，并依据实力地位消长和驾驭国际规制的水平而重新排列组合。中国的发展，当然也面临前所未有的新挑战和新机遇。

面对两个大局，我们要迎接和战胜挑战，抓住和赢得机遇，其要点和关键，仍然在能否全党不忘初心、全民万众一心，集中精力办好自己的事情。

无论是迫在眉睫的两个"决战决胜"，还是关乎大战略、大布局的两个大局，说到底，最重要的都是要集中精力办好自己的事情。

习总书记说："最重要的，还是要集中精力办好自己的事情，不断壮大我们的综合国力，不断改善我们人民的生活，不断建设对资本主义具有优越性的社会主义，不断为我们赢得主动、赢得优势、赢得未来打下更加坚实的基础。""最重要的还是做好我们自己的事情。要统筹研究部署，协同推进改革发展稳定各项工作，谋定而后动，厚积而薄发，更加主动办好自己的事情。"

要在"定心"

集中精力办好自己的事情，要在"定心"。精力发乎心，"精气神"要在有

"神"。

一要立心，"欲事立，须是心立"，"身之主宰便是心"，"不能胜寸心，安能胜苍穹"？

二要持心，"古人说：'天下之难持者莫如心，天下之易染者莫如欲。'一旦有了'心中贼'，自我革命意志就会衰退"。

三要净心，"人心净化，志向高远，便力量无穷"。

四要专心，"夫心无二用，一念在得，一念在失，一念在文字，是三用矣。所事宁有成耶"？

归结起来，就是"定心"，就是心有定力，心增定力，心聚定力。在在一个"心"字，皆是要确立、凝聚、强大、坚韧内心之定力。

而"定心"之难，难在如王阳明说的"事上磨炼""知行合一"，难在"每临大事有静气"，难在不仅敢于斗争还要善于斗争。习总书记说："斗争是一门艺术，要善于斗争。在各种重大斗争中，我们要坚持增强忧患意识和保持战略定力相统一、坚持战略判断和战术决断相统一、坚持斗争过程和斗争实效相统一。"例如，现在西藏、新疆、台湾问题为什么这么突出、复杂、尖锐？就要放到中国和平崛起、民族伟大复兴的进程和全局中来看，来"事上磨炼"。我们中华民族从鸦片战争到新中国成立前的一百多年，一直是积贫积弱、内忧外患。这就注定了新中国成立后一百年的发展进步，一定要殚精竭虑内稳边安。"祖国必须统一，也必然统一。台湾问题因民族弱乱而产生，必将随着民族复兴而终结！"如果全盘西化搞西方那一套，党争不断，内斗不已，"藏独""疆独""台独"都闹起来，最终国家将一盘散沙，四分五裂。我们不仅要防止落入"中等收入陷阱"，也要防止落入"西化分化陷阱"。世界上总有些人想要遏制中国的和平崛起，但从他们的工具箱中还找不到现成有效对付中国的工具，于是就手忙脚乱、全面出击了。对中国打贸易战中混杂科技战，还想打金融战，又不遗余力地在我周边国家挑拨离间，忙不迭地在我南海、东海生事，不间断地派军舰在我家门口"自由航行"，还公然为"台独"打气，为"藏独""疆独"招魂，为"港独""港闹"煽风，千方百计要挑起我周边纷扰、制造种种陷阱，意在陷我穷于应对、乱了方寸之地，阻滞、延缓我快速发展。对此，我们尤其要有战略定力。只要我们把自己的事情办好，他们就莫可奈何。中国不会炫耀武力，不等于没有实力。中国从不惹是生非，也从不怕事怕死。任何外国不要指望中国会拿自己的核心利益做交易，不要指望中国会吞下损害国家主权、安全、发展利益的苦果。中国绝不允许任何人、任何组织、任何政党，在任何时候、以任何形式，把任何一块中国领土从中国分裂出去。应对周边纷扰要有斗争艺术，有定心、定力、定数。最好的办法，还是"谋定而后动，厚积而薄发，更加主动办好自己的事情"，使我们更加强大起来。且看他们急得围着我们团团打转，在我周边纷纷扰扰制造麻烦不断，终究是"两岸猿声啼不住，轻舟已过万重山"。

难在"集中"

集中精力办好自己的事情，难在"集中"。为什么世界上但凡一切大事好事，办的人多了，办的摊子大了，办的时间长了，反而难以办好，甚至"其兴也勃焉，其亡也忽焉"了？黄炎培说，就因为"大凡初时聚精会神，没有一事不用心，没有一人不卖力，也许那时艰难困苦，只有从万死中觅取一生。既而环境渐渐好转了，精神也就渐渐放下了。有的因为历史长久，自然地惰性发作，由少数演变为多数，到风气养成，虽有大力，无法扭转，并且无法补救。也有为了区域一步步扩大，它的扩大，有的出于自然发展，有的为功业欲所驱使，强求发展，到干部人才渐见竭蹶、艰于应付的时候，环境倒越加复杂起来了，控制力不免趋于薄弱了"。

对此，习总书记 2020 年 1 月 8 日《在"不忘初心、牢记使命"主题教育总结大会上的讲话》有更简明形象生动、更一针见血的概括，这是因为"很容易走着走着就忘记了为什么要出发、要到哪里去，很容易走散了、走丢了"。

你看，当年的苏联共产党 20 万党员时建立了苏维埃政权；200 万党员时打败了气势汹汹的法西斯保卫了政权；2000 万党员时一夜之间丢掉了政权，是不是走着走着就"走散了、走丢了"？当然更谈不上"集中精力办好自己的事情"了；到那时，"自己的事情"已经没得可办了！

"集中精力"，就是要切防"走散""走丢"——精散气散则神散，心散人散队伍散，必然是心丢、人丢、事业丢。我们这样一个大国，最大的"集中"，就是聚合 14 亿人民的磅礴之力。"聚合"者，首先是"聚"。一盘散沙，泥沙俱下，群龙无首，鱼龙混杂，就谈不上"聚"。办好中国的事情，头绪很多，矛盾很多，方方面面往哪里"聚"？其焦点、中心、重心、核心、圆心，无疑就是作为中流砥柱、作为主心骨的中国共产党。党的强大的创造力、凝聚力、战斗力，来自特别善于"聚"、特别能够"聚"、特别确保"聚"。中国人民的力量，中国强起来的力量，从根本上说来自党的力量，来自在新时代中国特色社会主义的伟大实践中，以党的坚强领导和顽强奋斗，激励全体中华儿女不断奋进，凝聚起同心共筑中国梦的磅礴力量。

"聚合"者，还要善"合"。天下没有一片相同的树叶，世上总有无数的矛盾，怎么"合"？"合"的关键何在？就在正确处理一致性和多样性的关系。一致性要有多样性基础，多样性必须有一致性指导。既不能过于追求一致性，也不能过于放任多样性，关键是坚持求同存异，不断聚同化异。习总书记说："只要我们把政治底线这个圆心固守住，包容的多样性半径越长，画出的同心圆就越大。"我们要高举爱国主义、社会主义旗帜，牢牢把握大团结大联合主题，坚持一致性和多样性统一，找到最大公约数，画出最大同心圆。站立在 960 多万平方公里的广袤土地上，吮吸着五千多年中华民族漫长奋斗积累的文化养分，拥有 14 亿中国人民聚合的磅礴之力，我们走中国特色社会主义道路，具有无比广阔的时代舞台，具有无比深厚的历史底蕴，具有无比强大的前进定力。

中国特色社会主义制度的优越性，归根结底在于它是解放、发展生产力的最好制度，能放手让一切劳动、知识、技术、管理、资本等要素的活力竞相迸发，让一切创造社会财富的源泉充分涌流。中国特色社会主义制度的优势，就在于总是能集中精力办好自己的事情，总是能驰而不息、锲而不舍地办成一切大事情。

第十辑

小文拜年

龙年的文化气息[①]

兔年即逝，龙年将至。"从前一样窗前月，才有梅花便不同。"这个龙年，周身上下都透着一股子浓郁的文化气息。

举国上下在思考文化——文化自觉、文化自信、文化自强，在讨论文化——文化发展、文化改革、文化繁荣，在建设文化——文化立国、文化兴国、文化强国。对内，促进社会主义文化大发展大繁荣；对外，积极推动中华文化走出去，与世界交流和对话，向世界展示、说明和平发展快速进步的中国。中华民族正以一种更宏大的历史胸怀，拥抱 21 世纪的文化新时代。

欢欢喜喜过个年，这年"属龙"，过的就是"龙文化""年文化"。

龙文化。"黑潭水深黑如墨，传有神龙人不识。"中国龙文化上下五千年，源远流长。民俗节日多与龙相关，舞龙灯、祭龙王、赛龙舟，祈盼风调雨顺、国泰民安、丰衣足食。龙凤呈祥、生龙活虎、龙腾虎跃，这些充满希望和期盼的好词，都带着"龙"。龙，以蟒蛇和闪电为躯干原型，融进马、鹿、虎、鹰等多种动物要素，形成神圣优美、多姿多彩、矫健生动、飞腾变化的艺术形象，行云施雨的神灵形象。龙的形象深入中国社会各个角落，龙的影响波及中华文化各个层面。龙，是炎黄子孙一种符号、一种意绪、一种血肉相连的情感，令人激动、奋发、自豪。龙，还被远渡海外的华人带到世界各地，成为中

---

① 原载于《中国青年报》2012 年 1 月 16 日第 2 版。

华文化的一种经典意向。"龙的传人""龙的国度"获得世界认同。

　　年文化。"爆竹声中一岁除，春风送暖入屠苏。"春节，是中国人文化认同的象征，是对自己文化记忆的顽强保留，也是对团圆、亲情、祥和等重要文化价值的坚定守候。只需看看一年一度的"春运"，每当农历年岁尾，无论是在天南、在地北，也无论是在机场、在车站，成千成万成亿的人，提着行李，排着长队，不管多么艰难，也不管多么疲惫，都要赶在春节前回家与亲人团聚。这样数亿人规模定时的大迁徙，就为一句话，回家过年。在别的国家，有谁见过？它显示着我们中国人对家人、对故土的强烈眷念。这是树根对泥土的依恋，是水滴对大海的皈依。世界上圣诞节很热闹，那是给"神"过节，是给"神变成人"（耶稣在平安夜降临人间）过节；春节，真真实实在给"人"过节，给自己也给亲人，给全民族也给全世界过节。"春节团圆"的文化，融汇到中国人的血脉中，那么自然亲切、历久弥新。尽管全球化进程使许多东西化解，但中国人眷念家人故土之情永不化解。老百姓说，现在生活好了，过年的味道，就不光是吃饺子、穿新衣了，过的就是文化。

　　龙文化、年文化，印证了一句话：天行健，君子以自强不息；地势坤，君子以厚德载物。

　　龙文化、年文化，都是人民群众文化创造的产物。细想一下，何止于此？无论是作为观念形态的思想理论、价值体系、道德规范，还是作为艺术形式的音乐舞蹈、书法绘画、诗词歌赋，无不源自人民群众的实践创造。生活最深刻，群众最智慧。建设文化强国，根基在群众，智慧在群众，力量在群众。尊重人民群众的首创精神，千方百计保护好、发挥好群众参与文化建设的热情，从百姓朴素的话语中提炼闪光思想，从民间鲜活的艺术中萃取创造元素，从基层生动活泼的实践中获得发展动力，全社会的文化活力就不难竞相迸发，全社会的文化创造就不难充分涌流。

"五福临门"龙抬头 ^①

又唱起那首熟悉的歌:"古老的东方有一条龙,它的名字就叫中国;古老的东方有一群人,他们全都是龙的传人……"

鞭炮响了,照例要讲几句祝福的话。在同事亲友的贺年片中,有一张格外引人瞩目。上面是回良玉副总理工工整整的字迹:"小文同志:五福临门。祝愿我们的社会和事业:福泽民生,福源和谐,福自厚德,福惠包容,福兴中华。"

"五福"源自《书经·洪范》,原指长寿、富贵、康宁、好德、善终。现在推而广之,讲到"福泽民生,福源和谐,福自厚德,福惠包容,福兴中华",颇有创意,值得品味。这个"五福临门",倒真是龙年到来时我们大家最好的祝福和愿景。

福泽民生。孙中山说,"民生就是人民的生活——社会的生存,国民的生计,群众的生命"。现在,我们更把民生具体化为:就业是民生之本,教育是民生之基,分配是民生之源,社保是民生之依,稳定是民生之盾。福泽民生,就是要让广大人民群众学有所上、病有所医、住有所居、老有所养、弱有所助、困有所济,平平安安、高高兴兴、舒舒服服过日子。为此,"十二五"规划特别强调民生,把它作为整个规划的出发点和落脚点。

---

① 原载于《人民日报》(海外版) 2012 年 1 月 22 日第 1 版。

福源和谐。家和万事兴,一个家庭的幸福和兴旺,就在于敦亲睦邻,和睦和谐。小家尚且如此,何况社会这个大家? 社会和谐,人人有责。和谐社会,人人共享。连英国哲学家罗素都认为:"中国至高无上的伦理品质中的一些东西,现代世界极为需要。这些品质中,我认为和气是第一位的。"

福自厚德。《国语·晋语》有言,"唯厚德者能受多福"。遇事想得开,放得下,没有小肚鸡肠带来的烦恼,是福。廉洁自律,活得轻松,过得自在,睡得香甜,是福。克己奉公,全心全意为广大人民群众谋利益,美德传后代,光辉照人间,譬如北辰,众星拱之,是福。古人说,"君子以厚德载物",其实"厚德",才能承载市场经济。让我们在努力发展社会主义市场经济、完善市场机制中,都来积德、厚德,开创"厚德载物"、厚德载市场经济的新天地。

福惠包容。包容是一种修养,一种担当,一种内涵,一种气度。而"福惠包容"的一个"惠"字,今天则可以引出"福"来自"包容性增长"的新意。"包容性增长"系由亚洲开发银行在 2007 年首次提出,与单纯追求经济增长相对立,倡导机会平等的增长,基本含义是公平合理地分享经济增长,寻求社会和经济协调发展、可持续发展。2010 年 9 月,胡锦涛主席在第五届亚太经合组织北京会议上,发表了题为《深化交流合作 实现包容性增长》的致辞。"包容性增长"惠及人民,就是要让人民过上一种幸福、有尊严的生活。

福兴中华。翻开有文字记载的中国历史,一个"福"字贯穿其中,蕴含着一个伟大民族百折不挠的坚定信念,折射出一个现代政党矢志为民的立党之基和执政之本。共产党所做的一切,都是为人民谋幸福。要不断满足人民对幸福生活的新期待。为了追求幸福,历史上的中华民族历经坎坷,屡创辉煌;为了追求幸福,今天的中华民族正沿着全面、协调、可持续的科学发展轨道,同心同德,共同奋斗,全面建设小康社会。

龙年到了,鞭炮响了,五福临门,龙抬头了。

战略眼光和政治智慧①

一晃八年过去了，可叹今日之美国，有点眼光和智慧的政治家，今安在？还有吗？

全世界都在看美国大选的热闹。重发此文，也算是还寄一丁点希望：美国偌大一个国家，尽管新冠疫情泛滥，总有几个政治家"人还在，心未死"吧。

斗转星移，风雨兼程，纵然分歧常有，龃龉难免，但中美关系总体上保持了持续发展的良好态势。16日，尼克松访华和上海公报发表40周年纪念活动在京举办。习近平说，40年前，毛泽东、周恩来和尼克松、基辛格等中美两国老一辈领导人，以非凡的战略眼光和卓越的政治智慧，打破两国多年相互隔绝的坚冰，用跨越太平洋的握手开启了中美关系发展的新篇章。

的确，两国领导人无疑都有非凡的战略眼光和卓越的政治智慧，并以此驾驭和引导两国之交。不非凡不卓越，当年不可能打破坚冰，今天也难以共建相互尊重、互利共赢的合作伙伴关系。

非凡的战略眼光和卓越的政治智慧来自何处？

来自始终从两国人民的根本利益出发，相互尊重彼此核心利益和重大关切；来自以更加频繁、密切的方式加强两国高层和各层级的接触，完善各种对话合作机制，增进双方的战略互信；来自本着互利共赢精神，以更加务实有效

① 原载于《人民日报》(海外版)2021年1月20日第1版。

的方式推进经贸等各领域合作；来自以更加灵活多样的方式促进中美社会各界友好交流。基辛格说，美中关系无须也不应该变成"零和游戏"，两国合作还会更精彩！

一个是最大的发达国家，一个是最大的发展中国家。

发达的，要继续发达，而且欲全方位发达。发展的，正快速发展，而且是大块头崛起。发达，是美国的硬道理。发展，是中国的硬道理。都硬，是真的；都得讲道理，也是真的。两大国虽处于不同发展阶段，却走在"可持续发展"的同一条轨道上，只能相向而行，不可迎头相撞。如果发达的总想遏制发展的，天下只许我发达，不容人发展，只能自找麻烦，徒增烦恼。如果发展的总是与发达的对着干较劲，闷着头生气，也会引来麻烦，徒增干扰。大家都要摒弃冷战思维，客观理性地看待对方的发展。发达的，要有"包容性增长"的胸怀；发展的，要有坚持和平发展科学发展的定力。地球只有一个，你要发达，我要发展，当然难免竞争。但相互竞争中还要相互合作，善于控制竞争、发展合作，在合作中求发展，在竞争中谋优势。竞争，不是去支持和加剧各种形式的动荡和地缘政治冲突，更不是固守冷战思维甚至不惜再打一场热战，而要以和为贵，致力于在不同领域和不同层次扩大和深化"利益汇合点"，构建"利益共同体"。

非凡的战略眼光和卓越的政治智慧来自何处？

来自相互了解。人民之间、政治家之间的相互了解，是国与国关系发展的动力和基础。基辛格回忆：当年秘密访华时，中国外交部派去接他的四位中方人员，都穿着中山装或"列宁服"，他的助手和特工们吓了一跳。今天，两国交往已是如此频繁，了解已是如此深入。再不会为对方的服饰、衣着而惊讶不已。的确，国之交在于民相亲，仔细了解对方，认真倾听对方，才能客观、理性地看待和理解对方。

40年岁月流转，中美关系在两国老一辈领导人打下的基础上生根开花。习近平致辞时幽默地说，我今天的讲话有点偏长，但鉴于中美关系关乎世界大局，有些话还不能不讲；基辛格也幽默地答，春节前中国人都特忙，但鉴于美中关系关乎世界大局，这件事也不能不忙。非凡的战略眼光和卓越的政治智慧，还来自两国政治家始终有超越双边关系，从全球格局维护世界和平、促进共同繁荣的责任感。

第十一辑
放眼未来

谈"人类的明天"，当然要谈现代化。费孝通先生对于现代化的论述可资参考。他将现代化理解为利用人类所掌握的先进科学技术来促进生产，提高社会的生产力，从而促进其社会、文化的发展。显然，在他所理解的现代化中，经济发展的目的在于推动社会、文化发展，经济并不是目的，社会和文化的发展才是目的。这是一种以社会和人为中心的牵引现代化观（或称发展观）。

　　这一深刻思想，对于我们正确观察和把握"人类的明天"，很有启示。

　　我认为，观察"人类的明天"要抓住两条主线：一是新科技革命；二是新人文主义。新科技革命促进的经济发展和飞跃并不是目的，社会和文化的发展、人的发展才是目的。二者的结合，就是"利用人类所掌握的先进科学技术来促进生产，提高社会的生产力，从而促进其社会、文化的发展"，也就是费孝通说的"以社会和人为中心的牵引现代化观"。

　　中华民族的伟大复兴，站在新科技革命的前列，高举新人文主义的旗帜，顺应"人类的明天"的发展趋势，符合"人类的明天"的发展逻辑，秉持"以社会和人为中心的牵引现代化观"。

　　呼啸而来的新科技革命呼唤新人文主义，中华民族的伟大复兴引领新人文主义。

新科技革命使人类进入新时代

决定人类的明天走向的，首先是生产力的发展，而新科技革命正是生产力发展最突出的标志。

铁器的运用，人类出现了"轴心时代"。蒸汽机的运用，人类进入了工业时代。现在，新科技革命和创业革命的突飞猛进，必然使人类进入一个全新的时代。

关于新科技革命，众说纷纭，我认为有三种观点比较典型。

一种是变革已来，铺天盖地，刻不容缓。例如，经济学专家朱嘉明认为，当今世界正在开始从"经济主导科技"到"科技主导经济"的转型。就近而言，从 2021 年至 2025 年，全球科技革命就将进入叠加爆炸的历史新阶段。现在不论是认知区块链，还是数字货币和数字经济，都需要置于科技整体性革命的背景和趋势之下。全球科技革命正在逼近"奇点"，区块链影响未来人类社会的走向。

一种是变革深刻，惊天动地，匪夷所思。例如，赫拉利的《未来简史——从智人到智神》一书认为，全球科技革命势必前所未有地"绑架"人类。明天的"人类将面临三大问题：生物本身其实就是算法，生命是不断处理数据的过程；智慧与智能的分离；拥有大数据积累的环境将比我们自己更了解自己"。人类将被"智神"所主宰。

一种是就看当下，已露端倪，危机四伏。《人类的明天》这本书的判断是：

"人类的明天，并不是人工智能、大数据、高消费、增长率，而是新的能源供给、新的出行方式、更公平有效的经济模式、更别样自由的教育理念、更有活力的社会结构，以及更幸福多样的生活。"

一场以微电子技术、光导纤维通信技术、生物遗传工程、新材料技术和能源技术、大数据、区块链、人工智能等的应用为标志的新科技革命，正在世界上兴起。若简要回顾人类社会的文明进步史，可以看到在数千年的文明进步中，人类社会已经经历了六次信息革命。第一次，语言的发明，使信息可以分享，人与人之间可以更好地沟通交流，这是人类进化的一次重大革命。第二次，文字和纸的发明，使信息可以记录，人类可以把信息更好地储存下来，使人类的感知认知变成知识，这是人类走进文明的一个重要标志。第三次，印刷术的发明，使信息可以传得更远，通过信息传输使人类可以更好地分享认知成果，实现了"见字如面"，这是人类文明成果共享的历史性进步。第四次，电话和无线电的发明，使信息可以实现远距离实时传输，人们的时空限制消除了，实现了"听音如面"，这是人与人之间信息交流的一次重大跨越。第五次，电视的发明，使信息传输实现多媒体尤其是图像和声音的实时传输，实现了"看图见字听音如面"，使人类的精神生活更加丰富多彩。第六次，互联网的发明，使信息可以呈网络状双向、多向实时传输，为人类社会进入信息时代奠定了坚实基础。这六次信息革命，改变了人类的生产方式和生活方式，构成了现代文明社会的基础。人类追求信息革命的步伐从来都不会停止，进入 21 世纪以来，人类正在进行第七次信息革命。以人工智能技术为核心，大数据、云计算、量子通信、物联网等不断涌现，人类社会正在进入以智能化为特征的信息时代。第五代移动通信技术也就是 5G 技术，为第七次信息革命提供了坚实支撑。如果人类离开了上述六次信息革命成果，社会将会失去高质量的生产生活。面向未来，第七次信息革命将给人类社会带来划时代变化，5G 技术将支撑第七次信息革命而再度大幅度改变社会！

总之，新科技革命将成为"人类的明天"最重要的因素，如马克思所说，是"危险万分的革命家"。党的十九届五中全会指出，"当今世界正经历百年未有之大变局"的第一变数，就是"新一轮科技革命和产业变革深入发展，国际力量对比深刻调整"。

我们是闭目塞听、麻木不仁、漠不关心，还是以高度的敏感、极大的关注和衷心的喜悦，研究对策，做好准备，迎接这个"危险万分的革命家"的到来？

马克思曾经给我们树立过光辉的榜样。"任何一门理论科学中的每一个新发现，即使它的实际应用甚至还无法预见，都使马克思感到衷心喜悦。"① 马克思曾经以超乎常人的敏感和喜悦，来迎接"蒸气、电力和自动纺织机"这样一些他称为"危险万分的革命家"② 的问世。直到他逝世前不久，还注意了第一条实验性输电线路的架设。马克思的这种敏感和喜悦，是革命者所必然具有的精神状态。因为"他把科学首先看成是历史的有力的杠杆，看成是最高意义上的革命力量"③。他指出："随着一旦已经发生的、表现为工艺革命的生产力革命，还实现着生产关系的革命。"④ 革命者对于革命，岂有不敏感、不欣喜之理？

面对着新科技革命，我们的敏感和喜悦，又是一种抓住机会的兴奋，迎接挑战的激动。正如恩格斯《在马克思墓前的讲话》中所指出的，马克思对于科学技术新进展的喜悦，一到"当有了立即会对工业、对一般历史发展产生革命影响的发现的时候，他的喜悦就完全不同了"⑤。何以"不同"？这时的喜悦，已经包含着如下丰富的内涵：

第一，这种喜悦贯注着革命的批判精神。马克思主义的革命的批判的本质，决定了它总是在倾听着科技发展的呼声，反映着科技发展的要求。

---

① 《马克思恩格斯选集》第3卷，人民出版社1995年版，第575页。
② 《马克思恩格斯选集》第2卷，人民出版社1995年版，第78页。
③ 《马克思恩格斯全集》第19卷，人民出版社2016年版，第372—373页。
④ 《机器、自然力和科学的应用》，人民出版社1978年版，第111页。
⑤ 《马克思恩格斯选集》第3卷，人民出版社1995年版，第575页。

　　第二，这种喜悦渗透着冷静的求实精神。一部中国近现代史，记载着我们在学习西方先进科学技术问题上的许多教训。从所谓"中学为体、西学为用"到"全盘西化"的破产，以致若干年前搞的所谓突击多少天在全国实现"超声波化""管道化""农业机械化"的教训，我们不应该忘记。我们一方面要坚定地执行对外开放政策，尽可能吸取一切对我们有用的新技术，如列宁在苏维埃政权一建立就要求的那样，把"吸取欧美科学中一切真正有价值的东西"作为"我们第一等的首要任务"；① 另一方面又要避免头脑发热，不顾国情，照搬照套，盲目乱干。我们迎接新技术革命，应该取创新的姿态和创新的战略。

　　第三，这种喜悦包含着严谨的科学态度。要以扎实、细致、深入的调查和冷静、周密、系统的分析，来制定我们迎接新技术革命的对策。新技术革命究竟会给社会生活的各个方面带来什么变化，自然也需要扎扎实实的调查研究。我们的研究以马克思主义为指导，应该更加准确地揭示事物发展的规律，把握新科技革命和整个社会生活跳动着的脉搏。

---

　　①《列宁全集》第33卷，人民出版社1984年版，第330页。

新科技革命呼唤新人文主义

新科技革命带来的生产力迅猛发展、生活方式和社会结构的深刻变革，归根结底，还是要落到如何满足人类对美好生活的向往和追求。这样来看问题，也就是"以社会和人为中心的牵引现代化观"。20世纪80年代，在印度德里，基辛格等一批世界巨擘就曾一起来讨论21世纪人类如何建设一个美好社会的问题，表达了对未来的关心和担心。

人类掌握了新科技，当然可以更多地满足人类不断扩张的欲望。但正如美国电影《黑客帝国》的感叹："人类不是哺乳动物。因为地球上的每一种哺乳动物都会本能地发展和自然的平衡、与周围环境的关系，但是人类并不这样。人类每到一处就拼命扩张，直到耗尽自然资源。人类生存的唯一出路就是扩张到新的地点。地球上只有一种生物与人类相似，那就是病毒。"这是极而言之。但此刻，新冠病毒确是在按照"生存的唯一出路就是扩张到新的地点"的逻辑大流行，与人类展开争夺战。

因此，新科技革命不能是人类欲望不断膨胀、"人类每到一处就拼命扩张"的工具，与之并行的，当是"新人文主义"。

现代化起源于数百年前，西欧历史上发生的一场持续200余年的文艺复兴运动。文艺复兴把"人"从"神"的束缚中解放出来，把生产力从封建社会的束缚中解放出来，带领西欧走出中世纪的蒙昧和黑暗，迎来了现代文明的曙光。文艺复兴是"黑暗时代"的中世纪和近代的分水岭，是使欧洲摆脱腐朽的封建宗教束缚，向全世界扩张的前奏曲。这就是当代西方发达国家崛起所依托的基本"世情"。

文艺复兴带来的生产力解放使当代西方国家发达，但文艺复兴后出现的"三个紧张"又使发达国家的发达难以持续，新兴国家的崛起难走老路。

自文艺复兴以来，近代大国经济的发展，都是以工业化和城市化为基本模式，必然涉及对煤、石油和天然气等不可再生资源的大量需求，以及对市场、对资源不断扩张的需求。近代西方世界在崛起的过程中为满足这种需求，以坚船利炮、圈占土地和奴役他人来掠夺资源。这虽造就了西方世界近代以来的繁荣，也埋下了它与世界其他部分的仇恨，引起如下三个关系的"紧张"，成了生产力进一步发展必须破除的桎梏。

一是人与社会的关系紧张。文艺复兴推动了以资本主义生产方式为基础的早期现代化进程，形成了以"欧洲体系"为骨架的"世界体系"的初期形态，以世界市场为基础的现代世界体系。但这个市场体系，无疑延续了传统的帝国式殖民体系的政治结构，形成了一批殖民地、半殖民地。孙中山早前就敏锐地发现：欧洲近百年是什么文化呢？是科学的文化，是注重功利的文化，也是行霸道的文化。自欧洲的物质文明发达、霸道大行之后，世界各国的道德，便天天退步。

资本主义生产方式的资本的私人占有与生产社会化的内在矛盾，外化为世界体系的剧烈动荡乃至分裂。两次世界大战、欧洲的危机与革命、亚非拉民族解放运动反映出这个世界体系形成之初，就开始解构。二战后，这个世界体系的中心区域重新整合：从西欧到美国。同时，这个世界体系之外，崛起了一股强大的与之对抗的力量——苏联及社会主义阵营。

冷战以苏联解体告终。其结局说明，文艺复兴推动生产力发展产生的世界体系，是建立在资本运行的劳动分工和世界市场的基础上的。只要世界市场的基本结构及其运行机制仍然是由资本主义生产方式主导，超越它的世界体系就建立不起来。但后冷战时代的冲突和危机也显示，随资本主义工业化而来的现代性矛盾，并未因冷战的结束而消除。以伊斯兰复兴运动为背景的伊斯兰激进主义运动，成为对抗西方世界和"现代性"的"文明冲突"，"核威慑"的恐怖，使大国之间不得不寻求相对的"核妥协""核均衡"。

二是人与自然的关系紧张。现代工业文明彻底打破了自然的和谐与宁静，人类成了自然的主人和敌人。人类生存的基本要素：天、地、水、空气都在遭到破坏。天——1906年至2005年全球地表平均温度上升了0.74℃。国际公认的气候变化科学评估组织IPCC发出警告，最近50年主要由于排放二氧化碳等大气温室气体的浓度大幅增加，造成温室效应增强，致使全球气候变暖。地——未经无害化处理的粪便、生活垃圾、废水、有毒有害废物使生态环境日益恶化。水——局部地区水源枯竭，水源污染。空气——各种病毒不断发出警号，莫名疫病正危害人类健康。新冠肺炎疫情作为前所未知、突如其来、来势汹汹的疫情天灾，开启了一场全人类与病毒的战争。

三是人与人的关系紧张。当代西方社会在从"现代社会"向"后现代社会"转型的过程中，"上帝之死"带来了信仰迷茫和精神焦虑。当代中国社会在向现代化转型的过程中，也出现了某些"远离崇高"和"信仰缺失"的精神现象。现代化带来了"迷心逐物"的现代病。人失落了信仰，也就失落了对自身存在意义的终极关怀。无论社会怎么发展，无论经济怎么繁荣，如果放弃了对崇高理想信念的追求，大家都心浮气躁不思进取，心烦意乱不知所从，心高气盛欲壑难填，社会不能和谐稳定，发展又如何协调持续？

综上所述，文艺复兴虽然极大地解放了"人"，但"人"又付出了极大的代价：文艺复兴使"人"从神的束缚中被解放出来，之后"人"又被神化、异化。

那么，出路何在？

一场新的文艺复兴——新的文明复兴，已躁动于时代的母腹，呼之欲出：它要把过度膨胀的"人"还原为和谐的"人"，要建设人与自然和谐、人与社会和谐、人与人和谐的和谐世界。

从以上对世情变迁的剖析，可以得出结论：

——所谓"守成大国"即当代西方发达国家的崛起，大都得益于文艺复兴极大地解放了生产力。但这种解放过程中引起的"三个紧张"，又成了生产力进一步发展必须破除的桎梏。

——人类文明的交汇已走到量变到质变的临界点，人类危机呼唤人本主义在否定之否定意义上的继承和发扬，呼唤一场新的文明复兴。

——"新兴大国"发展正当其时，已不能按过去的老路"新兴"。"守成大国"要继续领先，也不能按过去的方式"守成"。于是，两者既有需要，也只能努力去构建新型大国关系。

为此，在当今世界，中国就应当：

——高举起促进"新的文明复兴"的大旗，把握住"新人文主义"的话语权。

——高举起"人类和平、世界和谐"的大旗，站立在构建"新型大国关系"的制高点。

——使冷战战略、冷战思维彻底成为历史，为推动人类可持续发展做出积极贡献。

——同时，也就为中华民族赢得和延长实现伟大复兴、重新跻身世界民族之林的战略机遇期。

中华民族的文化传统，因应着促进新的文明复兴的时代要求。中华民族实现民族复兴的伟大进程，肩负着推进一场新的文明复兴的时代使命。迎接这场并不逊色于历史上的文艺复兴的、新时代的文明复兴，中国应该有所作为。

鉴于人类文明的交汇已走到量变到质变的临界点，人类危机呼唤人本主义在否定之否定意义上的继承和发扬，新时代对人本主义的呼唤，需要对传统人本精神继承吸收，发扬其积极成果，又要革故鼎新。因为西方近代人本主义多强调作为个体的自由与权利，尊重人的本能欲望，催生了迅猛发展的经济，也造就了膨胀的个人。面对第一次文艺复兴遗留下来的膨胀了的个人，新的文明复兴，将建造和谐的人。它既巩固第一次文艺复兴的人本主义积极成果，又要对其过分的运用有所克制。此即所谓"新人文主义"。

文艺复兴的实质是解放人，旗帜是人本主义。新的文明复兴的实质是进一步解放人，旗帜是"新人文主义"。

中华民族的伟大复兴引领新人文主义

　　世界各民族的文化多见"以神为本"，尤以人数众多的基督教文化、伊斯兰教文化为是。中国文化的主流则始终坚持"以人为本"，"未能事人，焉能事鬼"？"子不语怪力乱神。"历史证明，若总要"以神为本"，总是会搞不下去的。文艺复兴的旨归就是要"以人为本"，要把人从神的束缚中解放出来，也就把生产力从封建社会的束缚中解放出来了。但不幸的是，随着资本主义的膨胀，又走到另一头，搞成了"以资（本）为本"，把人类带到"以物为本"的沟里去了。而新的"拜物教"未必取代得了旧的"拜神教"。可见回归"以人为本"并非易事，"一切向钱看"却容易流行。人，如果在金钱面前什么都不管不顾不怕不要了，人就病入膏肓了；社会，如果利令智昏、恬不知耻、肆无忌惮之徒比比皆是了，社会就危在旦夕了！"新科技革命"带来的产业革命、生产力飞跃，可是人类从来没有见过的"摇钱树"。当财富突然暴涨、金钱充分涌流的时候，人啊，究竟何去何从？！

　　新时代对人本主义的呼唤，需要对传统人本精神继承吸收，发扬其积极成果又要革故鼎新。西方近代人本主义多强调作为个体的自由与权利，尊重人的本能欲望，虽催生了迅猛发展的经济，也造就了大为膨胀的个人，实际又走向了"物本主义"的歧途。面对第一次文艺复兴遗留下来的膨胀了的个人，新的文明复兴，将建造和谐的人。它既巩固第一次文艺复兴人本主义积极成果，又要对其过分的运用有所克制。这种新的文明的旗帜，就是"新人文主义"。

当西方文明以霸权的形式推行其价值观的时候，我们需要新型的人与社会的关系；当传统的工业文明发展导致生态危机的时候，我们需要新型的人与自然的关系；当西方文明过分强调物质、商业和市场利益的时候，我们需要新型的人与人的关系。尤其当新科技革命呼啸而至的时候，我们需要构建人类命运共同体的新型关系。这种新型关系的潮流，就是新的文明复兴；这个新的文明复兴的旗帜，就是"新人文主义"。

在西方的话语体系中，关于人文主义，有罗马时期西塞罗的人文主义，有14—16世纪文艺复兴和启蒙时代的人文主义，有18世纪的德国人文主义，还有当代西方"新人文主义"。罗马时期的人文主义主要是适应新兴封建制度需要，关注礼仪规范文明。真正有广泛社会影响力的是文艺复兴启蒙时代的人文主义，还有现在备受追捧的"新人文主义"。所谓"新人文主义"，一方面要高举启蒙理性大旗，抗击任何形式的宗教原教旨主义的冲动；另一方面也要坚持人文、人性、人权的观念，反对后现代理论的价值随意。但他们的这个思想有局限性。因为其实践基础和关切点主要是从人和环境的矛盾谈人文主义，而我们的实践比它丰富多了。

回到"以神为本"没有退路，听任"以物为本"没有出路，只能继续探索"以人为本"的新路。正在全球现代化进程中迈进的人类，开始发现和关注，"避免人类自杀之路，在这点上现在各民族中具有最充分准备的，是两千年来培育了独特思维方法的中华民族"（汤因比语）。"中国至高无上的伦理品质中的一些东西，现代世界极为需要。这些品质中，我认为和气是第一位的。"这种品质"若能够被全世界采纳，地球上肯定比现在有更多的欢乐祥和"（罗素语）。

当代中国大力贯彻"以人为本"。在2020年已过去的10个多月时间里，中国共产党团结带领全国各族人民，进行了一场惊心动魄的抗疫大战，经受了一场艰苦卓绝的历史大考，付出巨大努力，取得抗击新冠肺炎疫情斗争的重大战略成果，创造了人类同疾病斗争史上又一个英勇壮举，生动地诠释了中国如何真正做到"以人为本"。顺应时代、借鉴创新、改革开放，在中国特色社会主义理论话语体系特别是习近平新时代中国特色社会主义思想中，在世界上人口最多的发展中大国的实践中，最广泛最深刻地凸显了"新人文主义"。

站在时代制高点上，可以清楚地看到：世界历史的发展方向与中国历史的发展方向已经交汇在一起。保障人类可持续生存和发展，需要中国作出榜样。中国在世界作出了榜样，也就实现了自己的伟大复兴。中华民族实现民族复兴的伟大进程，肩负着推进一场新的文明复兴的时代使命。迎接这场并不逊色于历史上的文艺复兴的、新时代的"文艺复兴"或文明的复兴、转型和创新，中国应该有所作为。中国优秀传统文化中的人文主义底色，蕴含中国在新的文明复兴中，率先高扬"新人文主义"厚积薄发的底气。中国在世界百年未有之大变局中的定力和表现，必将展现"新人文主义"的蒸蒸日上的朝气。

在实现中华民族伟大复兴路上迅跑的中华民族，真诚地笃信和奉行"已欲立而立人，己欲达而达人"的哲学。中华民族在促进构建人类命运共同体中实现伟大复兴，中华民族的伟大复兴是对构建人类命运共同体的最大贡献。

中华民族的伟大复兴，站在新科技革命的前列，高举新人文主义的旗帜，顺应"人类的明天"的发展趋势，符合"人类的明天"的发展逻辑，秉持"以社会和人为中心的牵引现代化观"。

呼啸而来的新科技革命呼唤新人文主义。中华民族的伟大复兴引领新人文主义。

第十二辑
遍地皆书

一起读书

我们全国政协书院的一个显著特点：线上线下，书卷常开，灯火不熄，一起阅读。

汪洋主席率先垂范，以普通书友身份积极参与一起阅读，在各读书群里已发言数十次，仅在漫谈群中就发言 11 次。他多次说，希望全国的政协委员都来参与"一起阅读"，实现"全员读书"。

全国政协委员读书活动指导组组长刘奇葆副主席，在日前研究读书活动的小组会上，按照汪洋主席的要求，特别提出一个响亮的口号：

——努力读书讨论，培养协商文化!

读书，当然不是读给别人看的，历来是需要个人自愿、自觉、自动、自律、自悟，自找苦吃也自寻乐趣，这是自己下功夫的事，为什么要提倡"一起阅读"?

我从四个方面谈谈初步的思考：

一、科学的论证

二、前人的榜样

三、书院的实践

科学的论证

读书，当然不是读给别人看的，历来是需要个人自愿、自觉、自动、自律、自悟，自找苦吃也自寻乐趣，这是自己下功夫的事。要静下心来读，安安静静地读，锲而不舍地读，悬梁刺股地读，耐得住寂寞、稳得住心神地读，下得了苦功地读。不能"凑热闹"哗众取宠，不能"小和尚念经，有口无心"，不能"葫芦掉到井里，还在水上漂着"。白天光阴似金，最宜多走多干多讲；夜晚沉寂幽静，更适勤读勤写勤想，我主张"白天走干讲，晚上读写想"。晚上当然是自己读、自己写、自己想。晚上就是要静下心来，让心沉、心到。记得朱熹说过，"读书有三到，谓心到，眼到，口到。心不在此，则眼看不仔细，心眼既不专一，却只漫诵浪读，决不能记，记也不能久也。三到之中，心到最急，心既到矣，眼口岂不到乎"？三到尤其是心到，全都得你自己到。靠别人帮忙，跟别人跑腿，听别人吆喝，是到不了的。

读书，最需要个人下苦功，最需要"动心忍性，增益其所不能"，最需要抛弃装模作样、故作姿态，最需要摆脱平庸。"阅读的最大理由是想摆脱平庸……平庸是一种被动而又功利的谋生态度。平庸者什么也不缺少，只是无感于外部世界的精彩、人生历史的厚重、终极道义的神圣、生命含义的丰富。而他们失去的这一切，光凭一个人有限的人生经历是无法获得的。"余秋雨说，"只有书籍，能把辽阔的空间和漫长的时间浇灌给你，能把一切高贵生命早已飘散的信号传递给你，能把无数的智慧和美好对比着愚昧和丑陋一起呈现给你。区区五尺之躯，短短几十年光阴，居然能驰骋古今，经天纬地，这种奇迹的产生，至少有一半要归功于阅读。"这种阅读，当然是自己去读。靠别人代替，照着念别人的话，嚼别人吃过的馍，你还是摆脱不了平庸。

总之，我们可以讲很多理由，强调个人读书的必要和重要。那么，为什么要提倡"一起阅读"？从其他方面，当然也可以讲很多理由。但各重一侧，各偏其理，未必服人。

有位高人，发现一篇小文，题为《一起阅读提高创造力》，特地批送我阅，虽不着一字，却在上面画满了杠杠。的确，我们各持一理，不妨听一听科学家经过一番研究论证所得出的道理。

阅读是熟悉和掌握语言的过程，其中包括大脑对语言的处理，既是基本的学习方法，也是获取知识的重要手段。

近期，西班牙马德里康普顿斯大学研究小组发表在《大脑皮质》杂志的一项研究表明，一个人单独阅读和与其他人一起阅读，在对语言的处理上有所不同，效果也不一样，后者更具启发性，有助提高创造力。

研究小组将受试者对半分成两组，一组为个人单独阅读，另一组为与他人共同阅读，让受试者阅读语法和词义上有错误的文本，并用脑电仪记录阅读时大脑内的生物电活动，进行分析和研究。结果发现，在和他人一起阅读时，人会变得富有启发性，也就是说看问题更全面，控制能力和整合能力更强，从而更具创造力。单独阅读则不同，在语言处理方面，主要表现在算法运用能力更强，也就是说更为自动、有约束、守规则。

研究人员认为，尽管语言从进化上讲，主要是出于社交目的而出现和发展的，但关于语言处理如何受到社交环境影响，至今尚有许多未知。上述研究结果表明，当一个人单独阅读时，大脑对语言的处理，通常采取基本算法或规则策略，而当有另一个人在场进行阅读时，即社交场合，大脑兴奋程度明显增强，显示出启发式语言处理策略，与社会认知和注意因素有关。

因此，如不考虑社会存在效应的影响来理解语言，是片面的，因为这是最基本交流情景所固有的，在阅读或接受教育过程中，加强社会互动，对于提高理解问题的综合能力以及创造力大有裨益。

委员们在讨论中也认为，个人阅读与一起阅读相得益彰。在个人阅读的基础上，增加一起阅读，互相启发，相互提高，效果会更好。从科学研究的角度可以旁证集体读书的好处。直观经验看，个人读书相对更加静心，更便于专心思考，潜心记忆。而集体读书更刺激大脑活跃度，激发主动积极思考，要求不同个体间的应对互动，更具有互相激励、互相学习、互相启发的效果。"漫谈群"里的读书，就常有在相互交流探讨中，不断深化对某一问题认识的情景，是一个汇集大家学习成果和智慧的过程。

另外，根据知识积累、个体环境、思维方式的差异，每个人都形成了特定的习惯性读书思考模式。集体读书能够拓宽思路和个体习惯模式，领悟他人的角度，体验他人的感受，汲取他人智慧，升华个人认识，达到事半功倍的效果。在国学群学习经典及人类命运共同体群探讨国际关系就常有这样的体会。

前人的榜样

前人注重"一起阅读"的榜样很多，仅举两个典型。

一是伟人毛泽东。

在"漫谈群"的专题讲座中，陈晋同志谈到，毛泽东的一种重要读书方法，就是注重讨论式阅读，亲自组织读书小组。找几个同志来"一起阅读"。在延安，毛泽东组织过克劳塞维茨《战争论》和其他哲学书籍的读书小组。1959 年，又组织过著名的苏联《政治经济学（教科书）》读书小组，在杭州和广州读了四十多天。这期间，中央在上海开会，他便去上海，开完会，赶回来读。记录毛泽东读书讨论中的谈话，就记了六个笔记本。

二是古人王阳明。

王阳明自幼"为了将来做圣贤"而刻苦读书、博览群书。他按照朱熹格物致知的道理，"格"了七天竹子之"理"而病了一场，足见其读书的真诚和刻苦。

对王阳明的读书，钱穆在《阳明学概述》中这样评价道："他有热烈的追求，有强固的抵抗，他从恳切的慕恋里，转换到冷静的洗伐，又从冷静的洗伐里，转换到恳切的慕恋。他狂放地奔逐，他彻悟地舍弃。他既沉溺，又洒脱。"

一代天才奇才、状元公子王阳明，因得罪大宦官历经磨难，九死一生，终于从最恐怖的诏狱中活了下来，从锦衣卫的追杀里活了下来，从武夷山的虎口活了下来，最后来到当时自然条件极其险恶的龙场。"龙场在万山之中，毒虫瘴气，到处都是，几非生人所堪。其地又没有居室。"（叶圣陶点校《传习录》）王阳明躺在这个石洞的一口"石棺"（实乃一个钟乳石小槽）里等死。一天半夜，电闪雷鸣中，王阳明突然大彻大悟，仰天长啸："始知圣人之道，吾性自足。向之求理于事物者误也。""至此心外无物，心即理也。"至此从他个体顽强的生命中，闪出中华文明一束璀璨的光芒——阳明心学就此诞生。按照阳明心学，他应该是最主张个人阅读的。

可王阳明恰恰最看重的是"一起阅读"，因为他一辈子都在讲学，最看重、最喜欢讲学，在讲学中论学，在讲学中思想碰撞，在讨论中做大学问。他的学术成就，如果只靠关门个人苦读，是断然成就不了的。他的代表作《传习录》，就是在讲学中和弟子一起读书、一起讨论的记录。

王阳明传奇的一生，是在病中最后返乡未成的归途中终结的。归途的颠沛流离中，尽管身体已日渐衰弱，他还在梦想回乡之后和弟子们一起论学的快乐。他在临终前一个月最后的书信中这样写道："而余姚、绍兴诸同志又能相聚会讲切，奋发兴起，日勤不懈，吾道之昌，真有火燃泉达之机矣，喜幸当何如哉！"

一起读书，喜幸当何如哉！"一起读书"，体会甚多。又想起南宋朱熹的《观书有感》，大概也是在赞扬"一起读书"吧：

> 半亩方塘一鉴开，天光云影共徘徊。
> 问渠那得清如许？为有源头活水来。

书院的实践

2020年4月23日，全国政协委员读书活动正式启动，同日，全国政协书院宣告成立。汪洋主席在启动仪式上的讲话提出，政协委员怎么读书？乃是心怀天下，围绕中心，从兴趣出发、同实际结合、向履职聚焦，读有所思、思有所悟、悟有所用，努力把读书的收获转化为做好政协工作的过硬本领、转化为履职尽责的工作成果。由此，委员读书活动有五个重要特征，一是政治性，二是实践性，三是互动性，四是主动性，五是持续性。我体会，这五个重要特征归结到一起，是否可以说，也就是"一起读书"？

正如汪洋主席所说，政协读书是有组织的读书，能够广泛交流、深入讨论应当是政协读书的最大特点和优势之一。我们有34个界别，有各领域专家学者、行业翘楚和部门骨干，天下谁人不读书，但能够在这样条件下读书的组织并不多。加强交流互动，才能把书读好，读出质量，读出水平。有人说："教育的本质意味着一棵树摇动一棵树，一朵云推动一朵云，一个灵魂唤醒一个灵魂。"读书也是如此，在共同阅读中播撒阅读的种子，聚合阅读的力量。

从4月启动，半年多过去，政协书院分两批，在委员履职平台上先后建立了几十个读书群，已有近两千名全国政协委员参与进来，进入不同的读书群讨论交流，线上、线下书卷常开，昼夜灯火不熄。

这样一个"最善于读书的群体"，这样大规模地通过互联网聚集起来，昼夜不息地一起读书，可以说，翻遍中外读书史，可能还是第一次。

能否持续下去？

11月5日，汪洋主席在"委员读书漫谈群"线下活动的即席讲话，满怀深情地说：

对于读书活动，我们要有信心，虽然有一段时间里，当大家都更加注重追求物质的时候，读书的人感觉减少了。但现在我们很有自信，会回来的。我们还是一个崇尚读书的民族，中国还是一个崇尚读书的国家。只要我们积极倡导和推动，大家会以各种不同的方式去读书。我们用政协的读书活动去影响社会，做得好了，就能够引领社会读书，这是功德无量的事情。我觉得坚持下去，可以做到久久为功。中华文明五千年，咱们有几千年读书的历史传统，要充满自信。全国政协开展委员读书活动是合乎潮流的，坚持下去一定能够越做越好。

自 7 月 1 日第二期委员读书活动启动以来，11 个读书群中，委员"一起读书"的亮点纷呈。例如：

"新时代提案工作"读书群：读工作书，议工作事，促进提案工作质量提高。

"深化改革促发展"读书群：推动读书活动成为委员履职尽责的有效延展。

"乡村振兴"读书群：充分发挥界别委员优势，注重提升读书实效。

"人口发展"读书群：读书实践，知行合一，履职建言，精彩纷呈。

"科技与创新"读书群：线上学习和线下考察相结合，读书讨论和履职建言相结合，有声阅读和履职体验相结合，日常活动和专题项目相结合。

"各民族共同团结奋斗共同繁荣发展"读书群：创新阅读方式，读出履职担当。

"走近台湾"读书群：以全周期管理推动读书活动走深用实。

"全球化的发展与中国"读书群：发挥读书平台作用，促进读书与履职深度结合。

"国学"读书群：感受国学之美，分享思辨之乐。

"人类的明天"读书群：在读书中凝聚共识，在思考中眺望未来。

"委员读书漫谈群"：形漫神聚，博中有专。

丁伟群主叮嘱我，可以重点剖析一下"漫谈群"，这就是最好的"一起读书"的典型啊。

是的，漫谈群是按照汪洋主席的指示，于 7 月 10 日由全国政协文化文史和学习委员会在网上开设的。尚之、丁伟先后担任群主。截至 9 月底，已有 173 名委员发言 13741 次，浏览人数达 1032 人。汪洋主席在群中发言 11 次，刘奇葆副主席发言 3 次。漫谈群里话题多样，氛围宽松，百花齐放，美美与共。一批"读书大咖"应呼而至，纵横捭阖，天天畅谈，各显神通。这个平台，既可为已参加专题读书群的委员跨群交流，有地方讲一讲从本群里迸发的思想火花，引出的题外之话，生发的弦外之音；也可为未参加相关主题群组的委员，或因工作繁忙跟不上专题群读书节奏、因"不赶趟"不便插话、仍在"潜水"中保持"观察与思考"的委员，以及对各主题读书群书目范围之外进行其他图书阅读的委员，提供一个交流平台。漫谈群之"漫"，从形式到内容都不拘一格，顾名思义，"漫"为特色。但这"漫"，不是信口开河，不是唠叨碎语，而是"读万卷书、行万里路"的委员们归来的心系天下之言，是各行翘楚、精英们的"聚会讲切"，自然常常是直抒胸臆而纵横捭阖，厚积薄发又信手拈来。这个群有十几个连续不断的专栏，已形成此起彼伏的亮丽品牌，其中好几个专栏已过百期，仍然持续不断，锲而不舍。更有接连不断的专题讲座，让大家大开眼界，大饱眼福。漫谈群的风光，真如五百年前王阳明所理想的境界，是"聚会讲切，奋发兴起，日勤不懈，吾道之昌，真有火燃泉达之机矣，喜幸当何如哉"！

阎晶明委员在群里发了篇"漫谈"，题为《漫谈群是个好地方》，谈得真好，剖析深刻，照录如下：

网络手机时代，可交流的工具以及发布信息的平台太多了，花样不断翻新又互相交替存在，让人目不暇接。我开有新浪微博，十年累加的个人微博，竟然还整理出版了一本小书：《文字的微光》。也有腾讯微信，虽然不频繁，但时而也会发一发朋友圈。加入政协委员读书漫谈群还不到半年，越来越体会到它的特别之处。它具有其他媒介不具备的优势，值得珍视。

一、与在报刊上发表文章相比，漫谈群充分体现了新媒介的优势，一条信息、一篇文章一旦发布，即有反馈，这对于一个写作者来说还是充满了喜悦的，也充分体现了文字本是交流工具的性质。要知道我们在报刊上发表一篇文章，有时甚至激不起一点反响的涟漪。即使是同期或者同一个版面的作者见了面，也懒得提起或交流相关的事情。每个人都会有一种心理暗示，不就是发了一篇文章吗？有什么可嘚瑟的。然而漫谈群的朋友相遇，最津津乐道也最热烈"漫谈"的，似乎就是本群的各种大小话题，而且还滋生出、衍生出许多其他谈资。

二、与微博相比，漫谈群的交流对象都是具体的、可信的，实名制是必需的，不但实名，即使是完全陌生的名字，也后缀着所从何来，让人感到是见字如面的交流，亲切，踏实。我们在微博里虽然看上去有众多的所谓的粉丝，事实上，发布信息的有效性并不高，真正关注你的人是非常有限的，一些不着边际的留言、评论也颇显诡异，有时觉得远在天边，又难免怀疑近在眼前，还有时连有无"此人"都是个问号，僵尸粉甚多。由于渐渐缺少心目中的交流对象，所以很多话语也是碎片式地稍纵即逝，化为乌有。

三、与微信朋友圈相比，在漫谈群里发言，有一种既在新媒体平台上自由交流，又是在从事一项有组织、有秩序的工作的感觉。到一个信息平台上去发布信息、发表文章，与认识的、不认识的朋友（委员）交流也是一项工作，也是一种履职，参与多了还是优秀履职，这大概是只有政协的读书平台才会有的情形吧。

漫谈群里有专业讲解，也有问答互动。有诸如文物、古琴、交响乐的系列讲座，也有影视、综艺、戏剧的创作经验分享；有关于军事、外交、科技、社会文化的战略参考，也有《易经》、诗词、出版、阅读的感悟、故事。鼓励发言，也允许潜水，庄谐并行，促气氛活跃，包罗万象，又秩序井然。发言、交流、互动的表达方式不拘一格，长短不限，鼓励原创，欢迎推荐，链接也可。

这是一个开放的空间，天天在线被视作模范但不是所谓大V，新人路过打个招呼，同样有故友重逢、热烈欢迎的不亦乐乎。这里逐渐形成一种独特的交流格式"小文体"，但绝不强制要求成为"官方语言"，甚或排斥其他"语种"。

群主，漫谈群的新老群主，有点像一座公寓楼里的楼长，既是由组织指定，也得到群众认可，来自上级信任，源自内心热情；既是有一定掌控力的管理者，也是辛苦约稿，鼓励人、招呼人，甚至恳求人"入伙"的"店小二"；既有公共管理上的层级感和权威性，又有平等交流的亲切感和亲和力。群主这种认真负责、不领特别津贴的领导方式，也是一种值得推广的新媒体管理形态。我每在线上、线下见到他们，总仿佛觉得其左臂上闪烁着红袖箍，既热情指路，也文明监督。

综上所述，为什么要"一起阅读"，我从三个方面谈了体会。用一位委员的话做总结，就是：共读、共写、共同生活，才能有共识共情共同价值。群读群议，观点碰撞，头脑风暴，确有利于拓宽思维，吸取精华！

上网读书[①]

一、努力拉长"同心圆"的"半径"

习近平总书记在谈到统战工作时特别强调:"只要我们把政治底线这个圆心固守住,包容的多样性半径越长,画出的同心圆就越大。"党的十九大报告指出:"要高举爱国主义、社会主义旗帜,牢牢把握大团结大联合的主题,坚持一致性和多样性统一,找到最大公约数,画出最大同心圆。"

按几何常识,画一个圆,首先要定好圆心。在固定圆心的同时,把半径拉得越长,画出的圆,包容的面积就越大。

驾驭全盘,把握大局,首先必须定好"圆心"。增强"四个意识",坚持"两个维护"。明确围绕"核心",维护"核心",就好比定好了"圆心"。

与此同时,又提出"努力画大同心圆"。确定"核心"绝不是"万马齐暗",当然要继续鼓励"解放思想,实事求是",当然要"百花齐放,百家争鸣"。"努力画大同心圆",才能团结一切可以团结的力量,调动一切积极因素,更加紧密地团结在以习近平同志为核心的党中央周围,同心同德,锐意进取,共同奋斗。

以统战工作中的一个重要方面——知识分子工作为例。把政治的"圆心"

---

① 此文是 2020 年 12 月 4 日在广西"网络统战工作交流会"上的发言。

固守住，知识分子就必须践行社会主义核心价值观，唯有如此，才能坚持国家至上、民族至上、人民至上，始终胸怀大局、心有大我，始终坚守正道、追求真理。同时还要把包容的"半径"拉长。知识分子的特殊性，就是能勇立潮头、引领创新，创新的灵感就要闪光，思想的火花就要迸发，精神与物质的力量就要交集、碰撞和契合。知识分子有思想，有主见，有责任，愿意对一些问题发表自己的见解。对此，要充分发挥知识分子的力量，就要充分信任知识分子。重要工作和重大决策要征求知识分子的意见和建议。对来自知识分子的意见和批评，只要出发点是好的，就要热忱欢迎，对的就积极采纳。即使个别意见有偏差甚至是错误的，也要多一些包涵、多一些宽容。领导干部要善于同知识分子打交道，做他们的挚友、诤友。

以做好知识分子的统战工作为例，从内容上说，努力拉长"同心圆"的"半径"毋庸置疑，但从形式或者方法、手段上来说，有没有创新，能不能创新？互联网的横空出世，就逼出了一个与时俱进的创新，这就是今天大家热议的"网络统战工作"。习近平总书记说，过不好互联网这个关，我们党就过不好长期执政这个关。党的十八大以来，党中央高度重视互联网、发展互联网、治理互联网，走出了一条中国特色治网之道，提出了构建网上网下"同心圆"的使命要求。学习贯彻习近平总书记关于加强和改进统一战线工作的重要思想以及网络强国重要思想，贯彻落实中央统战部关于探索开展网络统战工作的部署要求，推进统战工作与互联网深度融合，是推进网络强国建设、维护意识形态安全、加强和创新社会治理、壮大爱国统一战线、巩固党的执政基础的必然要求，是新时代统一战线面临的一项重要战略任务。

广西壮族自治区党委统战部在全国统战系统率先探索网络统战工作实践，创新完善理念思路、体制机制、平台载体和方式方法，不断画大网上网下"同心圆"，为全国统战系统提供了可复制、可推广的网络统战工作样本。

我们拉长画大"同心圆"的"半径"：互联网有多长，"半径"就有多长；互联网"网"多大，"同心圆"就有多大。网络统战，是努力画大"同心圆"

的大统战，是能够画大"同心圆"的新手段。

二、努力探索"互联网+"读书

怎么做一个好人？要读书。"为什么读书便能学得做一个高境界的人呢？因为在书中可碰到很多人，这些人的人生境界高、情味深，好做你的榜样……他们是由千百万人中选出，又经得起长时间的考验而保留以至于今日，像孔子，距今已有二千六百年，试问中国能有几个孔子呢……为什么我们敬仰崇拜他们呢？便是由于他们的做人。"钱穆说，"假如我们诚心想学做人，'培养情趣，提高境界'，只此八字，便可一生受用不尽"。

怎么做一个摆脱平庸的人？要读书。"阅读的最大理由是想摆脱平庸……平庸是一种被动而又功利的谋生态度。平庸者什么也不缺少，只是无感于外部世界的精彩、人生历史的厚重、终极道义的神圣、生命含义的丰富。而他们失去的这一切，光凭一个人有限的人生经历是无法获得的。"余秋雨说，"只有书籍，能把辽阔的空间和漫长的时间浇灌给你，能把一切高贵生命早已飘散的信号传递给你，能把无数的智慧和美好对比着愚昧和丑陋一起呈现给你。区区五尺之躯，短短几十年光阴，居然能驰骋古今，经天纬地，这种奇迹的产生，至少有一半要归功于阅读。"

怎么做一个高人？要读书。习近平同志说："各级领导干部要深刻认识现代领导活动与读书学习的密切关系，深刻认识领导干部的读书学习水平在很大程度上决定着工作水平和领导水平，真正把读书学习当成一种生活态度、一种工作责任、一种精神追求，自觉做到爱读书读好书善读书，积极推动学习型政党、学习型社会建设。"

怎么做一个新人？要读书。进入"互联网+"的时代，不能读死书，死读书。所谓"互联网+"，就是"互联网+各个传统行业"，利用信息通信技术以及互联网平台，让互联网与传统行业进行深度融合，创造新的发展生态，促进创业创新、协同制造、现代农业、智慧能源、普惠金融、公共服务、高效物流、电子商务、便捷交通、绿色生态、人工智能，形成若干新产业模式。今天，要善于在"互联网+"的大趋势中，在经济发展的新常态中，创造性地读书。如果"互联网+"读书呢，会不会也创造奇迹？不妨一试。

4月23日，全国政协委员读书活动正式启动，同日，全国政协书院宣告成立。汪洋主席在启动仪式上的讲话中提出，政协委员怎么读书？乃是心怀天下，围绕中心，从兴趣出发、同实际结合、向履职聚焦，读有所思、思有所悟、悟有所用，努力把读书的收获转化为做好政协工作的过硬本领、转化为履职尽责的工作成果。由此，委员读书活动有五个重要特征，一是政治性，二是实践性，三是互动性，四是主动性，五是持续性。我体会，这五个重要特征归结到一起，是否可以说，也就是"一起读书"，是"互联网+"读书。

正如汪洋主席所说，政协读书是有组织的读书，能够广泛交流、深入讨论应当是政协读书的最大特点和优势之一。我们有34个界别，有各领域专家学者、行业翘楚和部门骨干，天下谁人不读书，但能够在这样条件下读书的组织并不多。加强交流互动，才能把书读好，读出质量，读出水平。有人说："教育的本质意味着一棵树摇动一棵树，一朵云推动一朵云，一个灵魂唤醒一个灵魂。"读书也是如此，在共同阅读中播撒阅读的种子，借助"互联网+"，聚合阅读的力量。

从4月启动，半年多过去，全国政协书院分两批，通过互联网在委员履职平台上先后建立了几十个读书群，已有近两千名全国政协委员参与进来，进入不同的书群讨论交流，线上、线下书卷常开，昼夜灯火不熄。

共读共写共同生活，才能有共识共情共同价值。群读群议，观点碰撞，头脑风暴，确有利于拓宽思维，吸取精华！

2020年我参加全国政协的"互联网+"读书，已经出版了一本书，《"书香政协"百日漫游——叶小文读书笔记》，三十余万字，中共中央党校出版社10月出版；现在又在编辑一本新书，《处处书友遍地书——叶小文读书笔记》，三十余万字，中国文史出版社出版。

三、努力建设"统一战线云"

来到广西，欣喜地看到，目前自治区党委统战部正在推进"广西统一战线云"平台建设，对现有十大网络平台进行整合、拓展，进一步搭建全区统一的统战工作门户和统战联谊门户。

我介绍一点湖南政协《建设运用政协云赋能专门协商机构》的做法和经验，供广西的同志们参考。

湖南政协云于 2016 年启动建设，2017 年年初正式上线，涵盖一个数据中心，手机 App、门户网站、微信公众号三大终端，以"政协协商新平台、委员履职新载体、公众有序政治参与新渠道、政协话语权新高地"为基本定位，打造了"委员工作室""远程协商""新闻资讯""微建议""热点关注""委员读书·学库""云宝早自习"等一批重点栏目，覆盖驻湘全国政协委员和湖南 3.7 万多名各级政协委员、政协机关工作人员，"委员工作室""网络直播""热点关注"等栏目还通过以政协云为中心的"1+X"传播矩阵向社会开放。目前，湖南政协云已经初步构建智慧政协的履职生态，推动政协工作发生了积极而深刻的变化，为互联网时代更好发挥专门协商机构作用探索了新路子。

"政协人的一天从政协云开始"成为常态。通过政协云，委员可以随时随地知情明政，了解政协履职动态，参加政协各类履职活动，参与读书交流，开展委员工作室值班，提交掌上提案、社情民意信息、微建议，履职全面进入"掌上时代"。政协云还可以对委员履职形成的数据信息进行量化，自动形成委员履职档案分数，有效破解了委员履职意识不强、参与不便的难题。

政协履职线上线下融合推进成为常态。湖南政协履职活动和经常性工作，全部运用政协云线上线下一体推进。比如，就重点履职课题而言，选题环节，深度分析和挖掘政协云各履职栏目所反映的民意热点问题，聚焦党政所需、群众所盼、政协所能精准选题。调研环节，首先通过"热点关注"发布话题，引导委员和各界群众网络议政，再聚焦重点问题线下深度调研，形成网络议政报告与线下调研报告一道提交协商会议讨论。协商环节，重要协商活动，三级政协委员代表和基层一线干部、各界群众代表远程连线参与协商；视议题通过"1+X"传播矩阵网络直播，充分吸纳网络空间的真知灼见，广泛凝聚网络空间共识。截至目前，网络直播30多场协商活动，社会公众8000多万人次关注参与。成果转化环节，协商成果和党政部门采纳办理情况在政协云上向全体委员公开，部分议题向社会公开。质量评价环节，以政协云履职数据为依托，构建履职质量综合评价体系，把履职质量标准鲜明立起来、切实用起来。

政协走好网上群众路线成为常态。通过政协云打通联系群众"最后一公里"，为群众参与协商、表达诉求、提出意见、反映困难提供体制内规范有序的渠道，构建收集民意、汇集民智、服务民生、凝聚民心"四位一体"的工作机制，形成完整的走好网上群众路线工作链条。比如，政协云委员工作室栏目，每天聚焦发展要事、民生实事、治理难事设置值班主题，组织省市县委员网上值班，与群众深入交流互动，宣传政策、解疑释惑、化解矛盾、凝聚共识。对值班中了解到的具体问题，委员还可以及时提交微建议给党委政府职能部门，通过委员领衔督办和线下协商推动解决、对接省长信箱和政府服务热线等途径，助推解决群众"急难愁盼"的问题。截至2020年11月，全省各级政协共收到微建议29000多条，已办理回复21000多条。

对湖南政协云，全国政协汪洋主席多次作出批示予以肯定，全国政协两次派出调研组考察了解情况；兄弟省市区政协先后40多批次到湖南调研学习；2019年，湖南省政协运用政协云走好网上群众路线的生动实践，被中组部作为"贯彻落实习近平新时代中国特色社会主义思想，在改革发展稳定中攻坚克难"典型案例，编入全党"不忘初心、牢记使命"主题教育和中央党校干部培训教材在全党推广，这是省级政协唯一入选的案例。

希望下一步广西的"统一战线云"建设得更好，成为"努力画大同心圆"的一条卓越的"半径"。

我与《"书香政协"百日漫游》一书

　　全国政协委员读书活动，经过两个月"防控疫情读书群"的"试水"阶段，于 4 月 23 日世界读书日暨我国全民阅读日正式启动第一阶段，至 7 月 3 日"综合线下交流会"再开启新阶段，作为全国政协推动学习型社会建设、提高委员履职水平的实际行动，也是适应常态化疫情防控、创新履职方式的重要举措，初步形成了线上线下相结合、读书履职相促进的良好局面，委员读书活动取得了阶段性成果。

　　我作为全国政协文化文史和学习委员会副主任，从 3 月中旬响应动员进入"试水群"，到后来被任命为"读书活动指导小组副组长"，要到各读书群去"漫游"，至今正好百日，我也有幸成为这"阶段性成果"百花园中的一片树叶、一棵小草、一朵小花。

　　在"书香政协"这样一个最善于读书的群体里读书，在社会主义民主协商这样一个专门机构里读书，在理性建言、知识咨政这样一个特殊平台上读书，思想的闪电随处可见，头脑的风暴时有爆发。特别是各读书群的"群主"，每天都在辛勤地笃学、劝学、导学、助学，却谦称自己是为委员读书服务的"店小二"。我这个"副组长"，充其量也就是跟在各群主后面跑腿、吆喝的"小跑堂"。但也不仅是光吆喝，"店"里那么多美酒佳肴，吆喝之余也不禁驻足观望，举杯对饮，忍俊不禁，日日跟读，朝惕夕虑，昼夜不息，于是时而有感而发，形式长短不拘，每日写一两则，晒到读书群里参与讨论。其中有些体会，过去也多少有所谈及和思虑，但这次读书确有新启发、新感悟，忍不住一吐为快。恰逢百日，积累百篇，集腋成裘，汇总成册，形成这本由中央党校出版社出版的《"书香政协"百日漫游——叶小文读书笔记》。感谢程洪猛先生的解读。

附

新人文主义视野下的市场伦理建设
——读叶小文《"书香政协"百日漫游》
上海市社会主义学院　程洪猛

4 月 23 日是第 25 个"世界读书日"。这一天，"全国政协委员读书活动"启动仪式在全国政协礼堂拉开帷幕，文化文史和学习委员会副主任叶小文等四位委员代表为"全国政协书院"揭幕。这是十三届全国政协的又一项创新之举。全国政协主席汪洋在启动仪式上指出，开展委员读书活动，是贯彻落实习近平总书记关于加强和改进人民政协工作的重要思想的实际行动，是政协委员增强履职本领、提高建言质量的内在要求，是加强思想政治引领、更好凝聚共识的有效途径。在汪洋主席的亲自领导下，全国政协党组制定了"全国政协委员读书活动方案"，并成立委员读书活动指导组，由全国政协副主席刘奇葆担任组长，全国政协副秘书长潘立刚、文化文史和学习委员会副主任叶小文、文化文史和学习委员会驻会副主任刘晓冰担任副组长，成员由部分委员、特邀专家组成，统筹指导委员读书活动，文化文史和学习委员会办公室作为活动指导组办公室负责组织和协调具体工作。

至 7 月 3 日举办"综合线下交流会",作为全国政协推动学习型社会建设、提高委员履职水平的实际行动,也是适应常态化疫情防控、创新履职方式的重要举措,初步形成了线上线下相结合、读书履职相促进的良好局面,全国政协委员读书活动取得了阶段性成果。这其中的阶段性成果之一,就是全国政协文化文史和学习委员会副主任叶小文的新书——《"书香政协"百日漫游——叶小文读书笔记》10 月底由中共中央党校出版社出版。

该书主体部分由八个板块构成,分别是:复兴路上遭遇新冠肺炎疫情袭击后的思考、"国学读书群"读书笔记、"国学读书群"里的"义利之辨"、"铸牢中华民族共同体意识读书群"读书笔记、"百年未有之大变局读书群"读书笔记、"'防控疫情读书群'佳境回头看"系列谈、笃学劝学导学助学同学和"走进台湾读书群"读书笔记等。在三个月的时间里,作者完成长短文章 100 多篇,洋洋洒洒 300 余页,蔚为大观,叹为观止。

笔者认为,书中关于"新人文主义视野下的市场伦理建设"相关论述具有重大理论和现实意义,特别值得关注、推介。作者并没有明确提出"新人文主义视野下的市场伦理建设"这个命题,而是分别在不同的板块、不同的主题、不同的篇章中多次表达了对"新人文主义"文化复兴运动的呼吁和对中国特色社会主义市场经济条件下"市场伦理建设"的关切,笔者认为用"新人文主义视野下的市场伦理建设"来概括其思想主旨是合适的。

从人类文明发展大视野提"新人文主义"

现代化是近代以来人类文明发展的主旋律之一。现代化起源于西欧文艺复兴运动;文艺复兴的实质和历史功绩,在于把人从神的束缚中解放出来,把生产力从封建社会的束缚中解放出来,带领西欧走出中世纪的蒙昧和黑暗,迎来现代文明的曙光——这也是欧洲向世界扩张的前奏曲。作者认为,文艺复兴之后世界出现了"三个紧张"。一是人与社会的关系紧张:包括资本主义国家内部的阶级矛盾,资本主义国家对落后国家的殖民运动以及被殖民国家的独立解

放运动，资本主义与社会主义两个阵营之间的对立，以及不同宗教文明之间的
所谓"文明冲突"等。二是人与自然的关系紧张：现代工业文明彻底打破了自
然的和谐与宁静，人类变成了自然的主人甚至敌人。三是人与人的关系紧张：
"上帝之死"带来西方社会的信仰迷茫和精神焦虑；中国在现代化进程中也出
现了某些"远离崇高"和"信仰缺失"现象等。人类的出路何在？作者认为，
时代呼唤一场新的文艺复兴，其使命是要把被西方近代人本主义造就的"过度
膨胀的个人"还原为"和谐的人"，致力于建设人与自然和谐、人与社会和谐、
人与人和谐的"和谐世界"。这场新文艺复兴的旗帜应当是"新人文主义"！拥
有五千年历史的中华文明有十分浓厚的人文理念；当代中国大力贯彻"以人为
本"的科学发展观并致力于和世界人民一道构建"人类命运共同体"，应审时
度势、顺势而上，在"新人文主义"文化复兴运动中勇扛大旗，有所作为。笔
者认为，新人文主义是要体现在人类或一个国家政治、经济、社会、文化、生
态等多个领域的总纲，市场伦理作为经济社会领域的重要内容自然应当贯彻新
人文主义理念。

从防止复兴路上"颠覆性风险"谈"市场伦理建设"

在中华民族复兴进程中，要防止出现"颠覆性风险"。所谓"颠覆性风
险"，既包括"外因"，也包括"内因"。外因主要是大国关系中的"修昔底德
陷阱"，内因主要是"塔西佗陷阱"和"中等收入陷阱"等。新冠肺炎疫情暴
发，表明公共卫生问题也可能成为一种兼具"内外因"特点的颠覆性风险。作
者认为，不健康、不可持续的市场经济以及贫富差距过大均有可能导致"颠覆
性风险"。富起来，中国人理直气壮；富起来，就要搞市场经济。但是，市场
经济存在一个"二律背反"：一方面，个人追求利益最大化，资本追逐利润最
大化，容易导致拜金主义泛滥，排斥道德；另一方面，社会追求公平，整体
要求正义，导致市场需要自律，呼唤道德。这个"二律背反"，古典经济学家、
社会学家有所洞察。亚当·斯密在《国富论》之外，还写了《道德情操论》。

马克斯·韦伯试图解决这个问题，在其名著《新教伦理和资本主义精神》中，提出基督新教的某些伦理观念对资本主义精神的形成有孕育作用。作者指出，随着世俗化发展，西方社会的新教伦理收效式微，中国作为共产党执政、多数公民不信教的社会主义国家，不会也不能普遍适用所谓宗教伦理；培育和践行社会主义核心价值观，要落实到成功建立现代市场经济发展所需要的"市场伦理"。必须解决好既"自强不息"（努力追求财富）又"厚德载物""厚德载市场经济"（道德自律、守法他律）的问题，要建立"君子厚德以载市场的人文环境"。笔者认为，这种经济领域人文环境的建立，正是全社会以"新人文主义"为旗帜的全面文化复兴的有机组成部分，其核心是人的精神世界进而是人本身的重塑，也就是要在经济领域把"过度膨胀的个人"还原为"和谐的人"。

基于"义利之辨"提出"我为人人、人人为我"

作者认为，市场伦理建设要以"辨义利"为核心。通俗地讲，利就是指利益，义就是指道义，在不同的语境和逻辑关系中，它们又有具体的含义。中国传统文化里的"义利观"，往往强调"义大于利""先义后利""舍生取义"。如孔子认为："君子喻于义，小人喻于利。"孟子"生，亦我所欲也；义，亦我所欲也；二者不可得兼，舍生而取义者也"等。道家（教）和佛教虽然也主张"君子爱财，取之有道"，但整体倾向于清心寡欲，看重精神修养远胜于物质财富。有学者认为，包括市场伦理在内的社会主义核心价值观应明确主张"义大于利"。然而作者认为，在"义"和"利"不可得兼的时候，当然要先义后利，但是"市场经济本质上是以个人利益追求和交换为基础的利益共同体，不能一概以'义利冲突'的模式来照套。良性的市场经济运行状态，恰恰不是'二者不可得兼'，而是义利'二者能够得兼'要成为常态"。作者认为，义利之间必然能够"取中"，关键在于"审时度势"：现在的"时"，就是大力发展市场经济；现在的"势"，就是"不敢腐"占了压倒性优势，"不能腐"正在加强工作，"不想腐"正在构筑堤坝。这里的"腐"是广义上的，不是单单指向党员领导干部，而是泛指一切市场行为主体。在此时势中，义利之间就可以得兼、可以共赢。作者进而提出一个市场伦理口号——我为人人，人人为我。我体会，"我为人人"是指市场经济中的个体既要以同理心对待他人，"己所不欲勿施于人"，又要遵守集体、国家的规则包括法律、道德和公序良俗；"人人为我"是指个体可以通过诚实劳动和合法经营获得相应的回报，并且得到集体和国家的认可和保护，集体和国家应该为个体致富创造政治、经济、法律和文化上的条件和保障。笔者认为这个口号有三个优点：一是体现了"我"与他者之间的利益双行关系；二是注重权利意识与责任意识的平衡，体现了义利之辨的"中庸之道"；三是通俗易懂好记，便于传播。

王阳明心学是建构市场伦理的重要文化资源

市场伦理建设，无论用什么价值观去引领，用什么文化去浸润，提什么口号，最终都是在人的"心"上下功夫，实现人自身的转化——从"过度膨胀的人"转向"和谐的人"。作者在书中多次提到王阳明心学，包括心即理、知行合一、致良知之说。虽然没有明确指出阳明心学与当前市场伦理建设的关系，但笔者以为，作者有把阳明心学作为构建市场伦理之重要传统文化资源的意味。如作者引用《左传·襄公二十四年》："太上有立德，其次有立功，其次有立言，虽久不废，此之谓不朽"，并指出"史上，确有人践履此功。凡聪明敏捷，能洞察秋微，又能妙计频出者，是为有智之人；凡天真恻怛、感愤人间之不幸、感慨国家之悲运者，是为有情之人；凡豪情勇猛、处事不惊，临大敌而无所惧者，是为有意之人。这三者中，有两者已属难得，而王阳明三者皆具"。阳明心学相传至今，堪配"学而时习之"。

实际上，习近平总书记非常重视阳明心学在"文化自信"和传统文化"创造性转化和创新性发展"中的作用，他曾说："王阳明心学正是中国传统文化中的精华，也是增强中国人文化自信的切入点之一。"所以，笔者认同作者的"潜意识"，当前建构市场伦理，对阳明心学尤当"学而时习之"。"我为人人，人人为我"是作者提出的市场伦理建设总纲，笔者认为可以基于阳明心学的"致良知"和"知行合一"之说，继续对之进行阐发，即在改善人——作为市场行为主体——的"知"上下功夫，提出"知耻后勇，知常日明，知止不殆，知足常乐"。"知耻后勇"，就是说在有致富条件的社会中，在个人有致富能力的前提下，意识到贫穷是可耻的，进而奋勇追求财富、创造财富；"知常日明"，就是说要明白获得财富的因果律"常识"，要明确个人行为的道德与法治边界；"知止不殆"，就是指知道适可而止，就不会有大的危险，而"过度膨胀"之人的贪欲就在于不知道停止；"知足常乐"，在通俗意义上指善于知足的人会拥有更多快乐，并进一步彰显哲学伦理学意义上"德福一致"的最高理想。

结语

新人文主义是人类文明解决自身问题"否定之否定"逻辑的必然要求，也是中国文化发展的历史惯性和前进方向。新人文主义的使命是对历史上文艺复兴后果的纠偏和节制，其核心精神仍然是"以人为本"——既不是"以神为本"，也不是"以物为本"——既不会回到宗教精神那里去，也不会困在资本主义商品"拜物教"中，而是要把"过度解放因而又陷入自身牢笼的人"进一步"解放"成为一个"和谐的人"，实现人与人的和谐、人与社会的和谐、人与自然的和谐。

新人文主义的精神与习近平总书记提倡的"人类命运共同体"和"人与自然的生命共同体"理念是一致的。在实行市场经济条件下，践行"新人文主义"，构建相应的"市场伦理"，既是最必要的，又是最难的，既是当务之急，又是长远之策。党的十九届五中全会提出，要以满足人民日益增长的美好生活需要为根本目的，统筹发展和安全，加快建设现代化经济体系，加快构建以国内大循环为主体、国内国际双循环相互促进的新发展格局，推进国家治理体系和治理能力现代化，实现经济行稳致远、社会安定和谐，为全面建设社会主义现代化国家开好局、起好步。在此进程中，我们更要下大气力研究、宣传新人文主义视野下的市场伦理。《"书香政协"百日漫游》一书提出的许多观点，是非常有益的尝试。

大声朗读

中央电视台《朗读者》节目第三季启动了。

这个节目里的朗读者，是各自领域展露着不同光彩的人物，他们像是一个个持灯的使者，用自己的生命体悟，在浩瀚的文学世界里，发掘、映射出朴素、明亮、永恒的片段。这是一个个亮度高、味道纯的时间碎片。不少人说，我们现在身处在一个"碎片化"的时代，一个信息爆炸却意义消解的时代，一个躁动不安的时代。但《朗读者》的这些"碎片"，非但没有消解了意义，反而使我们情有所感、思有所悟、神有所定、心有所归，甚至灵魂也微微颤动。

朗读，作为初心肇始的一种文化自觉，大概从文字诞生就已有之；作为文脉延续的一种文化仪式，从孔子时代绵延至今。孔子讲"兴于诗，立于礼，成于乐"，就是兴于对《诗经》的朗读，成于对《乐经》的诵唱。朱熹主张凡读书，需要读得字字响亮，不可误一字，不可牵强暗记，方得真义。王阳明的朗读，用他的话来说，更是"一语之下，洞见全体，真是痛快，不觉手舞足蹈"。

我们谁没有书声琅琅的生命记忆呢？美好并不遥远，记忆也未模糊。《朗读者》用一个个充满正能量、仪式感的动人朗读，唤醒了我们美好的记忆。归来，走在大地上朗读！

2017年中共中央办公厅、国务院办公厅发布的《关于实施中华优秀传统文化传承发展工程的意见》中，就提出要实施中华经典诵读工程。《朗读者》作为一档优质的大型文化访谈类电视综艺节目，以"朗读打动人心"。主创团队一次次独具匠心的主题式文化重构，说"遇见"、谈"陪伴"、讲"选择"、说"礼物"……在一个共同的文化命题下，请朗读者通过影响自己生命记忆的经典文字，将人生的斑斓色彩与朗读的文本相呼应，不断进行着人生广度、深度、厚度的"解读"和诠释。新的一季《朗读者》，从一档电视文艺栏目，进化为跨媒体传播的内容矩阵，先声夺人的是在北京、武汉、厦门三个城市进行的 72 小时"朗读亭"全媒体直播行动，央视频新媒体平台为主阵地；普通百姓都可以走进"朗读亭"，通过朗读文字，见天地、见人心、见自己，而接下来还有一系列围绕着"朗读"和"朗读者"的内容不断推出。

　　每个人都是朗读者。我作为一名全国政协委员，2020 年以来就一直沉浸在全国政协委员读书活动中。近两千名政协委员，在委员移动履职平台上设立"全国政协书院"，先后开通了几十个主题读书群。线上线下，书卷常开，灯火不熄，书声琅琅。德国诗人海涅说过，"思想走在行动之前，就像闪电走在雷鸣之前一样"。从朗读声中，分明可见"思想的闪电"。

　　让我们都来朗读，读出人类的智慧，读出生命的意义，读出时代的火花，读出思想的闪电！

跋：白天走干讲　晚上读写想

据人民论坛杂志社"万名党政干部阅读状况调查"，62.7% 的受访者表示因工作太忙、应酬太多抽不出时间读书，33.4% 的受访者每周的读书时间为 0—3 小时。看来，有些干部不读书，还真是个问题。

当然，这个数据只作参考，不能推论总体。其实，党政干部中爱读书读好书善读书者也不乏其人。我就听一位基层干部说过，当了"干部"，就要"白天走干讲，晚上读写想"，他是把读书学习当成一种生活态度、一种工作责任、一种精神追求，或者说，把读书当作一种必不可少的生活方式，一种生生不息的循环过程。

白天走干讲：走下去、干起来、讲出水平。走，毛泽东在《反对本本主义》中说："迈开你的两脚，到你的工作范围的各部分各地方去走走，学个孔夫子的'每事问'。"走，不仅要开动双脚，还要开动脑筋，不能走马观花，"葫芦掉进井里，还是在水上漂着"。干，干部干部，先干一步。讲，是领导干部向广大人民群众讲解和宣传党的方针政策，动员、组织群众的重要手段。能不能讲、会不会讲，往往体现出一个领导干部的水平。我们有的干部，与新社会群体说话，说不上去；与困难群众说话，说不下去；与青年学生说话，说不进去；与老同志说话，给顶了回去。"套话一说完，主客便只好默默地相对，逐渐沉闷起来。"

晚上读写想：耐心读、勤于写、创造性地想。读，过了学生时代，没有专门时间读书，也没有老师督着你读书，就看自己愿不愿挤出时间读书。再忙，睡前总能挤一小时。少睡一点，加深睡眠深度就行。关键是耐得住寂寞，稳得住心神，便可以进入另一个美妙的世界，从读书中获得心灵的充实和内心的愉悦。写，是反映客观事物、表达思想感情、传递知识信息的创造性脑力劳动过程。读书是学习，摘抄是整理，写作是创造。邓小平讲过："用笔领导是领导的主要方法，这是毛主席告诉我们的。凡不会写的要学会写，能写而不精的要慢慢地精。"想，学而不思则罔，思而不学则殆。朱熹说："读书有三到，谓心到，眼到，口到。心不在此，则眼看不仔细，心眼既不专一，却只漫诵浪读，决不能记，记亦不能久也。三到之中，心到最急，心既到矣，眼口岂不到乎？"

"走干讲"与"读写想"，相辅相成。"读写想"是坐而思，"走干讲"是起而行。白天光阴似金，最宜多走多干多讲；夜晚沉寂幽静，更适勤读勤写勤想。坚持"走干讲"，才能读得透、写得深、想得远；不懈"读写想"，才能走得实、干得好、讲得准。

"白天走干讲，晚上读写想"，周而复始，烦也不烦？其实会另生出一番快乐的滋味。享受工作，一心一意，忙并快乐着；享受生活，一茶一书，闲并快乐着；享受天伦，一生一爱，爱并快乐着；享受音乐，一曲一歌，唱并快乐着。

"白天走干讲，晚上读写想"，夜以继日，累也不累？其实进入这样一种生活方式，便不难体会孔夫子的那股豪迈："子在川上曰：逝者如斯夫，不舍昼夜！"